न्यायपालिका के बहुआयाम

न्यायपालिका के बहुआयाम

प्रभात कुमार

विद्या विहार, नई दिल्ली

प्रकाशक : विद्या विहार,

19, संत विहार (पहली मंजिल) गली नं. 2, अंसारी रोड, नई दिल्ली–110002

 / संस्करण : प्रथम, 2019 / मूल्य : पाँच सौ रुपए

मुद्रक : आर–टेक ऑफसेट प्रिंटर्स, दिल्ली ISBN 978-93-86871-94-7

NYAYAPALIKA KE BAHUAAYAM

by Dr. Prabhat Kumar ₹ 500.00

Published by Vidya Vihar, 19, Sant Vihar (First Floor), Street No.2, Ansari Road, New Delhi-2

प्रातः स्मरणीया

माताश्री **श्रीमती देवंति सिंह**

एवं

पूज्य पिताश्री **श्री रामनाथ सिंह**

के श्री चरणों में

सादर समर्पित

भूमिका

स्वतंत्र एवं निष्पक्ष न्यायपालिका किसी भी राज्य के व्यवस्थित जीवन की आवश्यक शर्त है। इसके बिना सभ्य राज्य की कल्पना नहीं की जा सकती। न्यायपालिका सरकार का तीसरा सबसे महत्त्वपूर्ण अंग है। संविधान-निर्माताओं ने स्वतंत्र एवं निष्पक्ष न्यायपालिका की स्थापना की है। न्यायपालिका देश के संविधान एवं मौलिक अधिकारों की रक्षा करती है, आवश्यकता पड़ने पर कानूनों की व्याख्या करती है तथा जब कभी यह देखती है कि व्यवस्थापिका या कार्यपालिका अपने उत्तरदायित्वों का निर्वहन ठीक प्रकार से नहीं करती है तो उसे डाँट-फटकार लगाती है, कानूनों का उल्लंघन करनेवालों को दंड देती है, तथा समय-समय पर सरकार को आवश्यक सुझाव भी देती है। हमारे देश में जब से गठबंधन की सरकार की प्रथा चली है, तब से न्यायपालिका की सक्रियता भी बढ़ी है।

प्रस्तुत पुस्तक को 9 अध्यायों में बाँटा गया है। प्रथम अध्याय में भारत में ब्रिटिश न्याय व्यवस्था, द्वितीय में सर्वोच्च न्यायालय, तृतीय में उच्च न्यायालय, चौथे में न्यायिक पुनरावलोकन, पाँचवें में जनहित याचिका एवं न्यायिक सक्रियता, छठे अध्याय में अधीनस्थ न्यायालय, सातवें अध्याय में न्यायपालिका पर उठते प्रश्न, आठवें अध्याय में सर्वोच्च न्यायालय के निर्णय व निर्देश एवं नौवें अध्याय में न्याय व्यवस्था से जुड़े विभिन्न लेख दिए गए हैं।

माँ, पिताजी के आशीर्वाद के कारण पुस्तक-लेखन सफलतापूर्वक कर सका, इनके प्रति हृदय से आभार व्यक्त करता हूँ। पुस्तक-लेखन में कुशल प्रशासक श्री प्रदीप कुमार (IFS), डॉ. अशोक मैत्रेय, श्री बजरंग बिहारी सिंह (कर्नल),

श्री अमित मोहन (IAS) एवं धर्मपत्नी संगीता का सहयोग एवं मार्गदर्शन मिला, इनके प्रति भी आभार व्यक्त करता हूँ। मैं आशा करता हँ कि अन्य पुस्तकों की भाँति प्रस्तुत पुस्तक भी मील का पत्थर साबित होगी।

—डॉ. प्रभात कुमार
अध्यक्ष, राजनीति विज्ञान
किसान पी.जी. कॉलेज, सिंभावली (हापुड़)
मो. : 09412825009

अनुक्रम

1

भारत में ब्रिटिश न्याय व्यवस्था

अध्याय के मुख्य बिंदु

- 1600 ई. का चार्टर : ईस्ट इंडिया कंपनी का जन्म
- सूरत : न्याय प्रशासन
- मद्रास का न्याय प्रशासन
- बंबई का न्याय प्रशासन
- कलकत्ता का न्याय प्रशासन
- कलकत्ता में सुप्रीम कोर्ट की स्थापना, गठन, अधिकार, क्षेत्र, महत्त्व, भारतीयों के समक्ष उपस्थित कठिनाइयाँ
- मद्रास तथा बंबई में सुप्रीम कोर्ट
- (i) प्रथम विधि आयोग—1833 का चार्टर
  (ii) द्वितीय विधि आयोग—1853 का चार्टर
  (iii) तृतीय विधि आयोग—1861 का चार्टर
  (iv) चतुर्थ विधि आयोग—1879 का चार्टर
- (i) उच्च न्यायालय अधिनियम 1861
  (ii) उच्च न्यायालयों की स्थापना

पुर्तगाल भारत के साथ व्यापार करनेवाला पहला यूरोपीय देश था। पुर्तगाल की बढ़ती लोकप्रियता से प्रभावित होकर इंग्लैंड के व्यापारी भी भारत के साथ व्यापार करने के लिए आकर्षित हुए। लंदन के कुछ व्यापारियों ने भारत तथा पूर्वी देशों के साथ व्यापार करने के लिए 1599 ई. में एक कंपनी की स्थापना की।

ब्रिटिश महारानी एलिजाबेथ ने 31 दिसंबर, 1600 ई. को अंग्रेज व्यापारियों की

इस कंपनी को भारत के साथ व्यापार करने का एकाधिकार प्रदान किया। **इसे 1600 ई. का राजलेख (चार्टर) कहा गया। कंपनी का नाम 'ईस्ट इंडिया कंपनी' रखा गया।** चार्टर के अनुसार कंपनी को न केवल कानून बनाने की शक्ति प्रदान की गई, अपितु उनको लागू करने तथा उसकी अवहेलना करनेवालों को दंड देने का भी अधिकार दिया गया। चार्टर के अनुसार बनाया गया कानून सरल, तर्कसंगत एवं ब्रिटिश कानून की प्रथाओं के अनुकूल था, **यह चार्टर वह बीज था, जिस पर ऐंग्लो-इंडियन कोड का विशाल भव्य भवन निर्मित हुआ।**

1600 ई. के चार्टर के अनुसार कंपनी को दिए गए अधिकारों को 1609 ई., 1615 ई. तथा 1625 ई. के चार्टर द्वारा और अधिक स्पष्ट तथा प्रभावशाली बनाया। कंपनी के समक्ष आनेवाली कठिनाइयों को ध्यान में रखते हुए एवं उन कठिनाइयों के समाधान के लिए कानून बनाकर उसे हल करने का प्रयास किया गया।

ईस्ट इंडिया कंपनी को ब्रिटिश शासन से पूरा सहयोग तो मिलता ही रहा, दूसरी ओर भारतीय सम्राट् ने भी कंपनी को सुविधाएँ देना प्रारंभ कर दिया। 1618 ई. में जेम्स प्रथम के राजदूत सर टॉमसरो ने भारत के मुगल दरबार में सूरत की फैक्टरी के संबंध में औपचारिक रूप से यह विशेषाधिकार प्राप्त कर लिया कि वहाँ के अंग्रेज अपने विवादों को निपटाने के लिए अपने ही अधिकारियों को निर्दिष्ट कर सकते हैं।

1661 ई. के चार्ल्स द्वितीय के चार्टर के अनुसार प्रत्येक फैक्टरी के गवर्नर एवं परिषद् को यह शक्ति प्रदान की गई कि वे कंपनी के गर्वनर और कंपनी से संबंधित सभी व्यक्तियों तथा उनके अधीन रहनेवालों के सिविल व दांडिक, सभी विवादों का निबटारा ब्रिटिश साम्राज्य के कानून के अनुसार करें और उसका पालन करवाएँ। चार्टर के द्वारा स्पष्ट रूप से अंग्रेजी कानून को लागू किया गया।

1665 ई. में बंबई ब्रिटिश साम्राज्य के अधीन आ गया। 1668 ई. के चार्टर के द्वारा इस द्वीप को दस पौंड वार्षिक लगान के बदले ईस्ट इंडिया को सौंप दिया गया तथा ईस्ट इंडिया कंपनी को बंबई द्वीप के लिए कानून बनाने की छूट दी गई। बशर्ते कि कानून ब्रिटिश कानून के अनुसार हो।

कंपनी के विधि अधिकारियों ने इंग्लैंड में 1669 ई. में ईस्ट इंडिया के प्रशासन तथा न्याय वितरण के लिए कानून का निर्माण किया तथा सालिसिटर जनरल के अनुमोदन मिलने के बाद 1669 ई. को बंबई भेजा, उस समय बंबई सूरत के अधीन था, सूरत के गवर्नर जेराल्ड आंगियर थे। इस कानून में 6 अनुच्छेद (Articles) थे।

कानून के अंतर्गत फाँसी की सजा का प्रावधान था, सजा किस प्रकार दी जाए,

इसे डिप्टी गवर्नर एवं परिषद् पर छोड़ दिया गया था।

आंगियर योजना 1672—इस योजना के अंतर्गत जेराल्ड आंगियर ने एक नया प्रस्ताव रखा, जिसके अनुसार एक हाई कोर्ट ऑफ जुडीकेयर की स्थापना की गई। **इसका मुख्य उद्देश्य व्याप्त पुर्तगाली कानून को पूरी तरह समाप्त कर ब्रिटिश कानून को लागू करना था। इस अदालत के प्रथम न्यायाधीश विलकाक्स थे। इस प्रकार भारत के छोटे से हिस्से (सूरत क्षेत्र) पर ब्रिटिश कॉमन लॉ का प्रयोग शुरू किया।**

1683 ई. के चार्टर के अनुसार ईस्ट इंडिया कंपनी को शांति और युद्ध की शक्तियाँ प्रदान की गईं। इस चार्टर में यह भी उल्लेख था कि एक न्यायालय स्थापित किया जाए, जिसके पीठ वहाँ होंगे, जहाँ कंपनी आदेश करे।

सूरत न्याय प्रशासन

ईस्ट इंडिया कंपनी ने सर्वप्रथम सूरत में प्रेसीडेंसी की स्थापना की थी। इसके बाद मद्रास, बंबई तथा बंगाल में प्रेसीडेंसियाँ बनीं। 1627 के बाद सूरत का प्रेसीडेंसी समाप्त हो गया और वह बंबई का एक जिला मात्र बनकर रह गया था।

ईस्ट इंडिया कंपनी 11 जनवरी, 1612 ई. को सूरत में अपनी फैक्टरी कायम करने में सफल हुई थी, इसके लिए उन्हें पुर्तगालियों से संघर्ष करना पड़ा था। फैक्टरी स्थानीय मुगल गवर्नर की आज्ञा से ही बनाई गई थी। कंपनी को स्थायित्व प्रदान करने के लिए सर टामसरो ने 1615 ई. में मुगल सम्राट् जहाँगीर से फैक्टरी स्थापित करने की आज्ञा के साथ-साथ कुछ अन्य सुविधाएँ भी प्राप्त कर लीं। सूरत भारत की प्रथम प्रेसीडेंसी थी।

सूरत का प्रशासन

सूरत में जब ईस्ट इंडिया कंपनी ने अपनी फैक्टरी बनाई तो वहाँ मुगल गवर्नर का प्रशासन चल रहा था। फैक्टरी की स्थापना के बाद से सूरत में एक तरह से दोहरा शासन शुरू हुआ—(1) कंपनी का प्रशासन तथा (2) मुगल गवर्नर का प्रशासन।

शुरू में कंपनी-प्रशासन उसके कर्मचारियों तक ही सीमित था। फैक्टरी का प्रशासन फैक्टरी के प्रेसीडेंट तथा उसकी परिषद् के हाथ में था। प्रेसीडेंट को चीफ कहा जाता था। कंपनी के चीफ एवं अन्य कर्मचारियों को व्यक्तिगत व्यापार की छूट मिली हुई थी।

सूरत का साधारण प्रशासन वहाँ के मुगल-गवर्नर के हाथों में था। इस कार्य

में उसकी सहायता के लिए कई अधिकारी, जिनमें काजी, कोतवाल, फौजदार तथा बीकानवीस आदि शामिल थे।

सूरत में न्याय प्रशासन

दो प्रकार की न्याय व्यवस्थाएँ लागू की गई थीं—

(क) अंग्रेजों से संबंधित न्याय प्रशासन—

(i) **अंग्रेज बनाम भारतीय या भारतीय बनाम अंग्रेज**—अंग्रेजों से संबंधित सभी प्रकार के दीवानी तथा फौजदारी विवाद, जिनमें एक पक्ष भारतीय हो, के निर्णय न्यायालय द्वारा तय किए जाते थे।

(ii) **अंग्रेजों के आपसी विवाद**—अंग्रेजों के आपसी विवाद फैक्टरी के द्वारा ही अंग्रेजी कानून के अनुसार हल होते थे। मुगल सम्राट् ने 1615 ई. में फैक्टरी के अधिकारियों को इस प्रकार की छूट दी थी कि वे अंग्रेजों के आपसी विवादों को अंग्रेजी कानून की सहायता से हल करें। अंग्रेजों के दीवानी मुकदमों का निर्णय प्रेसीडेंट एवं काउंसिल करते थे। फौजदारी मुकदमों का निर्णय भी उन्हीं अधिकारियों द्वारा 'किंग्स कमीशन' के अंतर्गत एक न्यायालय में होता था।

प्रेसीडेंट एवं काउंसिल द्वारा दिए गए निर्णयों का स्तर निम्न कोटि का था, क्योंकि अधिकारी कानून के ज्ञाता नहीं थे।

(ख) भारतीयों से संबंधित न्याय प्रशासन—भारतीयों के आपसी मामलों का निर्णय सूरत के स्थानीय भारतीय न्यायालयों में मुगल अधिकारियों द्वारा होता था। इस न्यायालय में भारतीयों एवं अंग्रेजों से संबंधित मामलों का भी निर्णय किया जाता था। न्यायालयों में न्याय प्रशासन की व्यवस्था अच्छी नहीं थी।

मद्रास का न्याय प्रशासन

1639 ई. में मद्रास के तत्कालीन हिंदू शासक ने ब्रिटिश कंपनी को वहाँ भूमि प्रदान की तथा अंग्रेजों ने यहाँ से व्यापार करने के लिए एक किलेबंद व्यापारिक अड्डा (फैक्टरी) बनाया, जहाँ कंपनी के अंग्रेज तथा यूरोपियन कर्मचारी रहने लगे, इसे 'फोर्ट सेंट जॉर्ज' नाम दिया गया। धीरे-धीरे इस बस्ती को श्वेत बस्ती (White Town) भी कहा जाने लगा। श्वेत बस्ती के निकट ही भारतीयों का एक छोटा सा गाँव बसा था, जो काली बस्ती (Black Town) के नाम से कहलाया जाने लगा। **एच.डी. लोब के अनुसार, "कालांतर में दोनों बस्तियों को मिलाने के बाद**

आधुनिक मद्रास शहर की उत्पत्ति हुई।" जून 1653 ई. में मद्रास को स्वतंत्र प्रेसीडेंसी का दर्जा प्राप्त हुआ। प्रेसीडेंसी में रहनेवाली अंग्रेज प्रजा पर शासन करने के लिए एक प्रशासनिक अधिकारी की नियुक्ति की गई। इसने अपनी सहायता के लिए एक परिषद् का गठन किया, जिसे प्रेसीडेंट-इन-कौंसिल कहा गया।

मद्रास में ईस्ट इंडिया कंपनी की फैक्टरी स्थापित होने के कुछ ही दिनों बाद वहीं के हिंदू राजा को गोलकुंडा के नवाब ने हरा दिया। 1672 ई. में नवाब तथा ब्रिटिश कंपनी के बीच एक समझौता हुआ, जिसके तहत मद्रास को पूर्ण रूप से अंग्रेजों के अधिकार में रहने तथा वहाँ का शासन, न्याय व्यवस्था का भी दायित्व अंग्रेजी कंपनी को सौंप दिया गया।

1687 ई. में औरंगजेब ने गोलकुंडा पर विजय प्राप्त की, किंतु उसने वहाँ की शासन व्यवस्था को अंग्रेजों के ही नियंत्रण में रहने दिया।

मद्रास प्रेसीडेंसी की न्याय व्यवस्था को तीन भागों में बाँटा जा सकता है—

(1) 1639 से 1666 ई. तक का काल

आधुनिक मद्रास का प्राचीन नाम मदुरापट्नम था, अंग्रेजों के आने से पूर्व वहाँ दीवानी तथा फौजदारी के मामले चाउल्ट्री कोर्ट (Choultry Courts) के द्वारा निपटाए जाते थे। चाउल्ट्री कोर्ट का मुख्य अधिकारी आडिगर (Adigar) कहलाता था, जो गाँव का 'मुखिया' हुआ करता था। आडिगर अपने क्षेत्र में शांति व्यवस्था बनाए रखने के साथ-साथ वहाँ के साधारण दीवानी मामलों को भी निपटाता था। न्याय प्रशासन के अलावा चाउल्ट्री कोर्ट चुंगी वसूलने का भी काम करता था।

आडिगर के अलावा उस समय पदेन-आगने नामक एक कर्मचारी भी था, जो आज के हवलदार के समान था, पदेन-आगने पुलिस की सहायता से अपराधियों को पकड़ता था तथा उन्हें आडिगर के न्यायालय में पेश करता था। गंभीर अपराधों के मामलों में न्यायालय अपराधी को दंडित करने से पूर्व शासक से परामर्श लेते थे।

ब्रिटिश सम्राट् चार्ल्स द्वितीय ने 3 अप्रैल, 1661 में ईस्ट इंडिया कंपनी के लिए एक चार्टर जारी किया। इससे मद्रास क्षेत्र की न्याय व्यवस्था बहुत प्रभावित हुई। चार्टर के अनुसार ईस्ट इंडिया कंपनी को भारत स्थित अपनी व्यापारिक बस्तियों के लिए गवर्नर—इन-कौंसिल नियुक्त करने की शक्ति दी गई थी। 1661 के चार्टर ने भारत स्थित कंपनी के न्यायिक अधिकार शक्ति में दो महत्त्वपूर्ण परिवर्तन किए—

(1) न्यायिक शक्ति गवर्नर—इन-कौंसिल में केंद्रित की गई। गवर्नर—इन-कौंसिल व्यवस्थापिका तथा प्रशासन का भी प्रमुख था।

(2) न्याय प्रशासन के लिए इंग्लिश विधि का प्रयोग शुरू किया गया, इससे भारतीयों को हानि पहुँची, क्योंकि अंग्रेज विधि भारतीयों के रीति-रिवाजों व परंपराओं से हटकर थी।

(2) 1666 से 1686 ई. तक का काल

1666 ई. में मद्रास प्रेसीडेंसी को प्रेसीडेंसी टाउन में बदल दिया गया। गवर्नर तथा उनकी परिषद् के सदस्यों को विधि संबंधी पर्याप्त ज्ञान न होने के कारण वे अपना न्यायालय नियमित रूप से नहीं लगा पाते थे, इसलिए 1677 ई. में स्ट्रेनशेम मास्टर (Streynsham Master) को प्रेसीडेंसी का गवर्नर नियुक्त किया गया। इन्होंने 1678 ई. में न्यायिक क्षेत्र में परिवर्तन किया। अब गवर्नर—इन-कौंसिल का न्यायालय सप्ताह में दो बार नियमित रूप से लगने लगा, तथा 12 व्यक्तियों की जूरी से दीवानी तथा फौजदारी मामले निपटाने लगे। अब न्यायालय को गवर्नर—इन-कौंसिल न कहकर हाई कोर्ट ऑफ जुडीकेचर कहा जाने लगा। अब चाउल्ट्री कोर्ट में भारतीय ग्राम प्रमुख के स्थान पर कंपनी के अंग्रेज कर्मचारियों की नियुक्ति की गई। इनमें से कोई दो अधिकारी चाउल्ट्री कोर्ट के न्यायाधीश का कार्य भी करते थे। इन्हें सप्ताह में दो बार न्यायालय लगाना आवश्यक था, ये छोटे-मोटे आपराधिक मामलों पर निर्णय कर सकते थे।

चाउल्ट्री कोर्ट के निर्णय पर अपील कोर्ट ऑफ जुडीकेचर में दायर की जा सकती थी।

माल अथवा संपत्ति की जब्ती का दंड दिया जाना इसी समय से शुरू हुआ।

(3) 1686 ई. से 1727 ई. तक का काल

तीसरे चरण में मद्रास में दो नए न्यायालयों—(i) एडमिराल्टी कोर्ट तथा (ii) मेयर्स कोर्ट की स्थापना की गई।

(1) एडमिराल्टी कोर्ट (Admiralty Court)—1683 के राजकीय चार्टर द्वारा कंपनी को प्रदान किए गए अधिकारों के अंतर्गत मद्रास में 1686 में एक एडमिराल्टी कोर्ट की स्थापना की गई। इस न्यायालय में तीन न्यायाधीश थे। इनमें से एक कानून का विशेषज्ञ था तथा शेष दो व्यापारी थे।

एडमिराल्टी कोर्ट को सभी प्रकार के व्यापारिक एवं सामुद्रिक (Mercantile and maritime) मामलों को सुनने एवं हल करने का अधिकार प्राप्त था।

न्यायाधीश निर्णय देते समय व्यापारियों के कानूनों एवं परंपराओं को ध्यान में

रखकर निर्णय देते थे। ये समन्याय एवं सद्विवेक के सिद्धांतों (Rules of Equility and Good conscience) का भी पालन करते थे।

एडमिराल्टी कोर्ट की स्थापना यद्यपि 1686 ई. में की गई, किंतु कानून के विशेषज्ञ सर जॉन किस को कंपनी ने इंग्लैंड से मुख्य न्यायाधीश बनाकर भेजा। बिग्स के प्रभावशाली प्रभाव के कारण मद्रास के गवर्नर एवं काउंसिल ने अपने न्यायालय (हाई कोर्ट ऑफ जुडीकेचर) दीवानी एवं फौजदारी मुकदमों का अधिकार क्षेत्र भी एडमिराल्टी कोर्ट को सौंप दिया।

जब मद्रास में मेयर के न्यायालय की स्थापना हुई तो उसके निर्णयों की अपीलें भी गवर्नर एवं काउंसिल के न्यायालय की जगह एडमिराल्टी कोर्ट में होने लगी।

एडमिराल्टी कोर्ट का निलंबन एवं कोर्ट ऑफ जुडीकेचर की पुनर्स्थापना—1689 ई. में सर जॉन की मृत्यु के बाद उसकी जगह, कोई कानून का विशेषज्ञ नहीं आया, इससे एडमिराल्टी कोर्ट निलंबित हो गई। मेयर कोर्ट से अपील सुनने के लिए कोई न्यायालय न रहा, जिस कारण 1690 ई. में अस्थायी तौर पर कोर्ट ऑफ जुडीकेचर की पुनः स्थापना की गई, जिसमें एक मुख्य न्यायाधीश तथा दो अन्य न्यायाधीश जो गवर्नर की काउंसिल के सदस्य थे, नियुक्त किए गए। न्यायाधीशों की सहायता के लिए दो अन्य व्यक्तियों, जिनमें से एक आरमेनियम और दूसरा कंपनी का एक हिंदू व्यापारी था, की भी नियुक्ति का प्रावधान किया गया। यह व्यवस्था 1692 ई. तक चलती रही।

एडमिराल्टी कोर्ट का नवीनीकरण—1692 में ही पुनः एडमिराल्टी कोर्ट का नवीनीकरण किया गया, जब सर जॉन डाबलिस कानून का विशेषज्ञ इंग्लैंड से मद्रास आया, उसके बाद कोर्ट ऑफ ज्यूडीकेचर का निलंबन हो गया। 1664 ई. में डाबलिस को घूस लेने के आरोप में निकाल दिया गया, फिर भी न्यायालय 1704 ई. तक चलता रहा।

(2) मेयर्स कोर्ट (Mayor's Court 1688)—कंपनी द्वारा 1687 ई. में जारी किए गए चार्टर के अनुसार सितंबर 1688 ई. में मेयर्स कोर्ट की स्थापना की गई। सही मायने में न्यायालय कॉरपोरेशन का एक अंग था। कॉरपोरेशन में एक मेयर, 12 एल्डरमेन तथा 60 से 120 तक बरगेसेज होते थे। मेयर तथा एल्डरमेन मिलकर मेयर्स कोर्ट का गठन करते थे, अर्थात् 13 सदस्यों से मिलकर मेयर्स कोर्ट बना, एक मेयर तथा तीन एल्डरमेन के लिए कंपनी का अनुबंधित कर्मचारी होना आवश्यक था, शेष 9 एल्डरमेन किसी भी राष्ट्रीयता के हो सकते थे।

मेयर्स कोर्ट को बहुत विस्तृत अधिकार क्षेत्र प्रदान किया गया था। यह एक

अभिलेख न्यायालय (Court of Record) था, इसे सभी दीवानी एवं फौजदारी मामलों को निर्णीत करने का अधिकार था। **1712 ई. में गवर्नर एवं काउंसिल ने यह निश्चित कर दिया कि न्यायालय मृत्युदंड भी दे सकता था। केवल भारतीयों को,** अंग्रेजों को नहीं।

मेयर्स कोर्ट के निर्णयों की अपील एडमिराल्टी कोर्ट में की जा सकती थी।

मेयर की सहायता के लिए एक रिकॉर्डर नामक अधिकारी की नियुक्ति की गई, जो कंपनी का अंग्रेज अनुबंधित कर्मचारी होता था। एडमिराल्टी कोर्ट के मुख्य न्यायाधीश सर जॉन बिग्स को ही पहली बार इसका रिकॉर्डर नियुक्त किया गया था।

कोर्ट मुकदमों का निर्णय संक्षिप्त प्रणाली द्वारा साथ ही सद्विवेक के आधार पर करता था।

न्यायालय के तीसरे चरण में भी चाउल्ट्री कोर्ट काम करता रहा। धीरे-धीरे इसका अधिकार-क्षेत्र बहुत सीमित हो गया।

मद्रास में उपरोक्त न्याय व्यवस्था 1727 ई. तक चलती रही, जब तक कि वहाँ 1726 ई. के राजकीय चार्टर के अंतर्गत नई न्यायिक व्यवस्था की गई।

बंबई का न्याय प्रशासन

यद्यपि बंबई में ब्रिटिश काल का प्रारंभ 1661 ई. से होता है, किंतु इससे पूर्व गुजरात के शासक ने 1534 ई. में बंबई द्वीप को पुर्तगालियों को सौंप दिया था तथा यहाँ का शासन पुर्तगाली विधि के अनुसार चल रहा था। 1661 ई. में शासक अल्फोंसस षष्ठ ने अपनी बहन प्रिंसेस केथरीन का विवाह इंग्लैंड के राजा के साथ कर दिया तथा बंबई के द्वीप को ब्रिटिश सम्राट् चार्ल्स द्वितीय को दहेज के रूप में दे दिया। ब्रिटिश सम्राट् ने 1668 ई. में एक चार्टर के अंतर्गत बंबई के भू-प्रदेश को दस पौंड वार्षिक लगान के बदले में भारत स्थित ईस्ट इंडिया कंपनी को सौंप दिया। कंपनी ने बंबई के लिए कानून बनाए। बंबई के न्याय प्रशासन को तीन चरणों में विभाजित कर सकते हैं—

(क) प्रथम चरण (1670-1683)

इस काल के दौरान बंबई में न्याय-व्यवस्था दो योजनाओं के साथ स्थापित की गई—

(1) प्रथम योजना—बंबई में न्याय प्रशासन की प्रथम सुनियोजित न्यायालयों की व्यवस्था का श्रेय सूरत की फैक्टरी के गवर्नर जेराल्ड आंगियर को जाता है, जिसने 1670 ई. में कुशल प्रशासन के लिए इंग्लिश न्यायालयों की स्थापना की। उसने दो

प्रकार के न्यायालय स्थापित किए—

(1) निम्न स्तरीय न्यायालय तथा (2) उच्च स्तरीय न्यायालय।

निम्न स्तरीय न्यायालय बंबई के दो भागों में स्थापित किए गए—एक तो बंबई में तथा दूसरा माहिम में। प्रत्येक में पाँच न्यायाधीश होते थे, ये अवैतनिक होते थे, न्यायालय को 150 रु. तक के सभी दीवानी मुकदमे तय करने का अधिकार था। फौजदारी क्षेत्र में यह केवल मामूली विवादों एवं अपराधों से संबंधित मुकदमे ही सुन सकते थे।

उच्च स्तरीय न्याय प्रशासन की व्यवस्था के लिए बंबई के डिप्टी गवर्नर तथा उसकी काउंसिल का न्यायालय था। मुख्य रूप से यह न्यायालय फौजदारी न्याय प्रशासन के लिए था। न्यायालय को मौलिक एवं अपीलीय दोनों प्रकार का अधिकार प्राप्त था। न्यायालय में सभी मुकदमों की सुनवाई जूरी द्वारा होती थी।

(2) द्वितीय योजना—बंबई में प्रथम योजना व्यवस्था को समाप्त कर द्वितीय योजना के अंतर्गत निम्नलिखित व्यवस्था की गई थी—

(i) **कोर्ट ऑफ कॉशंस (Court of Conscience)** निम्न स्तर पर कोर्ट ऑफ कॉशंस नामक न्यायालय तथा (ii) सेंट्रल कोर्ट की स्थापना।

कोर्ट ऑफ कॉशंस का प्रारंभिक उद्देश्य गरीब लोगों को न्याय प्रदान करना था, गरीबों से कोई फीस नहीं ली जाती थी। सभी मुकदमों की सुनवाई बिना जूरी के संक्षिप्त प्रणाली द्वारा होती थी।

सेंट्रल कोर्ट को दीवानी, फौजदारी तथा वसीयत संबंधी अधिकार-क्षेत्र प्राप्त था। दीवानी मुकदमों की सुनवाई 12 व्यक्तियों की एक जूरी द्वारा होती थी। फौजदारी मामलों की सुनवाई के लिए बंबई को चार भागों में बाँटा गया था, प्रत्येक भाग में एक अंग्रेज शांति अधिकरणिक (Justice of the peace) होता था।

न्याय प्रशासन कंपनी द्वारा बनाए गए नियमों के आधार पर होता था।

(ii) डिप्टी गवर्नर तथा उसकी काउंसिल का न्यायालय—प्रथम चरण में बंबई में सबसे ऊपर डिप्टी गवर्नर तथा उसकी काउंसिल का न्यायालय था। इस न्यायालय में सेंट्रल कोर्ट के निर्णयों की अपील की जा सकती थी। इसके निर्णय अंतिम होते थे।

प्रथम चरण का न्याय प्रशासन 1683 के केजविन के विद्रोह के साथ समाप्त हो गया।

(ख) द्वितीय चरण (1684-1690)

1684 ई. में बंबई पुनः कंपनी को प्राप्त हो गया। इस चरण में दूसरी न्याय व्यवस्था के अंतर्गत दो न्यायालय स्थापित किए गए—

(1) नौ सेना न्यायालय (Admiralty Court)—1683 के चार्टर के अंतर्गत 1684 ई. में सूरत में एक समुद्री न्यायालय की स्थापना की गई, कुछ ही दिनों बाद इसे बंबई में लाया गया। न्यायालय को केवल समुद्री मामले सुनने का अधिकार था।

(2) नई कोर्ट ऑफ जुडीकेचर की स्थापना—दीवानी तथा फौजदारी मामलों में निर्णय करने के लिए 1685 में एक नए न्यायालय की स्थापना की गई। यह न्यायालय 1672 ई. में स्थापित सेंट्रल कोर्ट की ही भाँति था।

दूसरा चरण 1690 ई. में एक मुगल सेनापति सिद्दी के आक्रमण के साथ समाप्त हो गया तथा 1690 ई. से लेकर 1718 तक बंबई में न्याय प्रशासन एक तरह से निलंबित ही रहा।

(ग) तृतीय चरण (1718-1728)

तृतीय चरण में न्याय के संबंध में निम्नलिखित व्यवस्था की गई—

(1) कोर्ट ऑफ जुडीकेचर का पुनर्गठन—द्वितीय चरण की समाप्ति के लगभग 30 वर्षों के बाद बंबई में फिर एक न्यायालय की स्थापना 25 मार्च, 1718 को की गई। इस न्यायालय में एक मुख्य न्यायाधीश और नौ अन्य न्यायाधीश थे, जिनमें चार भारतीय तथा शेष अंग्रेज थे। प्रथम मुख्य न्यायाधीश वार्कर थे।

न्यायालय को दीवानी, फौजदारी तथा वसीयत संबंधी सभी प्रकार के अधिकार प्रदान किए गए। न्यायालय में मुकदमों का निर्णय सद्विवेक (Focal Consience), विधि (Law), समन्याय (Equity) तथा कंपनी द्वारा बनाए गए कानूनों के अनुसार होता था। न्यायालय प्रत्येक बुधवार को लगता था। न्यायालय की गणपूर्ति के लिए तीन अंग्रेज न्यायाधीशों की उपस्थिति अनिवार्य थी। न्यायालय को दीवानी तथा फौजदारी मामलों में परीक्षण करने का अधिकार प्राप्त था। न्यायालय को अचल संपत्ति के क्रय-विक्रय के रजिस्ट्रेशन (पंजीकरण) तथा वसीयत संबंधी अधिकार प्राप्त थे। न्यायालय के निर्णयों की अपील गवर्नर एवं काउंसिल के यहाँ की जा सकती थी।

1718 में स्थापित न्यायालय में कुछ भिन्न व्यवस्थाएँ थीं—

(1) जूरी की व्यवस्था नहीं की गई।

(2) नए न्यायालय में कार्यकारिणी और न्यायपालिका का एकीकरण अपेक्षाकृत अधिक किया गया था, जबकि पुराना न्यायालय स्वतंत्र न्यायपालिका का द्योतक था।

(3) 1672 का न्यायालय ब्रिटिश सम्राट् द्वारा प्रदत्त अधिकारों के अंतर्गत कंपनी द्वारा बनाया गया था, जबकि 1718 का न्यायालय गवर्नर एवं काउंसिल द्वारा ही बनाया गया था।

(4) नए न्यायालय में गवर्नर की काउंसिल के सदस्यों के अतिरिक्त अन्य व्यक्ति भी न्यायाधीश के रूप में शामिल थे।

(2) निम्न न्यायालय—न्यायालय द्वारा नियुक्त किए गए निर्णायकों (Arbitrators) के पास भारतीयों से संबंधित मुकदमे आते थे तथा ये निर्णय सुनाते थे। इनके निर्णयों के विरुद्ध कोर्ट ऑफ जुडीकेचर में अपील की जा सकती थी। मुसलमानों से संबंधित दीवानी एवं फौजदारी मुकदमों को काजी के पास जाँच-पड़ताल तथा उनकी रिपोर्ट के लिए भेजा जाता था।

उपरोक्त न्याय व्यवस्था बंबई में 10 फरवरी, 1728 ई. तक चलती रही, जबकि 1726 के चार्टर के अंतर्गत पुन: एक नई न्यायिक व्यवस्था लागू की गई।

कोलकाता का न्याय प्रशासन

कोलकाता, जिसका पुराना नाम कलकत्ता था, का जन्म 24 अगस्त, 1690 ई. को उस समय हुआ था, जब थोड़े से अंग्रेज जॉब चारनाक (Job Charnok) के नेतृत्व में हुगली नदी के तट पर स्थित सतनती में आए, यहाँ पर अंग्रेजों ने एक किले और फैक्टरी का निर्माण किया। ब्रिटिश सम्राट् विलियम के नाम पर किले का नाम फोर्ट विलियम तथा फैक्टरी का नाम 'विलियम फैक्टरी' रखा गया। 1698 ई. में कंपनी ने फोर्ट विलियम के पास कालीकत्ता, सतनती तथा गोविंदपुरम नामक तीन गाँवों की जमींदारी मुगल अधिकारियों से प्राप्त कर ली। यही तीन गाँव आगे चलकर आधुनिक कलकत्ता के रूप में प्रसिद्ध हुए। जमींदारी प्राप्त होने के बाद कंपनी को वहाँ के निवासियों पर बंगाल के अन्य जमीदारों जैसे अधिकार प्राप्त हो गए।

1699 ई. में कलकत्ता को प्रेसीडेंसी घोषित कर दिया गया। चार्ल्स को फोर्ट विलियम का प्रथम प्रेसीडेंट व गवर्नर बनाकर भेजा गया।

न्याय व्यवस्था (1690-1727)

बंबई और मद्रास की तरह कलकत्ता में बहुत दिनों तक न्यायालय स्थापित

नहीं हो सका, जिसके कारण प्रारंभिक न्याय व्यवस्था कलेक्टर के ही व्यक्तित्व में केंद्रित थी। ब्रिटिश अपराधियों के मुकदमों की सुनवाई के लिए मद्रास भेजा जाता था।

कंपनी के प्रशासकीय विभाग, गवर्नर एवं काउंसिल का ही एक सदस्य कंपनी के द्वारा 1700 ई. में जमींदारी का शासन करने के लिए रख दिया गया, जिसे कलेक्टर कहा गया। कलेक्टर का मुख्य कार्य मालगुजारी वसूल करना था। किंतु दूसरी ओर न्याय करने का भी कार्य सौंप दिया गया, न्याय प्रदान करने के लिए उसने दो प्रकार की अदालतों की स्थापना की—

(क) फौजदारी अदालत—इस अदालत में अपराध के मामलों का निबटारा किया जाता था। कलेक्टर विवादों या मामलों का निर्णय सामान्य और संक्षिप्त तरीके से करता था, सजा के तौर पर जुरमाना, कैद, कोड़े मारे जाना, सड़कों पर काम करना, देश निकाला आदि दंड दिया जाता था। गंभीर अपराध, जैसे हत्या, डकैती, राजद्रोह के मामलों में सजा तब तक नहीं होती थी, जब तक कि गवर्नर एवं काउंसिल का अनुमोदन प्राप्त न हो जाता।

(ख) दीवानी कचहरी न्यायालय—लगान वसूल करने का कार्य व दीवानी के मामलों का निर्णय दीवानी कचहरी में किया जाता था, जो किसान लगान नहीं दे पाते थे, उन्हें अपराधी माना जाता था, उन्हें दंड के रूप में कोड़े लगाए जाते थे। कलेक्टर माल के मुकदमे भी सुनता था। इस न्यायालय के निर्णयों की अपील गवर्नर एवं काउंसिल के यहाँ होती थी।

अंग्रेजों के संबंध में न्याय व्यवस्था—अंग्रेजों के छोटे-छोटे दीवानी एवं फौजदारी मुकदमों का निर्णय कलेक्टर ही करता था। गंभीर दीवानी और फौजदारी मुकदमों का निर्णय एवं काउंसिल के यहाँ होता था।

कलकत्ता का मेयर कोर्ट

ब्रिटिश सम्राट् जॉर्ज प्रथम ने 1726 ई. में एक चार्टर जारी कर भारतीय विधि के इतिहास में एक नए युग का प्रारंभ किया। इस चार्टर के अंतर्गत कलकत्ता, मद्रास तथा बंबई (अब मुंबई) के प्रेसीडेंसी शहरों में विभिन्न न्यायिक संस्थाओं की स्थापना की गई, जिसके कारण इन क्षेत्रों की न्याय प्रणाली में अनेक महत्त्वपूर्ण सुधार किए गए। चार्टर के अनुसार प्रेसीडेंसी शहर में एक नगर निगम की व्यवस्था की गई थी।

कलकत्ता में सुप्रीम कोर्ट की स्थापना : 1774 ई.

कलकत्ता के कर्मचारियों पर नियंत्रण रखने तथा बंगाल प्रेसीडेंसी में व्यवस्थित

एवं प्रभावशाली न्याय व्यवस्था की स्थापना के लिए रेग्यूलेटिंग ऐक्ट, 1773 ने कलकत्ता में एक सुप्रीम कोर्ट की स्थापना करने की व्यवस्था की।

रेग्यूलेटिंग ऐक्ट की धारा 13 के अनुसार ब्रिटिश सम्राट् को यह अधिकार दिया गया था कि वह कलकत्ता में सुप्रीम कोर्ट की स्थापना करने के लिए एक चार्टर जारी कर सकती है। ब्रिटिश सम्राट् जॉर्ज तृतीय ने इस धारा का उपयोग करते हुए 27 मार्च, 1774 ई. को कलकत्ता में सुप्रीम कोर्ट की स्थापना के लिए एक चार्टर जारी कर दिया, जिसके परिणामस्वरूप कलकत्ता में सुप्रीम कोर्ट की स्थापना की गई।

1774 ई. के चार्टर के द्वारा सुप्रीम कोर्ट को एक अभिलेख न्यायालय घोषित किया गया। कलकत्ता में सुप्रीम कोर्ट की स्थापना भारतीय विधि के इतिहास में एक महत्त्वपूर्ण स्थान रखती है।

गठन (Composition)

सुप्रीम कोर्ट में एक मुख्य न्यायाधीश तथा तीन अन्य न्यायाधीश होते थे, जिनकी नियुक्ति सम्राट् के द्वारा की जाती थी, इनका कार्यकाल सम्राट् की इच्छा पर निर्भर था।

सर एलिजाद इंपे न्यायालय के मुख्य न्यायाधीश नियुक्त किए गए थे।

योग्यता—न्यायाधीश वही नियुक्त हो सकते थे, जो इंग्लैंड या आयरलैंड के न्यायालय में कम-से-कम पाँच वर्ष बैरिस्टर रह चुके हों।

अधिकार क्षेत्र (Jurisdiction)

(1) दीवानी अधिकार क्षेत्र (Civil Jurisdiction)—दीवानी न्यायालय के रूप में कलकत्ता सर्वोच्च न्यायालय को बंगाल प्रेसीडेंसी में होनेवाले लगभग सभी दीवानी मुकदमों को सुनने का अधिकार प्राप्त था। अधिकार क्षेत्र में ईस्ट इंडिया कंपनी के कर्मचारियों, कलकत्ता के मेयर या ऐल्डरमेन, ब्रिटिश नागरिक आदि के विरुद्ध मुकदमे की सुनवाई की जा सकती थी।

इसके अलावा बंगाल, बिहार, उड़ीसा का भी कोई निवासी न्याय प्राप्त करने की गुहार लगा सकता था, बशर्ते कि उसने किसी भी ब्रिटिश नागरिक से संविदा किया हो तथा मामले की रकम पाँच सौ से अधिक हो।

(2) फौजदारी अधिकार क्षेत्र (Criminal Jurisdiction)—कलकत्ता सर्वोच्च न्यायालय को चार्टर के उपवाक्य 19 के अनुसार, फौजदारी न्यायालय के रूप में इंग्लैंड के कोर्ट ऑफ ओयर एवं टर्मिनर तथा जेल डिलीवरी की शक्तियाँ प्रदान

कर दी गई थीं, जिसके अंतर्गत बंगाल, बिहार एवं उड़ीसा के उन व्यक्तियों द्वारा किए गए अपराधों, जो सम्राट् की निजी प्रजा का कोई व्यक्ति, कंपनी का कोई कर्मचारी या ब्रिटिश नागरिकों के कर्मचारी से संबंधित मुकदमों का निर्णय कर सकती थी।

सभी फौजदारी मुकदमों की सुनवाई जूरी की सहायता से होती थी, जिसमें कलकत्ता में निवास करनेवाले सम्राट् के लोग होते थे।

यह बात ध्यान देने योग्य थी कि यदि कोई व्यक्ति कलकत्ता में निवास करता हो या न करता हो, किंतु यह अपराध कलकत्ता की सीमाओं के अंदर हुआ हो तो वह सुप्रीम कोर्ट के अधिकार क्षेत्र में ही किया हुआ अपराध माना जाता था। किंतु ब्रिटिश नागरिक सभी अपराधों के लिए सुप्रीम कोर्ट के अधिकार क्षेत्र में उत्तरदायी थे, चाहे वह अपराध बंगाल, बिहार या उड़ीसा में किया हो।

(3) अभिलेख न्यायालय (Court of Record)—चार्टर के उपवाक्य 2 के अनुसार कलकत्ता का सुप्रीम कोर्ट एक अभिलेख न्यायालय था।

(4) सामान्य अधिकार क्षेत्र (Equity Jurisdiction)—चार्टर के उपवाक्य 18 के अनुसार सुप्रीम कोर्ट को इंग्लैंड के हाई कोर्ट ऑफ चांसरी (High Court of Chancery) के समान अधिकार दिए गए थे, साथ ही वह न्याय, साम्य तथा सद्विवेक के सिद्धांतों के अनुसार निर्णय दे सकता था। कई ऐसे मामले, जो उस समय निश्चित विधिक प्रावधान नहीं थे, न्यायाधीश स्वयं के विवेक के अनुसार साम्य के सिद्धांतों के आधार पर निपटा सकते थे।

(5) शांति न्यायाधीश (Justice of Peace)—न्यायिक चार्टर 1774 ई. के अनुसार सुप्रीम कोर्ट के न्यायाधीश तथा महाराज्यपाल और उनकी परिषद् के सदस्य शांति न्यायाधीश के रूप में भी कार्य करते थे। इस अधिकार का प्रयोग कर वे अपराधियों को गिरफ्तार कर उनके मामलों में जाँच (investigation) करते थे तथा दोषी पाए जाने पर उन्हें दंड दे सकते थे।

इन्हें गंभीर अपराधों के लिए दोषी अपराधियों को दंडित करने का अधिकार प्राप्त नहीं था, ऐसे मामलों में वे अपनी राय सुप्रीम कोर्ट की फौजदारी अदालत, जो ओयर टर्मिनर तथा जेल डिलीवरी कहलाती थी, की बैठकों के निर्णय के लिए भेज देते थे।

(6) धर्म संबंधी अधिकार क्षेत्र (Ecclesiastical Courts)—सुप्रीम कोर्ट को बंगाल, बिहार तथा उड़ीसा के अंग्रेज निवासियों के इंग्लैंड के धार्मिक न्यायालयों के समान अधिकार क्षेत्र भी प्राप्त था।

ब्रिटेन में अंग्रेजों के धर्म तथा जाति से संबंधित मामले पादरियों के न्यायालय

में सुने जाते थे, जिन्हें धर्म न्यायालय कहा जाता था। इसी आधार पर कलकत्ता का सुप्रीम कोर्ट ब्रिटिश नागरिकों की मृत्यु होने पर मृत्यु प्रमाण-पत्र, वसीयतनामा (इच्छा प्रमाण-पत्र), प्रशासन-पत्र आदि जाँच-पड़ताल पर जारी कर सकते थे या इनसे संबंधित विवादों को निपटा सकते थे।

(7) संरक्षकता संबंधी अधिकार क्षेत्र (Guardianship Jurisdiction)— न्यायिक चार्टर के उपवाक्य 25 के अनुसार सुप्रीम कोर्ट के अवयस्कों (Minors) की संपत्ति के संरक्षण के लिए संरक्षण (Gurdians) नियुक्त करने का अधिकार भी दिया गया था।

(8) नौ सेना अधिकार क्षेत्र (Admiralty Jurisdiction)—नौ सेना या समुद्री न्यायालय सुप्रीम कोर्ट को बंगाल, बिहार तथा उड़ीसा के लिए इंग्लैंड की सभी नौ सेना न्यायालय की भाँति अपने अधिकार क्षेत्र में आनेवाले सभी लोगों के दीवानी समुद्री अपराधों से संबंधित मामलों को सुनने का अधिकार प्राप्त था। सामुद्रिक अधिकारिता के अंतर्गत दोषी व्यक्ति को गिरफ्तार करने या जमानत पर रिहा करने का अधिकार प्राप्त था।

(9) रिट (Writ) जारी करने का अधिकार—चार्टर की उपधारा 21 के अनुसार कलकत्ता सुप्रीम कोर्ट के निवेदन न्यायालय, शांति अधिकारियों तथा सत्र न्यायालय पर समुचित नियंत्रण एवं पर्यवेक्षण रखने के लिए परमादेश (Mandamus), उत्प्रेषण (Certiorari), प्रतिषेध (Prohibition), अधिकार पृच्छा (Quo warranto), प्रक्रिया सुधार एवं त्रुटि (Procedendo and error) आदि रिटें जारी करने की शक्ति प्रदान की गई थी।

(10) प्रार्थना न्यायालय (Court of Request)—प्रार्थना न्यायालय पर सुप्रीम कोर्ट का नियंत्रण था, उस समय प्रार्थना न्यायालय कार्यरत था। सुप्रीम कोर्ट समय-समय पर अपने अधीनस्थ न्यायालयों को सुझाव एवं आदेश-पत्र जारी करता था। सुप्रीम कोर्ट का यह अधिकार इंग्लैंड के किंग्स बेंच के समान था।

(11) नियम, उपनियम बनाने का अधिकार—कलकत्ता सर्वोच्च न्यायालय को अपना न्यायिक कार्य सुचारु रूप से चलाने के लिए अपनी सुविधानुसार नियम, उपनियम बनाने का अधिकार था, साथ ही कोर्ट आवश्यकतानुसार न्यायालय के कर्मचारियों की नियुक्ति भी कर सकता था। कोर्ट न्यायालय में वकालत करनेवाले वकीलों का नामांकन भी करता था तथा दुर्व्यवहार करनेवाले को दंड या उसका नामांकन रद्द कर देने का भी अधिकार था।

छूट (Exrmption)

सुप्रीम कोर्ट को गवर्नर जनरल उसकी काउंसिल के सदस्यों, मुख्य न्यायाधीश एवं न्यायाधीशों के विरुद्ध देशद्रोह तथा घोर अपराध को छोड़कर अन्य फौजदारी मामलों पर कोई अधिकार क्षेत्र प्राप्त नहीं था।

किंग-इन काउंसिल (King-in Council)

कलकत्ता का सुप्रीम कोर्ट अंतिम न्यायालय नहीं था। इसके दीवानी वादों के निर्णय पर इंग्लैंड के किंग-इन काउंसिल के न्यायालय में अपील की जा सकती थी। इसके लिए दो शर्तें थीं—(क) मुकदमों की धनराशि एक हजार पैगोडा से ऊपर हो तथा (ख) अपील 6 महीने के भीतर की जाए।

फौजदारी मामलों में प्रिवी काउंसिल में अपील करने के लिए सुप्रीम कोर्ट की स्वीकृति आवश्यक थी।

कलकत्ता सुप्रीम कोर्ट का महत्त्व

भारतीय न्याय व्यवस्था के इतिहास में कलकत्ता का सुप्रीम कोर्ट निश्चय ही दूसरे न्यायालयों से अधिक प्रभावशाली एवं शक्ति प्राप्त न्यायालय था। चूँकि सुप्रीम कोर्ट के न्यायाधीशों की नियुक्ति ब्रिटिश सम्राट् के द्वारा की जाती थी। न्यायाधीश कानून के विशेषज्ञ होते थे, इसलिए वे उच्च कोटि के न्याय करने में सक्षम थे।

न्यायाधीश कार्यकारिणी के नियंत्रण से मुक्त थे, अर्थात् वे कंपनी के कर्मचारी नहीं थे, उन पर कंपनी के कार्यकारिणी सरकार का कोई नियंत्रण नहीं था, न ही उन्हें कंपनी के हितों को लाभ पहुँचाने या रक्षा करने का ही कोई आकर्षण था, इसलिए वे नि:स्वार्थ भावना से न्याय कर सकते थे। सुप्रीम कोर्ट अपने अधीनस्थ न्यायालयों की गलतियों में सुधार भी करता था तथा उन्हें उचित आदेश भी देता था।

सुप्रीम कोर्ट को एक साथ ही कई अधिकार—सामान्य विधि, नौ सेना, धर्म संबंधी, समन्याय आदि प्राप्त था, जबकि इंग्लैंड में उस समय ये अधिकार विभिन्न न्यायालयों को अलग-अलग प्राप्त थे, जिनका समन्वय वहाँ लगभग सौ वर्षों के बाद 1873 ई. में संभव हो सका था।

स्पष्ट है कि 1773 ई. के रेग्यूलेटिंग ऐक्ट तथा उस पर आधारित 1774 ई. के चार्टर के आधार पर स्थापित कलकत्ता का सुप्रीम कोर्ट अपनी तरह का प्रथम न्यायालय था। कोर्ट को प्राप्त अधिकार तथा उसकी कार्य पद्धति पूर्ण रूप से इंग्लैंड की किंग्स बेंच की अदालत पर आधारित थी।

भारतीयों के समक्ष उपस्थित कठिनाइयाँ

कलकत्ता सुप्रीम कोर्ट की स्थापना के बाद बंगाल, बिहार, उड़ीसा के भारतीयों के समक्ष अनेक कठिनाइयाँ उपस्थित हो गईं, इसका मुख्य कारण था—

(1) न्यायालय के न्यायाधीश चूँकि अंग्रेज थे, उन्हें भारतीय रीति-रिवाजों, परंपराओं का ज्ञान नहीं था।

(2) न्यायाधीश भारतीय जन-जीवन से भी पूर्ण रूप से अनभिज्ञ थे।

(3) किसी भी देशी भारतीय (बंगाल, बिहार, उड़ीसा) के विरुद्ध सुप्रीम कोर्ट में वाद लाए जाने पर उसे सुप्रीम कोर्ट में उपस्थित होना अनिवार्य था, भले ही उस न्यायालय की अधिकारिता के अंतर्गत आते हों या नहीं। इससे भारतीयों को अनावश्यक रूप से कष्ट उठाना पड़ता था। गवर्नर जनरल तथा उसकी कौंसिल ने सुप्रीम कोर्ट के इस नियम को अनुचित तथा अन्यायपूर्ण माना था।

(4) न्यायालय की कार्यप्रणाली या कार्य पूरी तरह से अंग्रेजी भाषा में होता था, भारतीय अंग्रेजी भाषा को नहीं समझते थे, जिससे अधिवक्ताओं ने खुलकर भारतीयों का शोषण किया।

सुप्रीम कोर्ट का न्याय प्रशासन भारतीयों के अनुकूल अच्छा नहीं रहा। कलकत्ता सुप्रीम कोर्ट ने कुछ महत्त्वपूर्ण मुकदमों के निर्णय दिए थे, जिनमें प्रमुख थे—कमालुदीन, स्वरूपचंद, कासीजुरा, पटना (1771-1779), महाराजा नंद कुमार का मुकदमा आदि।

मद्रास तथा बंबई में सुप्रीम कोर्ट

मद्रास तथा बंबई क्षेत्र की बढ़ती हुई जनसंख्या तथा व्यापारिक प्रगति से वहाँ कार्यरत दीवानी न्यायालयों की संख्या अपर्याप्त होने लगी, दूसरी ओर बढ़ते कार्य की अधिकता के कारण भी मौजूद न्यायालय उचित न्याय प्रदान करने में असमर्थ थे, मेयर कोर्ट में कार्य करनेवाले न्यायाधीश विधि-विशेषज्ञ नहीं थे, अत: यह भी अनुभव किया गया कि न्यायालयों में विधि-विशेषज्ञों का भी होना जरूरी है।

इसी प्रकार न्याय प्रशासन की फौजदारी शाखा के लिए भी विधि-विशेषज्ञों की नियुक्ति की आवश्यकता महसूस की गई।

मद्रास सुप्रीम कोर्ट

ब्रिटिश पार्लियामेंट ने 1800 ई. में एक ऐक्ट पास किया, जिसके अंतर्गत सम्राट् को चार्टर द्वारा मद्रास में अभिलेख न्यायालयों के स्थान पर सुप्रीम कोर्ट की स्थापना करने का अधिकार दिया। 26 दिसंबर, 1800 के चार्टर के अंतर्गत मद्रास में सुप्रीम कोर्ट की स्थापना की गई तथा 4 सितंबर, 1801 ई. से कोर्ट ने कार्य करना प्रारंभ कर दिया।

मद्रास सुप्रीम कोर्ट में एक मुख्य न्यायाधीश तथा दो अन्य न्यायाधीश थे। पुराने अभिलेख न्यायालय के सभी अधिकार सुप्रीम कोर्ट को हस्तांतरित कर दिए गए।

मद्रास की सुप्रीम कोर्ट का अधिकार क्षेत्र कलकत्ता की सुप्रीम कोर्ट के अधिकार क्षेत्र की भाँति था। जो प्रतिबंध कलकत्ता सुप्रीम कोर्ट पर थे, वही प्रतिबंध मद्रास सुप्रीम कोर्ट पर भी थे।

बंबई सुप्रीम कोर्ट

ब्रिटिश पार्लियामेंट ने 1823 ई. में सम्राट् को चार्टर द्वारा बंबई में भी एक अभिलेख न्यायालय के स्थान पर सुप्रीम कोर्ट की स्थापना करने का अधिकार दिया। चार्टर के द्वारा 8 मई, 1824 ई. को बंबई में सुप्रीम कोर्ट की स्थापना कर दी गई।

बंबई के सुप्रीम कोर्ट के न्यायाधीशों की संख्या, अधिकार क्षेत्र एवं अन्य शक्तियाँ कलकत्ता सुप्रीम कोर्ट के समान घोषित की गईं। कलकत्ता की भाँति ही बंबई के सुप्रीम कोर्ट पर भी प्रतिबंध लगाया गया।

1861 के हाई कोर्ट्स ऐक्ट के अंतर्गत मद्रास एवं बंबई के सुप्रीम कोर्ट का भी अंत कर दिया गया तथा मद्रास तथा बंबई में उच्च न्यायालय की स्थापना की गई।

प्रथम विधि आयोग (First Law Commission)

1833 के चार्टर के अनुसार भारत में विधि आयोग के गठन का इतिहास प्रारंभ हुआ। भारत के विधि एवं संवैधानिक इतिहास में इसका विशेष महत्त्व है। भारत सरकार ने 1834 ई. में लॉर्ड मैकाले की अध्यक्षता में प्रथम विधि आयोग की नियुक्ति की थी। प्रारंभ में विधि आयोग में चार सदस्य थे—लार्ड मैकाले, कैमरॉन, विलियम एंडरसन तथा मैक लियाड। आयोग में अधिक-से-अधिक पाँच सदस्य हो सकते थे। 1837 में मिलेट इसके पाँचवें सदस्य बने थे। प्रथम विधि आयोग का उद्देश्य था—

(1) न्यायालय एवं न्यायालयों की कार्यप्रणाली में क्या-क्या सुधार लाया जाए, इस संबंध में सुझाव देना।

(2) न्यायालयों के अधिकार क्षेत्र एवं शक्तियों की जाँच करना।
(3) भारत में प्रचलित सभी विधियों—दीवानी, फौजदारी, लिखित एवं परंपरागत की जाँच-पड़ताल करना।
(4) नियमों, परिनियमों, अधिनियमों आदि में परिवर्तन, परिवर्धन, संशोधन आदि के बारे में सुझाव देना।
(5) पुलिस विभाग की वास्तविक स्थिति की जाँच कर उनमें सुधार के उपाय सुझाना।

प्रथम विधि आयोग ने दंड संहिता आलेख (Draft of Indian Penal Code) तैयार किया, किंतु आयोग के कार्यकाल में यह संहिता पास नहीं हो सकी थी। आयोग ने स्थानीय विधि रिपोर्ट के अंतर्गत हिंदू एवं मुसलिमों को वैयक्तिक विधि की सुरक्षा प्रदान करने का सिद्धांत कायम रखा, इसके साथ ही सामान्य कानूनों को अंग्रेजी विधि पर आधारित करने की सिफारिश की। आयोग ने दीवानी मुकदमों की प्रक्रिया में कुछ परिवर्तन की सिफारिश की तथा दीवानी प्रक्रिया संहिता का भी आलेख तैयार किया। आयोग ने 1842 ई. में परिसीमन विधि (Law of Limitation) का आलेख भी तैयार किया। प्रथम विधि आयोग 1848 ई. तक कार्य करता रहा। यद्यपि प्रथम विधि आयोग को विशेष सफलता नहीं मिली, किंतु इसने विधि के क्षेत्र में शोध के कार्य को आगे बढ़ाया।

द्वितीय विधि आयोग (Second Law Commission)

1853 के चार्टर ऐक्ट के द्वारा द्वितीय विधि आयोग की स्थापना 29 नवंबर, 1853 को अंग्रेज न्यायाधीश सर जॉन रामिली की अध्यक्षता में की गई। द्वितीय विधि आयोग के कार्य थे—

(1) प्रथम विधि आयोग द्वारा की गई सिफारिशों, उसके द्वारा की गई जाँच-पड़ताल तथा दी गई रिपोर्टों पर विचार-विमर्श करना।
(2) भारतीय कानूनों में क्या-क्या सुधार किया जा सकता है, जाँच-पड़ताल कर सुझाव सहित रिपोर्ट पेश करना।
(3) भारत सचिव द्वारा दिए गए कार्यों की जाँच एवं रिपोर्ट देना। आयोग ने अपने तीन वर्ष के कार्यकाल में कई महत्त्वपूर्ण सुझाव एवं रिपोर्ट दी, जिसके परिणामस्वरूप ब्रिटिश पार्लियामेंट तथा भारतीय विधान परिषद् दोनों ही विधायी संस्थाओं द्वारा महत्त्वपूर्ण विधायन कार्य किया गया। प्रथम विधि आयोग द्वारा सुझाई गई रिपोर्ट, जो विचाराधीन थी,

को कानून का रूप प्रदान किया गया। 1859 में दीवानी प्रक्रिया संहिता तथा परिसीमन अधिनियम पास हुआ। 1860 में भारतीय दंड संहिता (Indian Penal Code) 1861 ई. में फौजदारी प्रक्रिया संहिता एवं उच्च न्यायालय अधिनियम पास हुआ।

तृतीय विधि आयोग (Third Law Commission)

तृतीय विधि आयोग का गठन 2 दिसंबर, 1861 ई. में सर जान रामिली की ही अध्यक्षता में हुआ। आयोग का मुख्य काम भारत के लिए सैद्धांतिक दीवानी विधि अंग्रेजी विधि के आधार पर तैयार करना था।

आयोग ने कुल मिलाकर सात रिपोर्टें प्रस्तुत की थीं। आयोग के सुझावों एवं रिपोर्टों के आधार पर निम्नलिखित मुख्य अधिनियम पास किए गए थे—

दि रेलिजस एंडाउमेंट्स ऐक्ट 1863, भारत कंपनी अधिनियम 1866, दि जनरल क्लाजेज ऐक्ट 1868, विवाह विच्छेद अधिनियम 1869, भारतीय साक्ष्य अधिनियम 1872 तथा भारतीय संविदा अधिनियम 1872। उपरोक्त सभी अधिनियम सर एच.एस. मेन तथा जे.एफ. स्टीफेन के कार्यकाल में पास हुए थे।

स्टीफेन के बाद लार्ड हाब हाउस विधि सदस्य नियुक्त हुए थे। इनके कार्यकाल में 'विशिष्ट अनुतोष अधिनियम 1877' (Specific Relief Act) बना था। इन्हीं के कार्यकाल में निम्नलिखित सैद्धांतिक विधियों को संहिताबद्ध करने का सुझाव रखा गया था—न्यास विधि (Trust), सुख भोगविधि (Easements), जलोढ़ और बाढ़ से संबंधित विधि (Alluvion and Diluvition), मालिक और नौकर से संबंधित विधि, परक्राम्य विलेख (Negotiable Instruments) से संबंधित विधि तथा अचल संपत्ति के हस्तांतरण से संबंधित विधि।

चतुर्थ विधि आयोग (Fourth Law Commission)

ब्रिटिश भारत में 'चतुर्थ विधि आयोग' की स्थापना 11 फरवरी, 1879 को की गई। इस आयोग में तीन सदस्य थे। आयोग का मुख्य कार्य तृतीय विधि आयोग द्वारा प्रस्तावित विधियों की जाँच करना तथा अपनी रिपोर्ट पेश करना था।

आयोग की सिफारिशों के परिणामस्वरूप भारतीय विधान मंडल ने निम्नलिखित विधियों को पास किया था—

परक्राम्य विलेख अधिनियम, 1881, प्रोवेट एंड एडमिनिस्ट्रेशन ऐक्ट 1881, न्याय अधिनियम, 1882, संपत्ति हस्तातंरण अधिनियम, 1882 तथा, सुखाधिकार अधिनियम, 1882।

1912 ई. में चार ऐक्ट पास किए गए थे—सहकारी समिति अधिनियम, पागलपन (Lunacy) अधिनियम, भविष्य बीमा समिति अधिनियम तथा भारतीय जीवन बीमा कंपनी अधिनियम।

चतुर्थ विधि आयोग की समाप्ति के साथ ही ब्रिटिश काल में विधि आयोगों द्वारा संहिताकरण का युग समाप्त हो गया। शेष बचे काल, अर्थात् 14 अगस्त, 1947 तक में विधायन कार्य मुख्य रूप से भारत सरकार के विधायी विभाग द्वारा किया गया।

स्वतंत्र भारत में 19 नवंबर, 1954 ई. को लोकसभा में एक गैर-सरकारी प्रस्ताव के अंतर्गत एक विधि-आयोग बनाने की सिफारिश की, सरकार द्वारा इसे स्वीकार करते हुए **5 अगस्त, 1955 ई. को तत्कालीन विधि मंत्री सी.सी. विश्वास ने लोकसभा में विधि आयोग की नियुक्ति की घोषणा की थी। इस आयोग को पंचम विधि आयोग कहा जाता है। इसमें 11 सदस्य थे और सीतलवाद इसके चेयरमैन थे।**

भारतीय उच्च न्यायालय अधिनियम, 1861

1861 के चार्टर ऐक्ट के अंतर्गत भारत में उच्च न्यायालय की स्थापना की गई। इस अधिनियम के अंतर्गत कलकत्ता, बंबई तथा मद्रास में पहली बार उच्च न्यायालयों की स्थापना की गई। पहले से मौजूद सर्वोच्च न्यायालय (Supreme Court) एवं सदर अदालतों को इनमें विलीन कर दिया गया। अधिनियम के अनुसार—

(1) ब्रिटिश सम्राट् को यह अधिकार दिया गया कि वह कलकत्ता, मद्रास तथा बंबई में उच्च न्यायालय की स्थापना कर सकता है, जिसमें एक मुख्य न्यायाधीश तथा अधिक-से-अधिक पंद्रह अन्य न्यायाधीश हो सकते थे। मुख्य न्यायाधीश सहित कम-से-कम एक एक तिहाई न्यायाधीशों को पाँच वर्षों का न्यूनतम बैरिस्ट्री का अनुभव होना आवश्यक था तथा एक तिहाई को कम-से-कम अनुबंधित सिविल सेवा का दस वर्ष का अनुभव होना आवश्यक था।

(2) सभी न्यायाधीश सम्राट् की इच्छा तक अपने पद पर आसीन रह सकते थे।

(3) प्रत्येक उच्च न्यायालय को दीवानी, फौजदारी, सामुद्रिक अधिकार तथा वैवाहिक मामलों में मौलिक एवं अपीलीय अधिकार क्षेत्र प्राप्त था।

(4) उच्च न्यायालयों को वे सभी अधिकार शक्तियाँ प्राप्त थीं, जो पूर्ववर्ती सुप्रीम कोर्ट को प्राप्त थीं।

(5) ब्रिटिश सम्राट् को ब्रिटिश भारत में अन्य किसी स्थान पर भी उच्च न्यायालय की स्थापना करने का अधिकार था।

(6) उच्च न्यायालय को अपने अधीनस्थ न्यायालयों पर नियंत्रण रखने की अधिकारिता प्राप्त थी।

(7) उच्च न्यायालय को वकील वर्ग के सदस्यों का नामांकन करने तथा उनके विरुद्ध अनुशासनात्मक कारस्वाई करने का भी अधिकार प्राप्त था।

(8) आपराधिक मामलों में उच्च न्यायालय में दायर की गई अपीलों पर उसके निर्णय अंतिम होते थे।

उच्च न्यायालयों की स्थापना

1862 के लेटर्स पेटेंट के अंतर्गत प्रेसीडेंसी नगरों कलकत्ता, मद्रास एवं बंबई में उच्च न्यायालयों की स्थापना की गई। 28 दिसंबर, 1865 को नए लेटर्स पेटेंट जारी किए गए। तीनों उच्च न्यायालयों को पाँच प्रकार के अधिकार प्रदान किए गए थे—

(1) दीवानी अधिकार—इसके अंतर्गत अधिकार क्षेत्र थे—(i) साधारण मौलिक दीवानी अधिकार क्षेत्र, (ii) अपीलीय दीवानी अधिकार क्षेत्र, (iii) असाधारण मौलिक दीवानी अधिकार क्षेत्र, (iv) नाबालिग एवं अन्य असहाय लोगों एवं उनकी संपत्ति के बारे में अधिकार क्षेत्र।

(2) फौजदारी अधिकार—इसके अंतर्गत अधिकार क्षेत्र थे—(i) साधारण मौलिक फौजदारी अधिकार क्षेत्र, (ii) असाधारण मौलिक फौजदारी अधिकार क्षेत्र तथा (iii) अपीलीय फौजदारी अधिकार क्षेत्र।

(3) नौसेना अधिकार

(4) वसीयत तथा निर्वसीयत अधिकार

(5) वैवाहिक अधिकार

इलाहाबाद का उच्च न्यायालय

भारतीय उच्च न्यायालय अधिनियम, 1866 के अंतर्गत 1866 में आगरा में उत्तर-पश्चिमी प्रांतों के लिए एक उच्च न्यायालय की स्थापना की गई, जो 1875 में इलाहाबाद स्थानांतरित कर दिया गया। इसे भी कलकत्ता, मद्रास, बंबई के समान ही अधिकार प्राप्त थे। किंतु इसे नौसेना तथा साधारण मौलिक दीवानी अधिकार क्षेत्र प्राप्त नहीं थे।

भारत शासन अधिनियम 1915 के अंतर्गत स्थापित उच्च न्यायालय

(1) **पटना उच्च न्यायालय**—बिहार तथा उड़ीसा के लिए 9 फरवरी, 1916 में स्थापित।

(2) **लाहौर उच्च न्यायालय**—21 मार्च, 1919 को स्थापित (एक बेंच दिल्ली में) पंजाब तथा दिल्ली के लिए।

(3) **रंगून उच्च न्यायालय**—मध्य प्रांतों के लिए 11 नवंबर, 1922 को रंगून में स्थापित।

(4) **नागपुर उच्च न्यायालय**—मध्य प्रांतों के लिए 2 फरवरी, 1936 में नागपुर में स्थापित।

(5) **अवध चीफ कोर्ट**—अवध सिविल कोर्ट्स ऐक्ट, 1925 के द्वारा लखनऊ में स्थापित, 1948 ई. में इलाहाबाद उच्च न्यायालय में विलीन हो गया।

प्रमुख तथ्य

- 1600 ई. के चार्टर के अनुसार ईस्ट इंडिया कंपनी को भारत के साथ व्यापार करने के लिए एकाधिकार प्राप्त हुआ।
- महारानी एलिजाबेथ ने ईस्ट इंडिया कंपनी को व्यापार के लिए स्वीकृति प्रदान की थी।
- 1618 ई. में जेम्स प्रथम का राजदूत सर टॉमसरो मुगल दरबार में आया था।
- 1665 ई. में बंबई ब्रिटिश साम्राज्य के अधीन आया था।
- पुर्तगाल भारत के साथ व्यापार करनेवाला पहला यूरोपीय देश था।
- ईस्ट इंडिया कंपनी ने सर्वप्रथम सूरत में प्रेसीडेंसी की स्थापना की थी। इसके बाद मद्रास, बंबई तथा बंगाल में प्रेसीडेंसियाँ बनीं।
- ईस्ट इंडिया कंपनी ने 11 जनवरी, 1612 ई. को सूरत में फैक्टरी स्थापित की थी।
- सूरत में दो प्रकार की न्याय व्यवस्थाएँ थीं—(i) अंग्रेजों से संबंधित न्याय प्रशासन तथा (ii) भारतीयों से संबंधित न्याय प्रशासन।
- 1639 ई. में मद्रास के तत्कालीन हिंदू शासक ने ब्रिटिश कंपनी को वहाँ भूमि प्रदान की थी।
- 1653 ई. में मद्रास को स्वतंत्र प्रेसीडेंसी का दर्जा प्राप्त हुआ था। 1687 ई. में

औरंगजेब ने गोलकुंडा पर विजय प्राप्त की थी, किंतु उसने वहाँ की शासन व्यवस्था को अंग्रेजों के ही नियंत्रण में रहने दिया।

- मद्रास का प्राचीन नाम मदुरापट्टम था।
- मद्रास में अंग्रेजों के आने से पूर्व वहाँ दीवानी तथा फौजदारी के मामले चाउल्ट्री कोर्ट द्वारा निबटाए जाते थे।
- चाउल्ट्री कोर्ट के मुख्य अधिकारी को आडिगर कहा जाता था।
- ब्रिटिश सम्राट् चार्ल्स द्वितीय ने 3 अप्रैल, 1661 ई. में ईस्ट इंडिया कंपनी के लिए एक चार्टर जारी किया था।
- 1661 ई. के चार्टर के अनुसार—(i) न्यायिक शक्ति गवर्नर—इन कौंसिल में केंद्रित की गई; (ii) न्याय प्रशासन के लिए इंगलिश विधि का प्रयोग शुरू किया गया।
- 1666 ई. में मद्रास प्रेसीडेंसी को प्रेसीडेंसी टाउन में बदल दिया गया।
- 1778 ई. न्यायालय को गर्वनर—इन कौंसिल न कहकर 'हाई कोर्ट ऑफ ज्यूडीकेचर' कहा गया।
- चाउल्ट्री कोर्ट के निर्णय पर अपील 'कोर्ट ऑफ ज्यूडीकेचर' में दायर की जा सकती थी।
- तीसरा चरण, जो 1686 ई. से 1727 ई. तक रहा, दो नए न्यायालयों एडमिराल्टी कोर्ट तथा मेयर्स कोर्ट की स्थापना की गई थी
- बंबई में ब्रिटिश शासन का प्रारंभ 1661 ई. से हुआ।
- ब्रिटिश सम्राट् ने 1668 ई. में बंबई को ईस्ट इंडिया कंपनी को सौंप दिया था।
- जेराल्ड आंगियर ने बंबई में 1670 ई. में दो प्रकार के न्यायालय स्थापित किए थे—(i) निम्न स्तरीय न्यायालय तथा (ii) उच्च स्तरीय न्यायालय।
- बंबई में द्वितीय योजना जो 1672 से 1683 ई. तक रही। इस दौरान—(i) कोर्ट ऑफ कॉशंस; (ii) सेंट्रल कोर्ट तथा (iii) डिप्टी गवर्नर एवं उसकी काउंसिल का न्यायालय स्थापित हुआ था।
- 1684 ई. में सूरत में एक समुद्री न्यायालय की स्थापना की गई थी, जिसे कुछ ही दिनों बाद बंबई में लाया गया।
- 1685 ई. में एक नए न्यायालय 'कोर्ट ऑफ जुडीकेचर' की स्थापना की गई थी।
- 30 वर्ष के बाद 25 मार्च, 1718 ई. को कोर्ट ऑफ जुडीकेचर का पुनर्गठन

किया गया। इस न्यायालय में एक मुख्य न्यायाधीश और 9 अन्य न्यायाधीश थे।

- 1699 ई. में कलकत्ता को प्रेसीडेंसी न्यायालय घोषित किया गया था।
- कलकत्ता में प्रारंभ में दो प्रकार की अदालतों की स्थापना की गई थी—(i) फौजदारी तथा (ii) दीवानी कचहरी न्यायालय।
- रेग्यूलेटिंग ऐक्ट, 1773 के अनुसार कलकत्ता में एक सर्वोच्च न्यायालय (सुप्रीम कोर्ट) की स्थापना की बात कही गई।
- ब्रिटिश सम्राट् जॉर्ज तृतीय ने 27 मार्च, 1774 ई. को कलकत्ता में सुप्रीम कोर्ट की स्थापना की थी।
- **सुप्रीम कोर्ट में एक मुख्य न्यायाधीश तथा 3 अन्य न्यायाधीश थे।**
- **सर एलिजाह इंपे** सर्वोच्च न्यायालय के पहले मुख्य न्यायाधीश बने थे, इन्हें ब्रिटिश सम्राट् ने नियुक्त किया था।
- कलकत्ता का सुप्रीम कोर्ट अंतिम न्यायालय नहीं था। इसके फैसले की अपील इंग्लैंड के 'किंग-इन काउंसिल' के न्यायालय में की जाती थी।
- 26 दिसंबर, 1800 के चार्टर के अंतर्गत मद्रास में एक सुप्रीम कोर्ट की स्थापना की गई थी, न्यायालय ने 4 सितंबर, 1901 से कार्य करना प्रारंभ किया था।
- 1823 ई. के चार्टर के अनुसार 8 मई, 1824 ई. को बंबई में सुप्रीम कोर्ट की स्थापना की गई थी।
- 1861 के हाई कोर्ट्स ऐक्ट के अंतर्गत मद्रास एवं बंबई के सुप्रीम कोर्ट का भी अंत कर दिया गया। कलकत्ता, मद्रास तथा बंबई में उच्च न्यायालय की स्थापना की गई।
- 1833 के चार्टर के अनुसार भारत में प्रथम विधि आयोग की स्थापना की बात कही गई तथा 1834 ई. में लॉर्ड मैकाले की अध्यक्षता में प्रथम विधि आयोग की स्थापना की गई।
- 1802 के लेटर्स पेटेंट के अंतर्गत प्रेसीडेंसी नगरों कलकत्ता, मद्रास एवं बंबई में उच्च न्यायालयों की स्थापना की गई।
- 1866 ई. में उत्तर-पश्चिमी प्रांतों के लिए एक उच्च न्यायालय की स्थापना की गई, जो 1875 ई. में इलाहाबाद स्थानांतरित कर दिया गया था।

□

2

सर्वोच्च न्यायालय (The Supreme Court)

अध्याय के मुख्य बिंदु

- ❖ न्यायपालिका के कार्य
- ❖ सर्वोच्च न्यायालय
- ❖ संवैधानिक व्यवस्था
- ❖ योग्यताएँ
- ❖ नियुक्ति-अनुच्छेद 124(2)
- ❖ तदर्थ न्यायाधीश
- ❖ अवधि
- ❖ पद्मुक्ति
- ❖ शपथ-ग्रहण
- ❖ वेतन भत्ते
- ❖ प्रैक्टिस पर पाबंदी
- ❖ कार्य स्थान
- ❖ सर्वोच्च न्यायालय की शक्तियाँ और क्षेत्राधिकार

(1) प्रारंभिक क्षेत्राधिकार

(क) अनन्य प्रारंभिक क्षेत्राधिकार

- ❖ न्यायपालिका के कार्य

(ख) समवर्ती प्रारंभिक क्षेत्राधिकार

(2) अपीलीय अधिकार

(i) संवैधानिक मामले

(ii) फौजदारी मामले

(iii) दीवानी मामले
(iv) विशिष्ट मामले
(3) परामर्श संबंधी क्षेत्राधिकार
(4) मौलिक अधिकारों का संरक्षक
(5) अभिलेख न्यायालय
(6) संविधान की व्याख्या एवं रक्षा
(7) न्यायिक पुनरावलोकन की शक्ति
(8) मुकदमों को स्थानांतरित करने की शक्ति
(9) प्रशासकीय अधिकार
(10) विविध कार्य

- ❖ न्यायपालिका की स्वतंत्रता
- ❖ भारतीय न्यायप्रणाली के दोष
- ❖ भारतीय न्याय व्यवस्था में सुधार संबंधी सुझाव
- ❖ न्यायिक पुनरावलोकन
- ❖ भारत के मुख्य न्यायाधीश
- ❖ प्रमुख तथ्य

भारत में व्यवस्थापिका तथा कार्यपालिका के साथ-साथ न्यायपालिका की भी स्थापना की गई है। लॉर्ड ब्राइस ने लिखा है कि ''किसी सरकार की उत्तमता की कसौटी उनके न्याय-विभाग की कुशलता है, क्योंकि साधारण नागरिक के हित तथा सुरक्षा के हित में यह भावना आवश्यक है कि उनके साथ उचित न्याय शीघ्र किया जाए।''

संघीय शासन प्रणाली में स्वतंत्र तथा निष्पक्ष न्यायपालिका का होना अनिवार्य है, क्योंकि संघ और राज्यों के बीच होनेवाले विवादों का निपटारा, संविधान की व्याख्या आदि का काम स्वतंत्र न्यायपालिका ही कर सकती है। भारत में संघीय शासन प्रणाली को अपनाया गया है, साथ ही संविधान के अंतर्गत स्वतंत्र व निष्पक्ष न्यायपालिका की व्यवस्था की गई है। भारत में पूरे देश के लिए एक सर्वोच्च न्यायालय की स्थापना की गई है। भारत के अन्य सभी न्यायालय इसके अधीन हैं, जिनमें राज्यों के उच्च न्यायालय एवं अधीनस्थ न्यायालय भी शामिल हैं। पूरे देश में एक से दीवानी और फौजदारी कानून प्रचलित हैं। राज्यों के अधीनस्थ न्यायालयों के

निर्णयों के विरुद्ध उच्च न्यायालयों में अपील की जाती है और उच्च न्यायालय के फैसले के विरुद्ध सर्वोच्च न्यायालय में अपील की जा सकती है। सर्वोच्च न्यायालय का निर्णय अंतिम होता है।

न्यायपालिका के कार्य (Functions of Judiciary)

(1) कानून की व्याख्या करना।
(2) संविधान की रक्षा तथा जरूरत पड़ने पर उनकी व्याख्या करना।
(3) दो या दो से अधिक राज्यों के बीच उत्पन्न विवाद या झगड़े को सुलझाना।
(4) केंद्र तथा राज्यों के बीच उत्पन्न समस्याओं को दूर करना।
(5) नागरिकों के मौलिक अधिकारों की रक्षा करना।
(6) अपराधियों को दंड देना।
(7) कार्यपालिका को आवश्यक परामर्श देना।
(8) गरीबों, कमजोर वर्ग के लोगों को जनहित के द्वारा न्याय दिलाना।
(9) महिलाओं एवं बच्चों के हितों की रक्षा करना।
(10) जनता के व्यक्तिगत झगड़ों को सुलझाना।

उपर्युक्त तथ्यों से स्पष्ट होता है कि न्यायपालिका को व्यापक कार्य करने पड़ते हैं।

सर्वोच्च न्यायालय (The Supreme Court)

संवैधानिक व्यवस्था

भारतीय संविधान के भाग-5 के अध्याय-4 में अनुच्छेद 124 से लेकर 147 तक में संघ की न्यायपालिका का वर्णन किया गया है।

संगठन (Composition)—अनुच्छेद 124 के अनुसार भारत का एक उच्चतम न्यायालय होगा, जो भारत के मुख्य न्यायाधीश तथा अन्य न्यायाधीशों से मिलकर बनेगा। **मूल संविधान में एक मुख्य न्यायाधीश के अलावा सात अन्य न्यायाधीशों की व्यवस्था थी।** संसद् को न्यायाधीशों की संख्या बढ़ाने का अधिकार है। सर्वोच्च न्यायालय अधिनियम, 1956 के अनुसार न्यायाधीशों की संख्या मुख्य न्यायाधीश के अतिरिक्त 10 कर दी गई थी। 1960 ई. में संसद् द्वारा न्यायाधीशों की संख्या मुख्य न्यायाधीश सहित 14 कर दी गई। 1977 में भारतीय संसद् ने एक कानून के द्वारा सर्वोच्च न्यायालय के न्यायाधीशों की कुल संख्या 18 कर दी थी।

1986 ई. में संसद् ने न्यायाधीशों की संख्या 18 से बढ़ाकर 26 कर दी। वर्ष

2008–2009 में संसद् ने एक विधेयक पारित कर न्यायाधीशों की संख्या 30 कर दी है, वर्तमान में कुल 31 न्यायाधीश हैं, जिसमें एक मुख्य न्यायाधीश एवं 30 अन्य न्यायाधीश हैं।

योग्यताएँ या अर्हताएँ (Qualifications)

संविधान के अनुच्छेद 124(B) के अनुसार सर्वोच्च न्यायालय के न्यायाधीशों के लिए निम्नलिखित योग्यताएँ निर्धारित की गई हैं—

(1) भारत का नागरिक हो।

(2) कम-से-कम 5 वर्ष तक किसी एक उच्च न्यायालय या लगातार दो या दो से अधिक ऐसे न्यायालयों का न्यायाधीश रह चुका हो।

(3) कम-से-कम 10 वर्षों तक किसी एक उच्च न्यायालय या लगातार दो या दो से अधिक ऐसे न्यायालयों का अधिवक्ता (Advocate) रह चुका हो।

(4) राष्ट्रपति की नजर में वह पारंगत विधिवेत्ता या कानून प्रवीण (Distingnished Jurist) हो।

नियुक्ति (Appointment)

अनुच्छेद 124(2) के अनुसार सर्वोच्च न्यायालय के न्यायाधीशों की नियुक्ति राष्ट्रपति द्वारा की जाती है। इस संबंध में राष्ट्रपति यदि यह आवश्यक समझे तो सर्वोच्च न्यायालय तथा उच्च न्यायालय के न्यायाधीश की सहमति या परामर्श ले सकता है।

मुख्य न्यायाधीशों के अलावा अन्य न्यायाधीशों की नियुक्ति के संबंध में राष्ट्रपति को मुख्य न्यायाधीश से परामर्श करना अनिवार्य है।

न्यायाधीशों की नियुक्तियों पर सर्वोच्च न्यायालय का निर्णायक मत— सर्वोच्च न्यायालय की 9 सदस्यी संविधान पीठ ने एक महत्त्वपूर्ण स्पष्टीकरण के तहत यह निर्धारित किया है कि—

1. सर्वोच्च न्यायालय तथा उच्च न्यायालयों में न्यायाधीशों की नियुक्तियों, तबादलों के मामले में चार वरिष्ठ न्यायाधीशों से विचार-विमर्श के पश्चात् ही अपनी राय मुख्य न्यायाधीश द्वारा प्रेषित की जानी चाहिए।
2. विचार-विमर्श प्रक्रिया का पालन किए बिना मुख्य न्यायाधीश द्वारा की गई सिफारिशें सरकार पर बाध्यकारी नहीं हैं।
3. उच्च न्यायालय में न्यायाधीश की नियुक्ति के लिए संस्तुति देने से पूर्व

सर्वोच्च न्यायालय के दो वरिष्ठतम न्यायाधीशों से परामर्श किया जाना चाहिए। परामर्श किए गए न्यायाधीशों के विचार सर्वोच्च न्यायाधीश को अपने स्वयं के विचारों के साथ सरकार को संस्तुतियाँ भेजते समय संलग्न करने चाहिए।

4. संविधान पीठ ने स्पष्ट किया कि सलाहकार मंडल की राय तथा मुख्य न्यायाधीश की राय जब तक एक न हो, तब तक सिफारिश नहीं की जानी चाहिए।
5. परामर्श किए गए चार न्यायाधीशों में से यदि दो न्यायाधीश भी विपरीत राय देते हैं तो मुख्य न्यायाधीश को चाहिए कि सरकार को सिफारिशें नहीं भेजें।

उपरोक्त स्पष्टीकरण से सर्वोच्च न्यायालय तथा उच्च न्यायालय के न्यायाधीशों की नियुक्ति के मामले में प्रधानमंत्री तथा राष्ट्रपति का स्वविवेक से कार्य करने का अधिकार सीमित हो गया।

वर्तमान नियुक्ति प्रक्रिया के अनुसार पाँच श्रेष्ठ न्यायाधीशों वाली समिति, जिसकी अध्यक्षता भारत के मुख्य न्यायाधीश करते हैं, द्वारा न्यायाधीशों के नामों की अनुशंसा करती है। ये नाम विधि मंत्रालय के पास भेज दिए जाते हैं। मंत्रालय सुझाए गए सदस्यों के बारे में पूरी जाँच-पड़ताल करता है और उसके बाद उसे प्रधानमंत्री कार्यालय को भेज देता है। प्रधानमंत्री कार्यालय में भेजे गए नामों पर भी विचार-विमर्श किया जाता है, उसके बाद इसे राष्ट्रपति के सम्मुख प्रस्तुत कर दिया जाता है।

राष्ट्रपति को यह अधिकार है कि न्यायालय द्वारा सुझाए गए नामों को स्वीकृति प्रदान कर दे या उन्हें पुनः सर्वोच्च न्यायालय के पास विचार के लिए भेज दे। यदि सर्वोच्च न्यायालय सुझाए गए नामों को पुनः दूसरी बार विचार हेतु भेजता है तो इस स्थिति में राष्ट्रपति को उन नामों को स्वीकृति प्रदान करनी पड़ती है।

उपर्युक्त परामर्श प्रक्रिया का पालन किए बिना मुख्य न्यायाधीश द्वारा न्यायाधीशों की नियुक्तियों या तबादलों के लिए कोई सिफारिश सरकार से की जाती है तो उसे मानने के लिए सरकार बाध्य नहीं है। विधि आयोग ने अपनी 80वीं रिपोर्ट में यह सिफारिश की है कि सर्वोच्च न्यायालय के मुख्य न्यायाधीश की नियुक्ति के समय वरिष्ठता पर विशेष रूप से ध्यान दिया जाना चाहिए।

तदर्थ न्यायाधीश (Adhoc Judges)

संविधान के अनुच्छेद 127(1) के अनुसार यदि किसी कारणवश न्यायालय

की बैठक करने के लिए निश्चित गणपूर्ति (गणपूर्ति 3 निश्चित की गई है) पूरी नहीं होती है तो राष्ट्रपति की अग्रिम स्वीकृति द्वारा मुख्य न्यायाधीश तदर्थ न्यायाधीश की नियुक्ति कर सकता है। उस व्यक्ति को जो किसी उच्च न्यायालय का न्यायाधीश रह चुका हो या सर्वोच्च न्यायालय का न्यायाधीश बनने की योग्यता रखता हो, तदर्थ न्यायाधीश नियुक्त किया जा सकता है।

सर्वोच्च न्यायालय की बैठकों में सेवानिवृत्त न्यायाधीशों की उपस्थिति— अनुच्छेद 128 के अनुसार, ''भारत का मुख्य न्यायाधीश किसी भी समय, राष्ट्रपति की पूर्व सहमति से किसी व्यक्ति से जो सर्वोच्च न्यायालय का फेडरल न्यायालय के न्यायाधीश का पद धारण कर चुका है या जो उच्च न्यायालय के न्यायाधीश का पद धारण कर चुका है और सर्वोच्च न्यायालय का न्यायाधीश नियुक्त होने के लिए योग्यता रखता है, सर्वोच्च न्यायालय के न्यायाधीश के रूप में बैठने और कार्य करने का अनुरोध कर सकेगा। वह व्यक्ति ऐसे भत्तों का हकदार होगा, जो राष्ट्रपति आदेश द्वारा निर्धारित करे तथा उसको उस न्यायालय के न्यायाधीश की सभी अधिकारिता, शक्तियाँ और विशेषाधिकार होंगे, किंतु उसे उस न्यायालय का न्यायाधीश नहीं समझा जाएगा।

अवधि (Tenure)

सर्वोच्च न्यायालय के न्यायाधीशों का कार्यकाल 65 वर्ष की आयु तक निर्धारित किया गया है। वे यदि चाहें तो पहले भी राष्ट्रपति को संबोधित अपने हस्ताक्षर सहित लेख द्वारा अपना त्याग-पत्र दे सकते हैं। (अनुच्छेद 124(2) क)

पदमुक्ति (Removal)

सर्वोच्च न्यायालय के न्यायाधीशों को सिद्ध कदाचार तथा असमर्थता के आधार पर महाभियोग के द्वारा राष्ट्रपति हटा सकता है।

संविधान के अनुच्छेद 124(4) तथा न्यायाधीश जाँच अधिनियम, 1968 के प्रावधानों के अनुसार सर्वोच्च न्यायालय के न्यायाधीश को महाभियोग लगाकर हटाया जा सकता है।

1. लोकसभा के कम-से-कम 100 सदस्य तथा राज्यसभा के कम-से-कम 50 सदस्य द्वारा राष्ट्रपति को संबोधित एक प्रस्ताव लोकसभा के स्पीकर या राज्य सभा के सभापति को दे।
2. महाभियोग के प्रस्ताव की जाँच एक तीन सदस्यीय समिति द्वारा की जाती

है, तीन सदस्यों में सर्वोच्च न्यायालय के न्यायाधीश एवं एक प्रख्यात विधिवेत्ता होता है।

3. तीन सदस्यीय समिति द्वारा आरोपित न्यायाधीश का दोष सिद्ध हो जाता है तो प्रस्ताव को समिति के प्रतिवेदन के साथ विचारार्थ उस सदन में भेज दिया जाता है, जिसमें प्रस्ताव लंबित है।
4. महाभियोग का प्रस्ताव संसद् के दोनों सदनों में कुल सदस्य संख्या के बहुमत द्वारा तथा उपस्थित एवं मत देनेवाले सदस्यों के न्यूनतम दो-तिहाई बहुमत द्वारा पारित कर राष्ट्रपति के पास सिफारिश को भेज दिया जाता है।
5. राष्ट्रपति की स्वीकृति मिलते ही वह न्यायाधीश अपने पद से पदच्युत हो जाता है।
6. स्पष्ट है, संसद् के द्वारा किसी न्यायाधीश के विरुद्ध प्रस्ताव पास किए बिना राष्ट्रपति किसी न्यायाधीश को पद से हटाने का आदेश जारी नहीं कर सकता।
7. सर्वोच्च एवं उच्च न्यायालय दोनों के न्यायाधीशों के लिए महाभियोग की प्रक्रिया एक समान ही है।
8. महाभियोग की जटिल प्रक्रिया के कारण अभी तक एक भी भ्रष्ट न्यायाधीशों को नहीं हटाया जा सका है।

शपथ-ग्रहण (Oath Taking)

अनुच्छेद 124(6) के अनुसार सर्वोच्च न्यायालय का न्यायाधीश अपना पद ग्रहण करने से पहले राष्ट्रपति या उसके द्वारा नियुक्त व्यक्ति के समक्ष शपथ लेता है। तीसरी अनुसूची में इस प्रयोजन के लिए दिए गए प्रारूप के अनुसार न्यायाधीश शपथ लेगा और उस पर अपने हस्ताक्षर करेगा।

शपथ का प्रारूप—''मैं, अमुक जो भारत के उच्चतम न्यायालय मुख्य न्यायमूर्ति (या न्यायाधीश) नियुक्त हुआ हूँ, ईश्वर की शपथ लेता हूँ कि मैं विधि द्वारा स्थापित भारत के संविधान के प्रति सच्ची श्रद्धा और निष्ठा रखूँगा, मैं भारत की प्रभुता और अखंडता अक्षुण्ण रखूँगा तथा मैं सम्यक् प्रकार से और श्रद्धापूर्वक तथा अपनी पूरी योग्यता, ज्ञान और विवेक से अपने पद के कर्तव्यों का भय या पक्षपात, अनुराग या द्वेष के बिना पालन करूँगा तथा मैं संविधान और विधियों की मर्यादा बनाए रखूँगा।''

वेतन भत्ते (Salary and Allowances)

1950 में संविधान लागू होने पर भारत के मुख्य न्यायाधीश को 5000 रुपए और अन्य न्यायाधीशों को 4000 रुपए प्रतिमाह वेतन का प्रावधान था। समय-समय पर वेतन भत्तों में वृद्धि की गई। 1 जनवरी, 2006 से छठे वेतन आयोग के अनुसार भारत के मुख्य न्यायाधीश को 1 लाख रुपए और अन्य न्यायाधीशों को 90,000 रुपए प्रतिमाह वेतन मिलता था, सातवें वेतन आयोग के अनुसार सर्वोच्च न्यायालय के मुख्य न्यायाधीश को 2 लाख 80 हजार तथा अन्य न्यायधीशों को 2 लाख 50 हजार रुपए प्रतिमाह वेतन मिलता है। इसके अतिरिक्त सरकारी निवास और अन्य भत्ते मिलते हैं। वेतन भारत की संचित निधि से दिया जाता है, सेवा-अवकाश के बाद न्यायाधीशों को पेंशन भी मिलती है।

यदि राष्ट्रपति अनुच्छेद 360 के अंतर्गत देश में वित्तीय आपातकाल की उद्घोषणा करता है तो इस दौरान वेतन भत्ते आदि में कटौती की जा सकती है।

प्रैक्टिस पर पाबंदी (Prohibition of Practice)

उच्चतम न्यायालय का कोई भी न्यायाधीश अवकाश ग्रहण कर लेने के बाद देश के किसी भी न्यायालय या न्यायिक अधिकरण के समक्ष वकालत नहीं कर सकता। न्यायिक अधिकरण से तात्पर्य ऐसे न्यायालय से है— श्रम न्यायालय (Labour Tribunal) या आयकर अधिकरण (Income Tax Tribunal)

कार्य स्थान

अनुच्छेद 130 के अनुसार सर्वोच्च न्यायालय का कार्य स्थान दिल्ली में स्थापित किया गया है, परंतु मुख्य न्यायाधीश राष्ट्रपति की स्वीकृति से बैठक किसी और स्थान पर भी कर सकता है। अब तक श्रीनगर और हैदराबाद में इस प्रकार की बैठकें की जा चुकी हैं।

तीन बार सरकार ने 1999, 2001 तथा 2003 में सर्वोच्च न्यायालय से प्रार्थना की कि सर्वोच्च न्यायालय की क्षेत्रीय शाखाएँ कोलकाता, मुंबई तथा चेन्नई में स्थापित की जाएँ, किंतु सर्वोच्च न्यायालय ने इसे स्वीकार नहीं किया।

उन्मुक्तियाँ

न्यायाधीशों के निर्णयों या व्यवहार को लेकर संसद् में महाभियोग के अतिरिक्त आलोचना नहीं की जा सकती।

न्यायाधीशों से यह अपेक्षा की जाती है कि वह अंतिम निर्णय देते समय बिना पक्षपात के निष्पक्षतापूर्वक निर्णय दे।

सर्वोच्च न्यायालय की शक्तियाँ और क्षेत्राधिकार
(Powers and Jurisdiction of the Supreme Court)

सर्वोच्च न्यायालय भारत का एकीकृत एवं अंतिम न्यायालय है। संविधान के अनुच्छेद 141 में कहा गया है कि सर्वोच्च न्यायालय द्वारा दिए गए निर्णय, दिए गए दिशा-निर्देश भारत के सभी न्यायालयों पर लागू होते हैं।

भारतीय सर्वोच्च न्यायालय को व्यापक क्षेत्राधिकार प्राप्त हैं। इसकी शक्तियाँ एवं क्षेत्राधिकार की शक्ति का निम्नलिखित रूप से अध्ययन कर सकते हैं—

(1) प्रारंभिक क्षेत्राधिकार (Original Jurisdiction)

संविधान के अनुच्छेद 131 के अनुसार प्रारंभिक क्षेत्राधिकार से तात्पर्य है कि वैसे मुकदमे, जो किसी दूसरे न्यायालय में न जाकर सीधे सर्वोच्च न्यायालय में आते हैं। इसके अंतर्गत ऐसे विवाद आते हैं—

(क) अनन्य प्रारंभिक क्षेत्राधिकार (Exclusive Original Jurisidction)

(1) भारत सरकार तथा एक या एक से अधिक राज्यों के बीच उत्पन्न विवाद।

(2) जब एक ओर भारत सरकार तथा एक या एक से अधिक राज्य हों तो दूसरी ओर एक या अधिक राज्य हों।

(3) जब कोई विवाद दो या दो से अधिक राज्यों के मध्य हो।

(ख) समवर्ती प्रारंभिक क्षेत्राधिकार (Concurrent Original Jurisdiction)—संविधान द्वारा प्राप्त मौलिक अधिकारों की व्याख्या और रक्षा करने का अधिकार सर्वोच्च न्यायालय के साथ-साथ उच्च न्यायालय को भी प्राप्त है। अत: मौलिक अधिकार के उल्लंघन से संबंधित जो विवाद हैं, वे चाहें तो पहले किसी राज्य के उच्च न्यायालय में और चाहे तो सीधे सर्वोच्च न्यायालय में उपस्थित किए जा सकते हैं।

(2) अपीलीय क्षेत्राधिकार (Appellate Jurisdiction)

सर्वोच्च न्यायालय को भारत के समस्त राज्यों के उच्च न्यायालयों के निर्णय के विरुद्ध अपील सुनने का अधिकार प्राप्त है, क्योंकि सर्वोच्च न्यायालय अंतिम अपीलीय न्यायालय है। सर्वोच्च न्यायालय के अपीलीय क्षेत्राधिकार को चार वर्गों में बाँटा जा सकता है—

(1) संवैधानिक
(2) फौजदारी मामले
(3) दीवानी तथा
(4) विशिष्ट मामले

(i) संवैधानिक मामले (Constitutional Cases)—संविधान के अनुच्छेद 132 के अनुसार यदि उच्च न्यायालय यह प्रमाणित कर दे कि विवाद में संविधान की व्याख्या से संबंधित कानून का कोई महत्त्वपूर्ण प्रश्न निहित है, तो उच्च न्यायालयों के निर्णय की अपील सर्वोच्च न्यायालय में की जा सकती है।

यदि उच्च न्यायालय ऐसा प्रमाण-पत्र न भी दे तो सर्वोच्च न्यायालय को यह अधिकार प्राप्त है कि वह ऐसी अपील की अनुमति प्रदान कर दे, जिससे उसको भी विश्वास हो जाए कि इसमें संविधान से संबंधित कोई प्रश्न निहित है।

अनुच्छेद 132, सर्वोच्च न्यायालय को भारत के संपूर्ण न्यायालयों के निर्णयों पर अपील करने का अधिकार प्रदान करता है।

(ii) फौजदारी मामले (Criminal Cases)—संविधान के अनुच्छेद 134 के अनुसार फौजदारी मामलों के उन विवादों में उच्च न्यायालयों के निर्णय के विरुद्ध सर्वोच्च न्यायालय में अपील की जा सकती है, जिसमें—

(a) उच्च न्यायालय ने नीचे के न्यायालय के किसी निर्णय को रद्द करके अभियुक्त को मृत्युदंड दे दिया हो या
(b) उच्च न्यायालय ने नीचे के न्यायालय में चल रहे किसी विवाद को अपने यहाँ मँगवाकर अभियुक्त को मृत्युदंड दे दिया हो।
(c) उच्च न्यायालय यह प्रमाणित कर दे कि मामला सर्वोच्च न्यायालय में अपील के योग्य है।

(iii) दीवानी या सिविल मामले (Civil Cases)—संविधान के अनुच्छेद 133 के अनुसार उच्च न्यायालयों द्वारा दीवानी मुकदमों में दिए गए निर्णयों के विरुद्ध सर्वोच्च न्यायालय में अपील की जा सकती है। यदि उच्च न्यायालय यह प्रमाणित कर दे कि इन मुकदमों में सामान्य महत्त्व का कोई कानूनी प्रश्न उलझा हुआ है तो इनका उच्चतम न्यायालय द्वारा निर्णय किया जाना आवश्यक है।

मूल संविधान में दीवानी मामलों में 20 हजार रुपए से अधिक की धनराशि या जायदाद की अपील सर्वोच्च न्यायालय में हो सकती थी, परंतु संविधान के 303 संशोधन के अनुसार धनराशि की सीमा हटा दी गई है।

(iv) विशिष्ट मामले (Special Cases)—कुछ ऐसे विवाद या मामले भी

हो सकते हैं, जो उपयुक्त श्रेणी में नहीं आते हैं, किंतु उनमें सर्वोच्च न्यायालय का हस्तक्षेप आवश्यक हो जाता है। अनुच्छेद 136 के अनुसार सर्वोच्च न्यायालय को यह अधिकार दिया गया है कि सैनिक न्यायालय को छोड़कर वह भारत के अन्य किसी भी न्यायालय अथवा न्याय मंडल के निर्णय के विरुद्ध सर्वोच्च न्यायालय में अपील करने की अनुमति प्रदान कर दे।

अपीलीय क्षेत्राधिकार की दृष्टि से भारत का सर्वोच्च न्यायालय विश्व में सबसे अधिक शक्तिशाली है।

(3) परामर्श संबंधी क्षेत्राधिकार (Advisory Jurisdiction)

संविधान ने सर्वोच्च न्यायालय को परामर्श संबंधी क्षेत्राधिकार भी प्रदान किया है। अनुच्छेद 143 के अनुसार, यदि किसी समय राष्ट्रपति को प्रतीत हो कि विधि या तथ्य का कोई ऐसा प्रश्न पैदा हुआ है, जो सार्वजनिक महत्त्व का है तो उक्त प्रश्न पर वह सर्वोच्च न्यायालय से परामर्श माँग सकता है। न्यायालय के परामर्श को स्वीकार या अस्वीकार करना राष्ट्रपति के विवेक पर निर्भर होगा।

जब राष्ट्रपति की ओर से सर्वोच्च न्यायालय को वैधानिक परामर्श देने के लिए कोई विषय भेजा जाता है तो न्यूनतम पाँच न्यायाधीशों की बेंच द्वारा उस मामले के प्रति निर्णय करना अनिवार्य है।

सर्वोच्च न्यायालय किसी मामले में राष्ट्रपति द्वारा माँगी गई कानूनी राय देने से इनकार भी कर सकता है। उदाहरण के लिए सर्वोच्च न्यायालय ने 24 अक्तूबर, 1994 को अयोध्या में मंदिर होने अथवा न होने संबंधी अपनी राय देने से इनकार कर दिया था।

(4) मौलिक अधिकारों का संरक्षक (Protector of Fundamental Rights)

सर्वोच्च न्यायालय नागरिकों के मौलिक अधिकारों का रक्षक है। अनुच्छेद 32 सर्वोच्च न्यायालय को विशेष रूप से उत्तरदायी ठहराता है कि वह मौलिक अधिकारों को लागू करने के लिए आवश्यक काररवाई करे। न्यायालय मौलिक अधिकारों की रक्षा के लिए बंदी प्रत्यक्षीकरण, परमादेश, प्रतिषेध, अधिकार पृच्छा और उत्प्रेषण लेख जारी कर सकता है।

किसी व्यक्ति के मौलिक अधिकारों का हनन होने पर वह सीधे सर्वोच्च न्यायालय की शरण ले सकता है। यदि विधायिका द्वारा पारित कोई कानून मौलिक

अधिकारों पर अतिक्रमण करती है तो न्यायालय उस कानून को अवैध घोषित कर सकता है।

(5) अभिलेख न्यायालय (A Court of Record)

संविधान का अनुच्छेद 129 घोषित करता है कि सर्वोच्च न्यायालय अभिलेख न्यायालय होगा और उसको अपने अपमान के लिए दंड देने की शक्ति सहित ऐसे न्यायालय की सभी शक्तियाँ प्राप्त होंगी।

अभिलेख न्यायालय के दो आशय हैं—

(i) इस न्यायालय के निर्णय सब जगह तथा साक्षी के रूप में स्वीकार किए जाएँगे और इन्हें किसी समय न्यायालय में प्रस्तुत किए जाने पर उसकी प्रामाणिकता के विषय में प्रश्न नहीं उठाया जाएगा।

(ii) इस न्यायालय के द्वारा न्यायालय अपमान (Contempt of Court) के लिए किसी भी प्रकार का दंड दिया जा सकता है।

(6) संविधान की व्याख्या तथा रक्षा (Interpretation and Protection of the Constitution)

सर्वोच्च न्यायालय संविधान की व्याख्या तथा रक्षा करता है। जब कभी संविधान की व्याख्या के बारे में कोई मतभेद उत्पन्न होता है तो सर्वोच्च न्यायालय द्वारा व्याख्या की जाती है, सर्वोच्च न्यायालय द्वारा की गई व्याख्या अंतिम होती है। अनुच्छेद 141 के अनुसार, ''सर्वोच्च न्यायालय द्वारा घोषित किया गया कानून भारत के क्षेत्र में स्थित सभी न्यायालयों पर बाध्य होगा।''

सर्वोच्च न्यायालय संविधान की रक्षा भी करता है, यदि सर्वोच्च न्यायालय को यह ज्ञात हो जाए कि संसद् द्वारा बनाया गया कानून या कार्यपालिका का आदेश संविधान का उल्लंघन करता है तो वह उस कानून या आदेश को असंवैधानिक घोषित करके रद्द कर सकता है। संविधान देश का सर्वोच्च कानून है, उसकी रक्षा करना सर्वोच्च न्यायालय का कर्तव्य है।

(7) न्यायिक पुनरावलोकन की शक्ति (Power of Judical Review)

यदि कोई कानून ऐसे बनाए जाते हैं, जो संविधान के अनुसार नहीं होते हैं तो सर्वोच्च न्यायालय इसकी जाँच करता है। अनुच्छेद 137 के अनुसार—''संसद् द्वारा बनाई गई किसी विधि के या अनुच्छेद 145 के अधीन बनाए गए नियमों के उपबंधों

के अधीन रहते हुए सर्वोच्च न्यायालय को अपने द्वारा सुनाए गए निर्णय या दिए गए आदेश का पुनरावलोकन करने की शक्ति होगी।'' यदि संसद् या राज्य विधानसभाएँ संविधान का अतिक्रमण करती हैं या संविधान के विरुद्ध विधि का निर्माण करती हैं तो ऐसी प्रत्येक विधि को सर्वोच्च न्यायालय असंवैधानिक घोषित कर सकता है। सर्वोच्च न्यायालय की इस शक्ति को न्यायिक पुनरावलोकन की शक्ति (Power of Judical Review) कहा जाता है।

इसी प्रकार सर्वोच्च न्यायालय केंद्र सरकार अथवा राज्य सरकार के संविधान का अतिक्रमण करनेवाले आदेशों को भी अवैध घोषित कर सकता है। सर्वोच्च न्यायालय संविधान की व्याख्या करनेवाला अंतिम न्यायालय है।

सर्वोच्च न्यायालय को अपने निर्णयों व आदेशों को रद्द कर नए निर्णय या आदेश देने का अधिकार है।

(8) मुकदमों को स्थानांतरित करने का अधिकार (Power Regarding Transference of Cases)

अनुच्छेद 139 (क) के अनुसार यदि ऐसे मामले, जिनमें विधि के समान प्रश्न अंतर्निहित हैं, सर्वोच्च न्यायालय और एक या अधिक उच्च न्यायालयों के अलावा दो या अधिक उच्च न्यायालयों के समक्ष लंबित है और सर्वोच्च न्यायालय स्वयं अथवा भारत के महान्यायवादी द्वारा या ऐसे किसी मामले के किसी पक्षकार द्वारा किए गए आवेदन पर यह समाधान हो जाता है कि ऐसे प्रश्न व्यापक महत्त्व के हैं तो सर्वोच्च न्यायालय उस उच्च न्यायालय या उन उच्च न्यायालयों के समक्ष लंबित मामले या मामलों को अपने पास मँगा सकेगा और उन सभी मामलों को स्वयं निपटा सकेगा।

ऐसे मामलों को निपटाने के बाद सर्वोच्च न्यायालय उस उच्च न्यायालय को, जिससे मामला मँगाया था, अपने निर्णय की प्रतिलिपि सहित लौटा सकेगा, जिससे वह उच्च न्यायालय आगे की कार्यवाही करेगा।

(9) प्रशासकीय अधिकार

सर्वोच्च न्यायालय को कुछ प्रशासनिक अधिकार प्राप्त हैं—

(1) अनुच्छेद 141 के अनुसार सर्वोच्च न्यायालय के निर्णय सभी न्यायालयों पर लागू होते हैं।

(2) सर्वोच्च न्यायालय अपने अधीनस्थ न्यायालयों की जाँच कर सकता है।

(3) सर्वोच्च न्यायालय को अपनी तथा अपने अधीनस्थ न्यायालयों की

कार्यवाही का संचालन करने तथा संबंधित नियमों को बनाने और अपने कर्मचारियों की नियुक्ति करने का अधिकार है। न्यायालय ऐसे कार्य राष्ट्रपति की अनुमति के द्वारा ही करता है।

(4) सर्वोच्च न्यायालय उन व्यक्तियों को दंडित कर सकता है, जिन्होंने न्यायालय की मानहानि की हो।

(5) न्यायालय किसी भी व्यक्ति या संस्था को अपने समक्ष उपस्थित होने और उपयुक्त दस्तावेज प्रस्तुत करने के लिए बाध्य कर सकता है।

(10) विविध कार्य (Miscellaneous Functions)

सर्वोच्च न्यायालय अन्य कार्य भी करता है—

(1) राष्ट्रपति या उप-राष्ट्रपति के चुनाव संबंधी विवादों का निर्णय सर्वोच्च न्यायालय करता है तथा इसका निर्णय अंतिम होता है।

(2) संघ लोक सेवा आयोग के सदस्यों तथा सभापति को पदच्युत करने का अधिकार तो राष्ट्रपति के पास है, परंतु राष्ट्रपति ऐसा तभी कर सकेगा, जब सर्वोच्च न्यायालय उसकी जाँच-पड़ताल करके उसको दोष सिद्ध करार दे।

(3) न्यायालय अवमानना अधिनियम, लोक प्रतिनिधित्व अधिनियम, एकाधिकार तथा अवरोधक व्यापारिक व्यवहार अधिनियम, अधिवक्ता अधिनियम, केंद्रीय उत्पाद शुल्क और नमक अधिनियम, आतंकवादी क्षेत्र (विशेष न्यायालय) अधिनियम, उच्चतम न्यायालय को अपील किए जाने का उपबंध आदि अर्जियाँ सीधे सर्वोच्च न्यायालय में फाइल की जाती हैं।

उपरोक्त तथ्यों से स्पष्ट है कि भारत के सर्वोच्च न्यायालय को बहुत अधिक शक्तियाँ प्राप्त हैं। कृष्णा स्वामी अय्यर ने कहा है कि ''भारत के सर्वोच्च न्यायालय के पास जितनी शक्तियाँ हैं, विश्व में किसी अन्य सर्वोच्च न्यायालय के पास उतनी शक्तियाँ नहीं हैं।''

(11) 9वीं अनुसूची न्यायिक समीक्षा के दायरे में

सर्वोच्च न्यायालय ने 11 जनवरी, 2007 को ऐतिहासिक निर्णय दिया कि 9वीं अनुसूची में दर्ज कानून न्यायिक समीक्षा के दायरे में आता है। तत्कालीन न्यायमूर्ति वाई.के. सब्बरवाल की अध्यक्षता वाली सर्वोच्च न्यायालय की नौ सदस्यीय खंडपीठ

ने यह निर्णय दिया तथा बताया कि 9वीं अनुसूची में शामिल कोई भी अधिनियम न्यायिक समीक्षा के दायरे से बाहर नहीं है। इससे पूर्व 1973 में सर्वोच्च न्यायालय ने केशवानंद भारती मामले में यह निर्णय दिया था कि केंद्र सरकार 9वीं अनुसूची में कानूनों को शामिल कर सकती है। किंतु केंद्र सरकार को ऐसा कोई अधिकार नहीं है, जिससे वह संविधान के मूल ढाँचे में छेड़छाड़ या परिवर्तन कर सके। खंडपीठ ने यह भी कहा कि यदि कोई कानून 1973 के बाद 9वीं अनुसूची में शामिल किया गया है तो ऐसे कानून को न्यायपालिका में चुनौती दी जा सकती है।

खंडपीठ ने सरकार के इस दावे को खारिज कर दिया कि 9वीं अनुसूची में दर्ज किसी कानून की न्यायपालिका समीक्षा नहीं कर सकती है। भारतीय संविधान द्वारा न्यायपालिका की स्वतंत्रता पर पूरा ध्यान दिया गया है

न्यायपालिका की स्वतंत्रता (Independence of Judiciary)

(1) **न्यायाधीशों की नियुक्ति**—संविधान के द्वारा सर्वोच्च न्यायालय तथा उच्च न्यायालयों के न्यायाधीशों की नियुक्ति राष्ट्रपति करता है। इसके लिए राष्ट्रपति मुख्य न्यायाधीश तथा अन्य न्यायाधीशों से परामर्श लेता है।

(2) **कार्यकाल**—भारत में सर्वोच्च न्यायालय के न्यायाधीश 65 वर्ष की आयु तक अपने पद पर बने रहते हैं।

(3) **न्यायाधीशों को आसानी से नहीं हटाया जा सकता**—सर्वोच्च न्यायालय के न्यायाधीशों को राष्ट्रपति तभी हटा सकता है, जबकि किसी न्यायाधीश की अक्षमता या अयोग्यता सिद्ध हो जाए तथा संसद् के प्रत्येक सदन की समस्त संख्या के बहुमत द्वारा तथा उपस्थित और मतदान करनेवाले सदस्यों में से कम-से-कम दो तिहाई बहुमत के द्वारा प्रस्ताव पास न हो जाए। यह एक कठिन प्रक्रिया है।

(4) **वेतन भत्ते**—न्यायाधीशों के कार्यकाल में वेतन भत्तों में कटौती नहीं की जा सकती है, केवल वित्तीय संकट के समय में ही ऐसा किया जा सकता है। वेतन तथा भत्ते भारत की संचित निधि (Consolidated Fund of India) से दिए जाते हैं। इसलिए ये संसद् के समक्ष मतदान के लिए नहीं रखे जाते हैं।

(5) **नियम बनाने का अधिकार**—सर्वोच्च न्यायालय को अपनी कार्यप्रणाली के नियमन हेतु नियम बनाने का अधिकार है। नियमों पर राष्ट्रपति का

अनुमोदन होना आवश्यक है। सर्वोच्च न्यायालय के आदेश या निर्णय भारत के सभी न्यायाधीशों को मान्य होते हैं।

(6) **उन्मुक्तियाँ (Immunities)**—सर्वोच्च न्यायालय के निर्णय तथा कार्य आलोचना से परे हैं। संसद् न्यायाधीशों के किन्हीं भी ऐसे कार्यों पर, जिसे कर्तव्य पालन करते हुए किया है, विचार-विमर्श नहीं कर सकती।

(7) **कर्मचारियों पर नियंत्रण**—सर्वोच्च न्यायालय का अपने कर्मचारियों पर पूरा नियंत्रण रहता है, इससे न्यायालय की स्वतंत्रता बनी रहती है। न्यायालय के सभी अधिकारियों एवं कर्मचारियों की नियुक्ति मुख्य न्यायाधीश तथा अन्य न्यायाधीशों द्वारा की जाती है। सेवा शर्तें भी न्यायालय द्वारा ही निर्धारित की जाती हैं।

(8) **वकालत पर पाबंदी**—अवकाश-प्राप्ति के बाद सर्वोच्च न्यायालय का न्यायाधीश किसी भी न्यायालय में वकालत नहीं कर सकता। ऐसा इसलिए किया गया है कि न्यायाधीश भूतपूर्व न्यायाधीशों के प्रभाव में आकर निर्णय न दें।

(9) **व्यय संचित निधि से**—सर्वोच्च न्यायालय को संसद् के नियंत्रण से स्वतंत्र रखने के लिए यह व्यवस्था की गई है कि सभी व्यय भारत की संचित निधि से किए जाएँगे।

(10) **तबादला**—राष्ट्रपति यदि चाहे तो किसी न्यायाधीश का एक उच्च न्यायालय से दूसरे उच्च न्यायालय में तबादला, भारत के मुख्य न्यायाधीश से परामर्श करने के बाद कर सकता है।

संविधान के प्रावधानों से स्पष्ट होता है कि न्यायपालिका को स्वतंत्र और निष्पक्ष बनाने के प्रयास किए गए हैं। किंतु व्यवहार में हम देखते हैं कि न्यायपालिका भी राजनीति से अछूती नहीं रह गई है। न्यायाधीशों की नियुक्ति राजनीति से प्रभावित हो गई है और यह नियुक्ति प्रधानमंत्री की इच्छा के अनुसार ही होती है।

न्यायपालिका की स्वतंत्रता को सबसे पहले 1973 ई. में आघात लगा, जब तीन वरिष्ठ न्यायाधीशों न्यायमूर्ति शेलट, हेगड़े और ग्रोवर की उपेक्षा करके चौथे नंबर के न्यायाधीश ए.एन.रे. को मुख्य न्यायाधीश नियुक्त किया गया।

आए दिन न्यायाधीशों के तबादले भी होते रहते हैं, यह भी राजनैतिक प्रभावों के आधार पर ही किया जाता है।

निष्कर्ष के रूप में कह सकते हैं कि न्यायपालिका को स्वतंत्र एवं निष्पक्ष रखने की जरूरत है, जिससे जनता का विश्वास न्यायपालिका के प्रति बना रहे। न्यायपालिका

को भी चाहिए कि दलगत राजनीति से अपने को दूर रखकर कर्तव्यनिष्ठता एवं सत्यनिष्ठता का निर्वहन करे।

भारतीय न्याय प्रणाली के दोष

भारतीय न्याय प्रणाली के निम्नलिखित दोष हैं—

(1) **मुकदमों का लंबा खिंचना**—भारतीय न्याय प्रणाली का सबसे प्रमुख दोष है कि इसके अंतर्गत जो भी मुकदमे आते हैं, वह बहुत लंबे समय तक चलते हैं। मुकदमा लड़ते-लड़ते दो-तीन पीढ़ियाँ बीत जाती हैं, फिर भी न्याय नहीं मिलता है। अदालतों में लंबी-लंबी बहसें चलती हैं और अगली तारीख तय कर दी जाती है।

(2) **खर्चीला न्याय**—मुकदमा लड़ने के लिए वकीलों को मोटी रकम देनी पड़ती है। ऐसी स्थिति में गरीब व्यक्ति अदालत की शरण में जाने से वंचित हो जाता है तथा जुल्म और पीड़ा का घूँट पीकर रह जाता है।

(3) **न्यायाधीशों और वकीलों की सत्यनिष्ठता में संदेह**—भारत की बार काउंसिल के तत्कालीन सचिव माधव मेनन ने 1983 में आयोजित एक सेमीनार में कहा था, ''कई बार न्यायाधीशों की व्यावसायिक अयोग्यता के कारण मुकदमों के निबटारे में देरी की जाती है। कई न्यायाधीश भ्रष्टाचार में लिप्त हैं। कई न्यायाधीश कुछ वकीलों की विशेष रूप से तरफदारी करते हैं। व्यापारी वर्ग से उपहार लेते हैं। राजनैतिक दलों और सरकार का कृपापात्र बनने की कोशिश करते हैं तथा सेवा-निवृत्त होने के बाद राजनैतिक संरक्षण चाहते हैं।'' वर्तमान समय में यदि यह कहा जाए कि न्यायाधीशों तथा वकीलों ने न्याय को व्यवसाय बना दिया है तो इसमें कोई अतिशयोक्ति नहीं होगी। 'यदि आपके पास पैसा है तो न्याय भी आपका है।' की कहावत आजकल चल पड़ी है।

(4) कमजोर और आर्थिक रूप से पिछड़े वर्गों को न्यायिक सुरक्षा उपलब्ध नहीं है। गरीबी के कारण ये लोग अपने खर्चे पर वकीलों की सेवाएँ प्राप्त करने में असमर्थ हैं।

कानूनी सहायता अधिनियम (Legal Service Authority Act)—इस अधिनियम के अंतर्गत उन व्यक्तियों को, जिनकी वार्षिक आय 9000 रुपए तक है, नि:शुल्क कानूनी सहायता प्रदान की जाएगी। सर्वोच्च न्यायालय में चल रहे मुकदमों के लिए आय-सीमा 12,000 है। अनुसूचित जाति तथा जनजाति के लिए आय-सीमा

निर्धारित नहीं है। महिलाओं, बालकों तथा विकलांगों को नि:शुल्क कानूनी सहायता प्राप्त हो सकेगी। कहने के लिए तो नि:शुल्क न्याय प्राप्त करने की व्यवस्था कर दी गई है, किंतु व्यवहार में ऐसा नहीं के बराबर है।

भारतीय न्याय व्यवस्था में सुधार के सुझाव

न्यायपालिका को जनता का विश्वास जीतने का सदैव प्रयत्न करना चाहिए, इसके लिए ईमानदारीपूर्वक अपने उत्तरदायित्व का निर्वहन करना जरूरी है। न्यायपालिका की कार्यकुशलता बढ़ाने के लिए निम्नलिखित सुझाव दिए जा सकते हैं—

(1) ग्रामीण क्षेत्रों में न्यायपंचायतों को अधिक शक्तिशाली बनाया जाए, जिससे ग्रामीणों की समस्याओं को उनके गाँव में ही हल कर दिया जाए।

(2) लोक अदालतों की स्थापना की जाए, जिससे सामान्य अदालतों का बोझ कम हो जाएगा। प्रत्येक गाँव एवं शहरों में इसकी स्थापना की जाए।

(3) मुकदमों का निबटारा शीघ्र किया जाए, अगली तारीख देने की प्रथा को सीमित किया जाए।

(4) जाँच-न्यायालयों (Trial Courts) की कार्यप्रणाली सरल और कारगर बनाई जाए।

(5) मुकदमों को निपटाने (Disposal) की अवधि निश्चित की जानी चाहिए। प्राय: यह देखा जाता है कि साधारण सा मुकदमा भी 10-12 साल तक चलता रहता है।

(6) अदालतों में यदि न्यायाधीश कम हैं तो इनकी संख्या बढ़ाई जाए। रिक्त स्थानों को शीघ्र भरा जाए।

(7) वकीलों की संकीर्ण मानसिकता को बदलना होगा। इन्हें पैसा कमाने की धुन लगी रहती है। गरीब मध्यम तो इनको फीस देते-देते परेशान हो जाते हैं, फिर भी न्याय नहीं मिलता है। वकीलों को चाहिए कि सत्यनिष्ठता तथा ईमानदारी का परिचय दें।

(8) अखिल भारतीय न्यायिक सेवा (All India Judical Service) का गठन किया जाए, जिसके माध्यम से योग्य लोगों की भर्ती की जाए, उन्हें प्रशिक्षित किया जाए।

(9) न्यायिक पदों पर काम करनेवाले व्यक्तियों के लिए एक 'आचार संहिता' (Code of Conduct) निर्धारित की जाए।

(10) न्यायाधीशों की नियुक्ति और तबादले न्यायिक आयोग की सिफारिशों

के अनुसार किए जाने चाहिए।

(11) भारत में न्याय बहुत खर्चीला हो गया है। अतः एक निश्चित शुल्क भिन्न-भिन्न मुकदमों के लिए अलग-अलग सुनिश्चित किया जाए।

(12) गरीबों को निःशुल्क न्याय उपलब्ध कराया जाए।

(13) न्यायाधीशों पर लगे भ्रष्टाचार, निबटारा के लिए न्यायिक परिषद् का गठन किया जाए।

(14) न्यायाधीश प्रैक्टिस शुरू करने से पहले अपनी चल-अचल संपत्ति की घोषणा करें।

भारत के मुख्य न्यायाधीश

1.	न्यायमूर्ति हरिलाल जे. कानिया	—	26 जनवरी, 1950
2.	न्यायमूर्ति एम. पतंजलि शास्त्री	—	7 नवंबर, 1951
3.	न्यायमूर्ति मेहरचंद महाजन	—	4 जनवरी, 1954
4.	न्यायमूर्ति बी.के. मुखर्जी	—	23 दिसंबर, 1954
5.	न्यायमूर्ति एस.आर. दास	—	1 फरवरी, 1956
6.	न्यायमूर्ति भुवनेश्वर प्रसाद सिन्हा	—	1 अक्तूबर, 1959
7.	न्यायमूर्ति पी.बी. गजेंद्र गडकर	—	1 फरवरी, 1964
8.	न्यायमूर्ति ए.के. सरकार	—	16 मार्च, 1966
9.	न्यायमूर्ति ए.के. सुब्बाराव	—	30 जून, 1966
10.	न्यायमूर्ति के.एन. वांचू	—	12 अप्रैल, 1967
11.	न्यायमूर्ति एम. हिदायतुल्लाह	—	25 फरवरी, 1968
12.	न्यायमूर्ति जे.सी. शाह	—	17 दिसंबर, 1970
13.	न्यायमूर्ति एम.एस. सीकरी	—	22 जनवरी, 1971
14.	न्यायमूर्ति ए. एन. रे	—	24 अप्रैल, 1973
15.	न्यायमूर्ति मिर्जा हमीदुल्ला बेग	—	28 जनवरी, 1977
16.	न्यायमूर्ति वाई.पी. चंद्रचूड़	—	22 फरवरी, 1978
17.	न्यायमूर्ति पी.एन. भगवती	—	12 जुलाई, 1985
18.	न्यायमूर्ति रघुनंदन स्वरूप पाठक	—	21 दिसंबर, 1986
19.	न्यायमूर्ति ई.एस. वेंकटरमैया	—	19 जून, 1989
20.	न्यायमूर्ति एस. मुखर्जी	—	18 दिसंबर, 1989

21. न्यायमूर्ति रंगनाथ मिश्र	—	26 सितंबर, 1990
22. न्यायमूर्ति के.एन. सिंह	—	25 नवंबर, 1991
23. न्यायमूर्ति एम.एच. कानिया	—	13 दिसंबर, 1991
24. न्यायमूर्ति एल.एम. शर्मा	—	18 नवंबर, 1992
25. न्यायमूर्ति एम.एन. वेंकट चलैया	—	12 फरवरी, 1993
26. न्यायमूर्ति ए.एम. अहमदी	—	25 अक्तूबर, 1994
27. न्यायमूर्ति जे.एस. वर्मा	—	25 मार्च, 1997
28. न्यायमूर्ति एम.एम. पुंछी	—	18 जनवरी, 1998
29. न्यायमूर्ति ए.एस. आनंद	—	10 अक्तूबर, 1998
30. न्यायमूर्ति एस.पी. भरूचा	—	11 जनवरी, 2001
31. न्यायमूर्ति बी.एन. किरपाल	—	6 मई, 2002
32. न्यायमूर्ति जी.बी. पटनायक	—	8 नवंबर, 2002
33. न्यायमूर्ति वी.एन. खरे	—	19 दिसंबर, 2002
34. न्यायमूर्ति एस. राजेंद्र बाबू	—	2 मई, 2004
35. न्यायमूर्ति रमेश चंद्र लाहोटी	—	1 जून, 2004
36. न्यायमूर्ति वाई.के. सभरवाल	—	1 नवंबर, 2005
37. न्यायमूर्ति के.जी. बालकृष्णन	—	13 जनवरी, 2007
38. न्यायमूर्ति एस.एच. कपाड़िया	—	12 मई, 2010
39. न्यायमूर्ति अल्तमस कबीर	—	29 सितंबर, 2012
40. न्यायमूर्ति पी. सदाशिवम्	—	19 जुलाई, 2013
41. न्यायमूर्ति आर.एस. लोढ़ा	—	26 अप्रैल, 2014
42. न्यायमूर्ति एच.एल. दत्तू	—	28 सितंबर, 2014
43. न्यायमूर्ति टी.एस. ठाकुर	—	3 दिसंबर, 2015
44. न्यायमूर्ति जगदीश सिंह खेहर	—	4 जनवरी, 2017
45. न्यायमूर्ति दीपक मिश्र	—	28 अगस्त, 2017
46. न्यायमूर्ति रंजन गोगोई	—	3 अक्तूबर, 2018

संघ की न्यायपालिका

भारतीय संविधान अध्याय-4, अनुच्छेद-124 से लेकर अनुच्छेद-147 तक में सर्वोच्च न्यायालय (Supreme Court) के बारे में विस्तृत रूप से लिखा गया है।

अनुच्छेद-124 : उच्चतम न्यायालय की स्थापना और गठन
अनुच्छेद-125 : न्यायाधीशों की वेतनवृद्धि
अनुच्छेद-126 : कार्यकारी मुख्य न्यायमूर्ति की नियुक्ति
अनुच्छेद-127 : तदर्थ न्यायाधीशों की नियुक्ति
अनुच्छेद-128 : उच्चम न्यायालय की बैठकों में सेवानिवृत्त न्ययाधीशों की उपस्थिति
अनुच्छेद-129 : उच्चतम न्यायालय का अभिलेख न्यायालय होना
अनुच्छेद-130 : उच्चम न्यायालय का स्थान
अनुच्छेद-131 : उच्चतम न्यायालय की आरंभिक अधिकारिता (Original Jurisdiction of the Supreme Court)
अनुच्छेद-131क : (निरसित, Repealed)
अनुच्छेद-132 : कुछ मामलों में उच्च न्यायालयों से अपीलों में उच्चतम न्यायालय की अपीली अधिकारिता
अनुच्छेद-133 : उच्च न्यायालयों से सिविल विषयों से संबंधित अपीलों में उच्चतम न्यायालय की अपीली अधिकारिता
अनुच्छेद-134 : दंडिक विषयों (Criminal Matters) में उच्चतम न्यायालय की अपीली अधिकारिता
अनुच्छेद-134क : उच्चतम न्यायालय में अपील के लिए प्रमाण-पत्र
अनुच्छेद-135 : विद्यमान विधि के अधीन फेडरल न्यायालय की अधिकारिता और शक्तियों का उच्चतम न्यायालय द्वारा प्रयोक्तव्य होना
अनुच्छेद-136 : अपील के लिए उच्चतम न्यायालय की विशेष इजाजत
अनुच्छेद-137 : निर्णयों या आदेशों का उच्चम न्यायालय द्वारा पुनरावलोकन
अनुच्छेद-138 : उच्चम न्यायालय की अधिकारिता की वृद्धि (Enlargement of the Jurisdiction of the Supreme Court)
अनुच्छेद-139 : कुछ रिट निकालने की शक्तियों का उच्चतम न्यायालय को प्रदत्त किया जाना
अनुच्छेद-139क : कुछ मामलों का अंतरण (Conferment on the Supreme Court of Powers to issue certain writs)

अनुच्छेद-140 : उच्चतम न्यायालय की आनुषंगिक शक्तियाँ (Ancillary Powers of Supreme Court)

अनुच्छेद-141 : उच्चतम न्यायालय द्वारा घोषित विधि का सभी न्यायालयों पर आबद्धकर होना (Law declared by Supreme Court to be binding on all courts)

अनुच्छेद-142 : उच्चतम न्यायालय की डिक्रियों और आदेशों का प्रवर्तन और प्रकटीकरण आदि के बारे में आदेश

अनुच्छेद-143 : उच्चतम न्यायालय से परामर्श करने की राष्ट्रपति की शक्ति (Power of President to consult Supreme Court)

अनुच्छेद-144 : सिविल और प्राधिकारियों द्वारा उच्चतम न्यायालय की सहायता में कार्य किया जाना।

अनुच्छेद-144क : (निरसित, Repealed)

अनुच्छेद-145 : न्यायालय के नियम आदि।

अनुच्छेद-146 : उच्चतम न्यायालय के अधिकारी और सेवक तथा व्यय (Expenses)

अनुच्छेद-147 : निर्वचन (व्याख्या) (Interpretation)

संविधान की सर्वोच्चता

सर्वोच्च न्यायालय के पूर्व न्यायाधीश न्यायमूर्ति एस.एच. कपाड़िया की अध्यक्षता वाली पाँच न्यायाधीशों की संविधान पीठ ने एक महत्त्वपूर्ण फैसले में संविधान को संसद् से ऊपर का दर्जा दिया है। फैसले में पीठ ने बताया कि हमारे संविधान में अवधारणा के रूप में कानून के शासन की जगह नहीं है, बल्कि इसे हमारे संविधान की मूलभूत विशेषता के रूप में रेखांकित किया है, जिसे संसद् द्वारा भी निरस्त नहीं किया जा सकता है।

पीठ में अपने फैसले में केशवानंद भारती मामले में सर्वोच्च न्यायालय द्वारा दिए गए निर्णय का उदाहरण देते हुए बताया कि कानून का शासन मूलभूत ढाँचे के सर्वाधिक पहलुओं में से एक है। कानून का शासन संसद् की प्रधानता स्वीकार करता है, लेकिन साथ ही इसे संविधान के ऊपर प्रमुखता देने से इनकार करता है। संविधान पीठ ने व्यवस्था दी कि कानून का शासन संसद् की विधायी शक्तियों पर एक अंतर्निहित परिसीमा है।

प्रमुख तथ्य

- भारत में पूरे देश के लिए एक सर्वोच्च न्यायालय है।
- संविधान के अनुच्छेद 50 के अनुसार—राज्य की लोक सेवाओं में न्यायपालिका को कार्यपालिका से पृथक् करने के लिए राज्य कदम उठाएगा।
- भारत के सभी न्यायालय सर्वोच्च न्यायालय के अधीन होते हैं।
- संपूर्ण भारतवर्ष में एक से दीवानी और फौजदारी कानून प्रचलित हैं।
- भारतीय संविधान के भाग 5 के अध्याय 4 में अनुच्छेद 124 से 147 तक में संघ की न्यायपालिका का वर्णन किया गया है।
- अनुच्छेद 124 के अनुसार भारत का एक सर्वोच्च न्यायालय होगा, जो भारत के मुख्य न्यायाधीश तथा अन्य न्यायाधीशों से मिलकर बनेगा।
- मूल संविधान में एक मुख्य न्यायाधीश के अलावा सात अन्य न्यायाधीशों की व्यवस्था थी।
- संसद् को न्यायाधीशों की संख्या बढ़ाने का अधिकार है।
- वर्तमान समय में एक मुख्य न्यायाधीश तथा 30 अन्य न्यायाधीश हैं। अर्थात् कुल 31 न्यायाधीश हैं।
- अवकाश-प्राप्त न्यायाधीशों को भी सर्वोच्च न्यायालय की सेवा के लिए बुलाया जा सकता है।
- संविधान के अनुच्छेद 124(3) में सर्वोच्च न्यायालय के न्यायाधीशों की नियुक्ति संबंधी योग्यताएँ दी गई हैं।
- सर्वोच्च न्यायालय का न्यायाधीश नियुक्त होने के लिए आवश्यक है कि (1) वह किसी उच्च न्यायालय का लगातार कम-से-कम 5 वर्षों तक न्यायाधीश हो। (2) किसी उच्च न्यायालय या उच्चतम न्यायालय में 10 वर्षों तक अधिवक्ता रहा हो।
- सर्वोच्च न्यायालय के न्यायाधीशों का कार्यकाल 65 वर्ष की आयु तक होता है।
- सर्वोच्च न्यायालय के किसी न्यायाधीश को तब तक नहीं हटाया जाएगा, जब तक कदाचार या असमर्थता साबित न हो जाए।
- कोई न्यायाधीश राष्ट्रपति को त्याग-पत्र देकर पदमुक्त हो सकता है।
- किसी भी न्यायाधीश को राष्ट्रपति तभी पदमुक्त कर सकता है, जब संसद् के

दोनों सदन दो तिहाई बहुमत से प्रस्ताव पास करके उनसे ऐसा करने को कहें।

- प्रत्येक न्यायाधीश (सर्वोच्च न्यायालय) को पदग्रहण करते समय राष्ट्रपति के समक्ष या राष्ट्रपति द्वारा किसी अन्य व्यक्ति के समक्ष शपथ लेनी पड़ती है।
- भारत के मुख्य न्यायाधीश को 2 लाख 80 हजार रुपए और अन्य न्यायाधीशों को 2 लाख 50 हजार रुपए मासिक वेतन मिलता है।
- सर्वोच्च न्यायालय का कोई भी न्यायाधीश अवकाश-ग्रहण कर लेने के बाद देश के किसी भी न्यायालय या न्यायिक अधिकरण के समक्ष वकालत नहीं कर सकता।
- अनुच्छेद 126 के अनुसार जब भारत के मुख्य न्यायाधीश का पद रिक्त हो, तब न्यायालय के न्यायाधीशों में से जिसे राष्ट्रपति इसके लिए नियुक्त करे, मुख्य न्यायाधीश का कार्य करेगा।
- सर्वोच्च न्यायालय के प्रारंभिक क्षेत्राधिकार से तात्पर्य है कि वैसे मुकदमे, जो किसी दूसरे न्यायालय में न जाकर सीधे सर्वोच्च न्यायालय में आते हैं।
- संविधान द्वारा प्राप्त मौलिक अधिकारों की व्याख्या और रक्षा करने का अधिकार सर्वोच्च न्यायालय और साथ-साथ उच्च न्यायालय को भी है।
- सर्वोच्च न्यायालय को भारत के समस्त राज्यों के उच्च न्यायालयों के निर्णय के विरुद्ध अपील सुनने का अधिकार प्राप्त है, क्योंकि सर्वोच्च न्यायालय अंतिम अपीलीय न्यायालय है।
- सर्वोच्च न्यायालय के अपीलीय क्षेत्राधिकार को चार वर्गों में बाँटा जा सकता है—संवैधानिक, फौजदारी, दीवानी तथा विशिष्ट मामले।
- न्यायालय को अपनी अवमानना के लिए किसी भी व्यक्ति को दंडित करने का अधिकार है।
- अपीलीय क्षेत्राधिकार की दृष्टि से भारत का सर्वोच्च न्यायालय विश्व में सबसे अधिक शक्तिशाली न्यायालय है।
- सैनिक न्यायालय के विरुद्ध सर्वोच्च न्यायालय में अपील नहीं की जा सकती है।
- यदि कभी राष्ट्रपति को ऐसा प्रतीत हो कि विधि या तथ्य का कोई ऐसा प्रश्न पैदा हो गया है, जो सार्वजनिक महत्त्व का है, वह उक्त प्रश्न पर सर्वोच्च न्यायालय का परामर्श माँग सकता है।
- सर्वोच्च न्यायालय पर संवैधानिक दृष्टि से ऐसी कोई बाध्यता नहीं है कि उसे

परामर्श देना ही पड़ेगा।

- यदि राष्ट्रपति अनुच्छेद 143 के परंतुक में वर्णित विषय संबंधित परामर्श माँगता है तो सर्वोच्च न्यायालय अपनी राय प्रतिवेदित करेगा।
- संविधान का अनुच्छेद 137 सर्वोच्च न्यायालय के न्यायिक पुनरावलोकन की शक्ति प्रदान करता है।
- न्यायालय के परामर्श को स्वीकार या अस्वीकार करना राष्ट्रपति के विवेक पर निर्भर करता है।
- न्यायालय मौलिक अधिकारों की रक्षा के लिए बंदी प्रत्यक्षीकरण, परमादेश, प्रतिबंध, अधिकार पृच्छा और उत्प्रेषण लेख जारी कर सकता है।
- यदि विधायिका द्वारा पारित कोई कानून मौलिक अधिकारों पर अतिक्रमण करता है तो न्यायालय उस कानून को अवैध घोषित कर सकता है।
- सर्वोच्च न्यायालय के निर्णय सब जगह साक्षी के रूप में स्वीकार किए जाएँगे और इन्हें किसी समय न्यायालय में प्रस्तुत किए जाने पर उसकी प्रामाणिकता के विषय में प्रश्न नहीं उठाया जाएगा।
- सर्वोच्च न्यायालय संविधान की व्याख्या करनेवाला अंतिम न्यायालय है।
- न्यायालय किसी भी व्यक्ति या संस्था को अपने समक्ष उपस्थित होने और उपयुक्त दस्तावेज प्रस्तुत करने के लिए बाध्य कर सकता है।
- संविधान के अनुसार सर्वोच्च न्यायालय तथा उच्च न्यायालयों के न्यायाधीशों की नियुक्ति राष्ट्रपति करता है। इसके लिए राष्ट्रपति मुख्य न्यायाधीश तथा अन्य न्यायाधीशों से परामर्श लेता है।
- न्यायाधीशों के वेतन भारत की संचित निधि से दिए जाते हैं।
- न्यायाधीशों के कार्यकाल में वेतन भत्तों में कटौती नहीं की जा सकती है, केवल वित्तीय संकट के समय में ही ऐसा किया जा सकता हैॉ
- राष्ट्रपति यदि चाहे तो किसी न्यायाधीश का एक उच्च न्यायालय से दूसरे उच्च न्यायालय में तबादला कर सकता है।
- भारतीय न्याय प्रणाली का सबसे प्रमुख दोष है कि—
    1. इसके अंतर्गत जो भी मुकदमे आते हैं, वह बहुत लंबे समय तक चलते हैं।
    2. न्याय का खर्चीला होना।

□

3

उच्च न्यायालय (High Court)

अध्याय के मुख्य बिंदु

- संवैधानिक व्यवस्था
- उच्च न्यायालय का गठन
- योग्यताएँ
- वेतन तथा भत्ते
- कार्यकाल
- पदत्याग
- न्यायाधीशों का शपथ-ग्रहण
- न्यायाधीशों का स्थानांतरण
- न्यायाधीशों की स्वतंत्रता
- उच्च न्यायालय की शक्तियाँ—

(1) प्रारंभिक क्षेत्राधिकार
(2) अपीलीय क्षेत्राधिकार
(3) प्रशासन संबंधी अधिकार
(4) अभिलेख न्यायालय
(5) लेख जारी करने का अधिकार
(6) न्यायिक पुनर्निरीक्षण

- देश के उच्च न्यायालय
- प्रमुख तथ्य

उच्च न्यायालय राज्यों के शीर्ष न्यायालय हैं। संविधान प्रत्येक राज्य में एक उच्च न्यायालय की स्थापना की व्यवस्था करता है। संसद् दो या दो से अधिक राज्यों के लिए एक उच्च न्यायालय की व्यवस्था कर सकती है।

सर्वोच्च न्यायालय की भाँति उच्च न्यायालय को भी भारतीय संविधान में महत्त्वपूर्ण स्थान प्राप्त है। उच्च न्यायालयों को भी संविधान तथा नागरिक अधिकारों का संरक्षक बनाया गया है।

संवैधानिक व्यवस्था

भारतीय संविधान के भाग-6 के अध्याय-5 में अनुच्छेद 214 से लेकर 232 तक राज्यों के उच्च न्यायालयों के बारे में वर्णन किया गया है।

अनुच्छेद 214—प्रत्येक राज्य के लिए एक उच्च न्यायालय होगा।

अनुच्छेद 215—प्रत्येक उच्च न्यायालय अभिलेख न्यायालय होगा (Every High Court would be a Court) और उसके पास अपने अपमान के लिए दंड देने की शक्ति सहित ऐसे न्यायालय की सभी शक्तियाँ होंगी।

उच्च न्यायालय का गठन

संविधान के अनुच्छेद 216 के अनुसार प्रत्येक उच्च न्यायालय में एक मुख्य न्यायाधीश और ऐसे अन्य न्यायाधीश होते हैं, जिनको राष्ट्रपति भिन्न-भिन्न समय पर आवश्यकता के अनुसार नियुक्त करता है। साथ ही अनुच्छेद 224(1) में यह व्यवस्था की गई है कि नियमित न्यायाधीशों के अतिरिक्त कुछ अन्य अतिरिक्त न्यायाधीश भी दो वर्ष के लिए नियुक्त किए जा सकते हैं। इसके अतिरिक्त अनुच्छेद 224(क) के अनुसार उच्च न्यायालय का मुख्य न्यायाधीश, राष्ट्रपति की स्वीकृति से उच्च न्यायालय के किसी सेवानिवृत्त न्यायाधीश को उच्च न्यायालय के न्यायाधीश के रूप में कार्य करने के लिए आग्रह कर सकता है।

यदि उच्च न्यायालय का कोई न्यायाधीश बीमारी तथा अन्य किसी कारण से अपने पद से अनुपस्थित हो तो राष्ट्रपति उसके स्थान पर अस्थायी न्यायाधीश नियुक्त कर सकता है।

अनुच्छेद 217 के अनुसार उच्च न्यायालय के मुख्य न्यायाधीश की नियुक्ति करते समय राष्ट्रपति सर्वोच्च न्यायालय के मुख्य न्यायाधीश तथा उस राज्य के राज्यपाल से परामर्श लेता है, अन्य न्यायाधीशों की नियुक्ति करते समय राज्यपाल सर्वोच्च न्यायालय के मुख्य न्यायाधीश के अतिरिक्त उच्च न्यायालय के मुख्य

न्यायाधीश से भी परामर्श लेता है।

भारत के मुख्य न्यायाधीश उच्च न्यायालयों में न्यायाधीशों की नियुक्ति व स्थानांतरण के संबंध में सर्वोच्च न्यायालय के चार वरिष्ठतम न्यायाधीशों के समूह की सर्वसम्मत राय के आधार पर ही राष्ट्रपति को परामर्श देंगे।

27 जनवरी, 1983 को केंद्रीय सरकार ने यह घोषणा की कि देश के सभी उच्च न्यायालयों के मुख्य न्यायाधीश राज्य के बाहर के हों। सरकार की नीति के अनुसार प्रत्येक उच्च न्यायालय में कम-से-कम एक तिहाई न्यायाधीश राज्य से बाहर के होने चाहिए।

योग्यताएँ (Qualifications)

संविधान के अनुच्छेद 217(2) के अनुसार उच्च न्यायालय का न्यायाधीश होने के लिए निम्नलिखित योग्यताएँ भी होनी चाहिए—

(1) वह भारत का नागरिक हो।

(2) वह भारतीय क्षेत्र में कम-से-कम दस वर्ष तक न्यायिक पद पर कार्य कर चुका हो।

(3) वह कम-से-कम किसी न्यायालय में दस वर्ष तक अधिवक्ता (Advocate) रह चुका हो।

वेतन तथा भत्ते (Salary and Allowances)

उच्च न्यायालय के मुख्य न्यायाधीश को 2 लाख 50 हजार तथा अन्य न्यायाधीश को 2 लाख 25 हजार प्रतिमाह वेतन मिलता है।

इसके अतिरिक्त उसे निवास स्थान, मासिक भत्ता, यात्रा भत्ता, स्टाफ, कार तथा अन्य सुविधाएँ प्राप्त होती हैं, जिनको भारतीय संसद् समय-समय पर निर्धारित करती है। वेतन एवं भत्ते राज्यों की संचित निधि से दिए जाते हैं। न्यायाधीशों के कार्यकाल में उनके वेतन तथा भत्तों में किसी प्रकार की कटौती नहीं की जा सकती है।

अनुच्छेद 221 के अनुसार उच्च न्यायालय के न्यायाधीशों को ऐसे वेतन दिए जाएँगे, जो संसद् विधि द्वारा निर्धारित करे। न्यायाधीशों के लिए पेंशन व सेवानिवृत्ति वेतन (ग्रेच्युटी) की व्यवस्था 1976 ई. से शुरू की गई। 1998 में उनके पेंशन, सेवानिवृत्ति वेतन व अन्य सेवा-शर्तों में आवश्यक सुधार किए गए।

कार्यकाल (Term of Service)

संविधान के अनुच्छेद 217(1) के अनुसार उच्च न्यायालय का न्यायाधीश 62 वर्ष तक अपने पद पर कार्यरत रहता है। पहले 60 वर्ष था, किंतु 15वें संशोधन के द्वारा 62 वर्ष किया गया। अब उच्च न्यायालय के न्यायाधीश भी सर्वोच्च न्यायालय के न्यायाधीशों की तरह 65 वर्ष तक अपने पद पर रह सकते हैं।

पद-त्याग (Resignation)

संविधान के अनुच्छेद 217-1(क) के अनुसार कोई भी न्यायाधीश राष्ट्रपति को संबोधित कर अपने हस्ताक्षर सहित लेख द्वारा अपना पद त्याग सकता है।

राष्ट्रपति किसी भी न्यायाधीश को सिद्ध दुराचार या अक्षमता (Porovod Misbehaviour or incapacity) के आरोप से हटा सकता है, बशर्ते कि संसद् के दो-तिहाई बहुमत से इस संबंध में प्रस्ताव पास हो।

शपथ (Oath-Taking)

अनुच्छेद 219 के अनुसार राज्य के मुख्य न्यायाधीश राज्य के राज्यपाल या उसके द्वारा नियुक्ति व्यक्ति के समक्ष शपथ लेगा और दिए गए प्रारूप पर हस्ताक्षर करेगा।

उच्च न्यायालय के न्यायाधीशों द्वारा की जानेवाली शपथ या किए जानेवाले प्रतिज्ञान का प्रारूप—

''मैं अमुक (नाम) जो उच्च न्यायालय का मुख्य न्यायमूर्ति (या न्यायाधीश) नियुक्त हुआ हूँ, ईश्वर की शपथ लेता हूँ कि मैं विधि द्वारा स्थापित भारत के संविधान के प्रति सच्ची श्रद्धा और निष्ठा रखूँगा। मैं भारत की प्रभुता और अखंडता को अक्षुण्ण रखूँगा तथा सम्यक् प्रकार से और श्रद्धापूर्वक तथा अपनी पूरी योग्यता, ज्ञान और विवेक से अपने पद के कर्तव्यों का भय या पक्षपात, अनुराग या द्वेष के बिना पालन करूँगा तथा मैं संविधान और विधियों की मर्यादा बनाए रखूँगा।''

न्यायाधीशों का स्थानांतरण (Transfer of Judges)—संविधान के अनुच्छेद 222 के अनुसार राष्ट्रपति भारत के मुख्य न्यायाधीश से परामर्श करने के पश्चात् किसी न्यायालय में स्थानांतरण कर सकता है।

1981 में सर्वोच्च न्यायालय ने अपने एक महत्त्वपूर्ण निर्णय में उच्च न्यायालय के मुख्य न्यायाधीशों तथा न्यायाधीशों के अंतरराज्यीय स्थानांतरण को वैध करार दिया।

1994 ई. में सर्वोच्च न्यायालय के मुख्य न्यायाधीश ने एक चार सदस्यीय समिति नियुक्त की, इसमें दो न्यायालय के हैं। यह समिति उच्च न्यायालय के न्यायाधीशों के स्थानांतरण से संबंधित अपना परामर्श सर्वोच्च न्यायालय के मुख्य न्यायाधीश को देती है तथा इस समिति की रिपोर्ट राष्ट्रपति को सर्वोच्च न्यायालय का मुख्य न्यायाधीश देता है।

न्यायाधीशों की स्वतंत्रता—उच्च न्यायालय के न्यायाधीशों की स्वतंत्रता बनाए रखने के लिए किए गए प्रावधान—

(1) उच्च न्यायालय के न्यायाधीशों का कार्यकाल निश्चित है। संविधान के अनुच्छेद 217 के अनुसार न्यायाधीश का कार्यकाल 62 वर्ष तक निश्चित है।

(2) न्यायाधीशों के वेतन तथा भत्ते राज्य के संचित कोष से दिए जाते हैं।

(3) अनुच्छेद 220 के अनुसार उच्च न्यायालय का स्थायी न्यायाधीश अवकाश ग्रहण करने के बाद सर्वोच्च न्यायालय और उच्च न्यायालयों के सिवाय भारत में किसी अन्य न्यायालय या किसी प्राधिकारी के समक्ष कार्य नहीं करेगा।

(4) न्यायाधीशों की नियुक्ति राष्ट्रपति के द्वारा की जाती है। नियुक्ति न्यायिक योग्यता वाले व्यक्तियों की सहमति के आधार पर की जाती है।

(5) उच्च न्यायालय के निर्णयों की संसद्, राज्य विधानमंडल या किसी और के द्वारा आलोचना नहीं की जा सकती। न्यायालयों में विचाराधीन मामलों पर भी कोई आलोचना नहीं की जा सकती।

(6) न्यायालय अपने अपमान के लिए लोगों को दंडित कर सकता है।

(7) उच्च न्यायालय के अधिकारियों व कर्मचारियों की नियुक्ति, छुट्टी, पदोन्नति व पदावनति के नियम उच्च न्यायालय ही बनाता है। उच्च न्यायालय अपने अधीनस्थ सभी न्यायालयों के लिए भी नियम बनाता है, साथ ही कार्यप्रणाली का भी निर्धारण करता है।

(8) सर्वोच्च न्यायालय की भाँति उच्च न्यायालय भी संविधान की रक्षा तथा व्याख्या करता है। संविधान के विरुद्ध बनाए गए कानून को न्यायालय अवैध घोषित कर सकता है।

स्पष्ट है, संविधान ने उच्च न्यायालय की पूर्ण स्वतंत्रता की व्यवस्था की है, जिससे न्यायालय स्वतंत्र और निष्पक्ष होकर कार्य कर सके।

उच्च न्यायालय की शक्तियाँ (Powers of the High Court)

राज्यों के उच्च न्यायालयों को संविधान के अनुसार कई प्रकार की शक्तियाँ प्राप्त हैं—

(1) प्रारंभिक क्षेत्राधिकार (Original Jurisdiction)

प्रारंभिक क्षेत्राधिकार के अंतर्गत उच्च न्यायालयों को निम्नलिखित शक्तियाँ प्राप्त हैं—

(1) **मौलिक अधिकारों की रक्षा तथा लागू करने का अधिकार**—सर्वोच्च न्यायालय की भाँति उच्च न्यायालयों को भी नागरिकों के मौलिक अधिकारों की रक्षा का दायित्व सौंपा गया है। संविधान लागू होने से पहले यह अधिकार केवल कलकत्ता, मद्रास तथा मुंबई के उच्च न्यायालयों को प्राप्त था, किंतु अब सभी उच्च न्यायालयों को यह अधिकार प्राप्त हो गया है।

संविधान के अनुच्छेद 226 के अनुसार मौलिक अधिकार से संबंधित कोई भी अभियोग सीधे उच्च न्यायालय में लाया जा सकता है। मौलिक अधिकारों को लागू करवाने के लिए उच्च न्यायालयों को भी पाँच प्रकार के लेख जारी करने का अधिकार प्राप्त है—

(क) बंदी प्रत्यक्षीकरण लेख (Writ of Habeas Corpus)—बंदी प्रत्यक्षीकरण का आदेश न्यायालयों की ओर से उस समय जारी किया जाता है, जब किसी व्यक्ति को नजरबंद किया गया हो। यदि न्यायालय यह समझे कि किसी व्यक्ति को अनुचित ढंग से बंदी बनाया गया है तो वह यह आदेश दे सकता है कि बंदी बनाए गए व्यक्ति को तुरंत रिहा किया जाए। इस लेख में व्यक्तिगत स्वतंत्रता की भावना निहित है।

(ख) परमादेश लेख (Writ of Mandamus)—इस प्रकार के लेख के द्वारा किसी भी अधिकारी से ऐसे कार्य करवाए जा सकते हैं, जो अपने कर्तव्यों का पालन नहीं कर रहा हो। सार्वजनिक कर्तव्यों की पूर्ति के लिए ही सर्वोच्च न्यायालय या उच्च न्यायालय इस तरह के आदेश जारी करते हैं, निजी कर्तव्यों की पूर्ति के लिए नहीं।

(ग) निषेध लेख या प्रतिरोध (Writ of Prohibition)—यह आदेश केवल न्यायिक अधिकारियों के विरुद्ध ही जारी किए जा सकते हैं। जब कोई न्यायालय अपने अधिकार क्षेत्र के बाहर जा रहा हो या ऐसा कोई कार्य कर रहा

हो, जो उसके अधिकार क्षेत्र में न हो तो सर्वोच्च न्यायालय या उच्च न्यायालय उसे ऐसा करने से रोक सकता है।

(घ) अधिकार पृच्छा लेख (Writ of Quewarranto)—जब कोई व्यक्ति ऐसे पदाधिकारी के रूप में कार्य करने लगता है, जिसके रूप में कार्य करने का उसे वैधानिक रूप से अधिकार नहीं है तो न्यायालय अधिकार पृच्छा के आदेश द्वारा उस व्यक्ति से पूछता है कि वह किस आधार पर इस पद पर कार्य कर रहा है और जब तक वह इस प्रश्न का संतोषजनक उत्तर नहीं देता, वह कार्य नहीं कर सकता।

(ङ) उत्प्रेषण लेख (Writ of Certiorari)—इस लेख के द्वारा उच्च न्यायालय किसी निम्न न्यायालय को यह आदेश देता है कि किसी केस से संबंधित कागजात या उसमें जो निर्णय हुआ है, उन सबको उसके पास भेज दिया जाए। ऐसा करने के दो आदेश हैं—

(i) वह केस उस न्यायालय में न चलाकर उच्च न्यायालय में चलाया जा सके। तथा

(ii) यदि न्यायालय द्वारा दिया गया निर्णय न्याय के विरुद्ध हो तो उस फैसले को रद्द करके उसके स्थान पर दूसरा निर्णय दिया जा सके।

(2) भारतीय संघ के उच्च न्यायालयों में कोलकाता, मुंबई और चेन्नई उच्च न्यायालयों को अन्य उच्च न्यायालयों की अपेक्षा अधिक अधिकार क्षेत्र प्राप्त हैं। इन न्यायालयों में कुछ बड़े दीवानी तथा फौजदारी अभियोग सीधे ही पेश किए जा सकते हैं।

(3) नौकाधिकरण (Admiralty), वसीयत (Probate) या इच्छा-पत्र, विवाह विधि, विवाह-विच्छेद (तलाक), कंपनी विधि, न्यायालय के अपमान तथा चुनाव याचिकाओं से संबंधित मामले अब सीधे उच्च न्यायालय में पेश किए जाते हैं।

(4) संविधान के अनुच्छेद 225 के अनुसार उच्च न्यायालय को राजस्व संबंधी सभी मामले प्रत्यक्ष रूप में सुनने का अधिकार दिया गया है। परंतु 42वें संशोधन के द्वारा इस अधिकार से उच्च न्यायालयों को वंचित कर दिया गया था, किंतु 44वें संशोधन के बाद इसे फिर से स्थापित किया गया।

(5) चुनाव संबंधी याचिकाएँ (Election Petitions) 42वें संशोधन से पूर्व उच्च न्यायालयों द्वारा ही सुनी जाती थीं, किंतु 42वें संशोधन के बाद उच्च न्यायालय के इस अधिकार को न्यायाधिकरण (Tribunals) को दे दिया गया था, किंतु 44वें संशोधन द्वारा 42वें संशोधन से पहले की स्थिति स्थापित कर दी गई।

(2) अपीलीय क्षेत्राधिकार (Appellate Jurisdiction)

उच्च न्यायालयों को अपने अधीन न्यायालयों के फैसलों के विरुद्ध अपील सुन सकते हैं—

(1) उच्च न्यायालय निम्न न्यायालयों के निर्णयों के विरुद्ध उन दीवानी मुकदमों में अपील सुन सकता है, जिसमें पाँच हजार या इससे अधिक मूल्य की संपत्ति का प्रश्न हो।

(2) जब अपराधी को निम्न न्यायालय ने चार वर्ष के लिए कारावास का दंड दिया हो तो उसके विरुद्ध अपील उच्च न्यायालय में की जा सकती है।

(3) जब जिला जज तथा सेशन जज ने किसी अपराधी को मृत्युदंड दिया हो तो मृत्युदंड की पुष्टि उच्च न्यायालय के द्वारा किया जाना अनिवार्य है।

(4) पेटेंट (Patent) तथा डिजाइन (Design) भूमि प्राप्ति उत्तराधिकार, दिवालियापन और संरक्षता इत्यादि अभियोगों में भी उच्च न्यायालय में अपील की जा सकती है।

(5) आयकर संबंधी अभियोगों की अपीलें तथा बहुमत से संबंधित राजस्व संबंधी मामलों में भी अपील की जा सकती है।

(6) कोई भी ऐसा मुकदमा, जिसका संबंध संविधान की व्याख्या के प्रश्न से हो, उच्च न्यायालय में अपील के रूप में ले जाया जा सकता है।

(7) भारतीय दंड संहिता (Indian Penal Code) की धारा 134 के अंतर्गत किसी जिला मजिस्ट्रेट (DM) का निर्णय।

(3) प्रशासन संबंधी अधिकार (Administrative Powers)

उच्च न्यायालय न्यायिक शक्तियों के अतिरिक्त अपने राज्य की सभी न्यायिक व्यवस्था पर नियंत्रण रखता है—

(1) उच्च न्यायालय अपने अधीन किसी न्यायालय की कार्यप्रणाली रिकॉर्ड, रजिस्टर आदि की जाँच कर सकता है। साथ ही नियम आदि बना सकता है।

(2) उच्च न्यायालय का अपने अधीनस्थ न्यायालयों पर पूर्ण नियंत्रण होता है। उच्च न्यायालय यह देखे कि कोई अधीनस्थ न्यायालय अपनी शक्ति-सीमा का उल्लंघन तो नहीं करता तथा यह भी देखें कि

अधीनस्थ न्यायालय अपने-अपने कर्तव्यों का सही ढंग से पालन कर रहा है कि नहीं।

(3) न्यायालय किसी भी मुकदमे को एक न्यायालय में से हटाकर दूसरे न्यायालय में विचार तथा निर्णय के लिए भेज सकता है। या स्वयं उस मुकदमे का फैसला कर सकता है।

(4) उच्च न्यायालय अधीनस्थ न्यायालयों के कर्मचारियों के वेतन, भत्ते तथा सेवा आदि के नियम निर्धारित कर सकता है।

(5) उच्च न्यायालय का मुख्य न्यायाधीश, न्यायालय के कर्मचारियों की नियुक्ति कर सकता है। इस संबंध में राज्यपाल उसे लोक सेवा आयोग का परामर्श लेने के लिए कह सकता है।

(4) अभिलेख न्यायालय (As a Court of Record)

उच्च न्यायालय का एक अभिलेख न्यायालय भी है। संविधान के अनुच्छेद 215 के अनुसार प्रत्येक उच्च न्यायालय अभिलेख न्यायालय होगा। अभिलेख न्यायालय में सभी निर्णय एवं कार्यवाहियों को प्रमाण के रूप में प्रकाशित किया जाता है। इसके निर्णय अधीनस्थ न्यायालयों में भी माने जाते हैं।

उच्च न्यायालय अपना अपमान करनेवालों को दंड दे सकता है।

(5) लेख जारी करने का अधिकार (Power of Issuing Writs)

संविधान के अनुच्छेद-226 के अनुसार उच्च न्यायालयों को मौलिक अधिकारों को लागू करने तथा अन्य उद्देश्यों की पूर्ति के लिए आदेश तथा निर्देश जारी करने का अधिकार प्रदान किया गया है।

(6) न्यायिक पुनर्निरीक्षण (पुनरावलोकन) (Judicial Review)

42वें संविधान संशोधन द्वारा उच्च न्यायालय के न्यायिक पुनर्निरीक्षण की शक्ति को सीमित कर दिया गया था। 42वें संशोधन द्वारा संविधान में 226-A नामक अनुच्छेद जोड़ा गया, जिसके अंतर्गत यह व्यवस्था की गई है कि उच्च न्यायालय किसी केंद्रीय कानून की संवैधानिकता के बारे में जाँच नहीं कर सकता।

42वें संविधान संशोधन के द्वारा 228-A अनुच्छेद भी जोड़ा गया, जिसके अनुसार यह व्यवस्था की गई कि राज्य के कानून की संवैधानिक वैधता की जाँच करने के लिए कम-से-कम पाँच न्यायाधीशों की न्यायपीठ बैठेगी और

जिस राज्य में उच्च न्यायालय के न्यायाधीशों की संख्या पाँच से कम हो, वहाँ सभी न्यायाधीश बैठेंगे। राज्य के कानून तभी अवैध घोषित किए जा सकते हैं, यदि दो-तिहाई बहुमत से निर्णय लिया जाए।

जहाँ पाँच न्यायाधीशों से कम न्यायपीठ हों, वहाँ तभी राज्य के कानून को अवैध घोषित किया जा सकता है, यदि सभी न्यायाधीश उस कानून को अवैध करार दे।

जब केंद्र में भारतीय जनता पार्टी की सरकार बनी, तब 43वाँ संविधान संशोधन 1977 पारित किया गया, इस संशोधन के द्वारा 226-A तथा 228-A तथा 228-B को रद्द कर दिया गया। अब फिर से उच्च न्यायालय राज्य के कानून तथा केंद्रीय कानून दोनों को संवैधानिक वैधता की जाँच कर सकता है।

2 अप्रैल, 1993 को मध्य प्रदेश उच्च न्यायालय ने राज्य की पूर्व भारतीय जनता पार्टी की सरकार को भंग करने संबंधी राष्ट्रपति की अधिसूचना रद्द कर दी।

उपर्युक्त तथ्यों से स्पष्ट है कि उच्च न्यायालय को भी बहुत महत्त्वपूर्ण शक्तियाँ प्राप्त हैं। किंतु साथ ही उच्च न्यायालय सर्वोच्च न्यायालय के अधीन है। सर्वोच्च न्यायालय के मुख्य न्यायाधीश तथा अन्य न्यायाधीशों का उच्च न्यायालय के न्यायाधीशों की नियुक्ति में महत्त्वपूर्ण हाथ होता है। सर्वोच्च न्यायालय के निर्णय उच्च न्यायालय पर लागू होते हैं, साथ ही सर्वोच्च न्यायालय के आदेशों का भी पालन उच्च न्यायालयों को करना पड़ता है।

उच्च न्यायालयों की स्वतंत्रता पर राज्यों के विधान मंडल और कार्यपालिकाओं का कोई नियंत्रण नहीं होता है। इसके न्यायाधीशों की नियुक्ति तथा उसको हटाने का अधिकार राष्ट्रपति और संसद् को प्राप्त है। उनके कार्यकाल में उनके वेतन और भत्तों में किसी प्रकार की कटौती नहीं की जा सकेगी।

नागरिकों के मौलिक अधिकारों तथा संविधान की रक्षा करने का उत्तरदायित्व उच्च न्यायालयों को भी प्राप्त है, जिनके कारण इनका विशेष महत्त्व बढ़ गया है।

उच्च न्यायालय के अधीन न्यायालय

क्र.सं.	दीवानी न्यायालय	फौजदारी न्यायालय	राजस्व या माल न्यायालय
1.	उच्च न्यायालय	उच्च न्यायालय	उच्च न्यायालय
2.	जिला जज का न्यायालय	सेशन जज का न्यायालय	राजस्व मंडल (रेवेन्यू बोर्ड)
3.	सिविल जज का न्यायालय	न्यायालय मजिस्ट्रेट प्रथम श्रेणी	कमिश्नर का न्यायालय
4.	मुंसिफ न्यायालय	न्यायालय मजिस्ट्रेट द्वितीय श्रेणी	जिलाधीश का न्यायालय
5.	खलीफा न्यायालय	अवैतनिक मजिस्ट्रेट	एस.डी.एम. का न्यायालय
6.	न्याय पंचायत	न्याय पंचायत	तहसीलदार या नायब तहसीलदार का न्यायालय

देश के उच्च न्यायालय

क्र. सं.	नाम	स्थापना वर्ष	मूल स्थान	राज्य क्षेत्रीय अधिकारिता	खंडपीठ
1.	कोलकाता	1862	कोलकाता	पं. बंगाल, अंडमान और निकोबार द्वीप समूह	पोर्ट ब्लेयर (चलपीठ)
2.	मुंबई	1862	मुंबई	महाराष्ट्र, गोवा, दादरा एवं नगर हवेली और दमन तथा दीव	नागपुर, पणजी, औरंगाबाद
3.	चेन्नई	1862	चेन्नई	तमिलनाडु, पांडिचेरी	—
4.	इलाहाबाद	1866	इलाहाबाद	उत्तर प्रदेश	लखनऊ
5.	कर्नाटक	1884	बेंगलुरु	कर्नाटक	—
6.	पटना	1916	पटना	बिहार	राँची
7.	जम्मू-कश्मीर	1928	श्रीनगर/जम्मू	जम्मू-कश्मीर	—

8.	गुवाहाटी	1948	गुवाहाटी	उत्तर पूर्वी राज्य	कोहिमा
9.	उड़ीसा	1948	कटक	उड़ीसा	—
10.	राजस्थान	1949	जोधपुर	राजस्थान	जयपुर
11.	आंध्र प्रदेश	1954	हैदराबाद	आंध्र प्रदेश	—
12.	मध्य प्रदेश	1956	जबलपुर	मध्य प्रदेश	ग्वालियार इंदौर
13.	केरल	1958	अर्नाकुलम	केरल, लक्षद्वीप	—
14.	गुजरात	1960	अहमदाबाद	गुजरात	—
15.	दिल्ली	1966	दिल्ली	दिल्ली	—
16.	हिमालच प्रदेश	1971	शिमला	हिमाचल प्रदेश	—
17.	पंजाब–हरियाणा	1975	चंडीगढ़	पंजाब, हरियाणा	—
18.	सिक्किम	1975	गंगटोक	सिक्किम	—
19.	छत्तीसगढ़	2000	बिलासपुर	छत्तीसगढ़	—
20.	उत्तराखंड	2000	नैनीताल	उत्तराखंड	—
21.	झारखंड	2000	राँची	झारखंड	—
22.	मणिपुर	2013	इंफाल	मणिपुर	—
23.	मेघालय	2013	शिलांग	मेघालय	—
24.	त्रिपुरा	2013	इटानगर	त्रिपुरा	—
25.	तेलंगाना	2019	अमरावती	तेलंगाना	—

उच्च न्यायालय

संविधान के भाग-6, अध्याय-5 में अनुच्छेद-214 से लेकर 237 तक में राज्यों के उच्च न्यायालय (The High Courts in the States) के बारे में वर्णन किया गया है—

अनुच्छेद-214	:	राज्यों के लिए उच्च न्यायालय
अनुच्छेद-215	:	उच्च न्यायालयों का अभिलेख न्यायालय होना
अनुच्छेद-216	:	उच्च न्यायालयों का गठन
अनुच्छेद-217	:	उच्च न्यायालय के न्यायाधीश की नियुक्ति और उसके पद की शर्तें
अनुच्छेद-218	:	उच्चतम न्यायालय से संबंधित कुछ उपबंधों का उच्च न्यायालयों द्वारा लागू होना
अनुच्छेद-219	:	उच्च न्यायालयों के न्यायाधीशों द्वारा शपथ या प्रतिज्ञान
अनुच्छेद-220	:	स्थायी न्यायाधीश रहने के पश्चात् विधि-व्यवसाय पर निर्बंधन (Restriction on practice after being a permanent Judge)
अनुच्छेद-221	:	न्यायाधीशों के वेतन आदि
अनुच्छेद-222	:	किसी न्यायाधीश का एक उच्च न्यायालय से दूसरे उच्च न्यायालय को अंतरण
अनुच्छेद-223	:	कार्यकारी मुख्य न्यायमूर्ति की नियुक्ति
अनुच्छेद-224	:	अपर और कार्यकारी न्यायाधीशों की नियुक्ति (Appointment of additional and acting Juedges)
अनुच्छेद-224क	:	उच्च न्यायालयों की बैठकों में सेवानिवृत्त न्यायाधीशों की नियुक्ति
अनुच्छेद-225	:	विद्यमान उच्च न्यायालयों की अधिकारिता
अनुच्छेद-226	:	कुछ रिट निकालने की उच्च न्यायालय की शक्ति
अनुच्छेद-226क	:	(निरसित Repealed)
अनुच्छेद-227	:	सभी न्यायालयों के अधीक्षण की उच्च न्यायालय की शक्ति (Power of Superintendence over all courts by the High Court)
अनुच्छेद-228	:	कुछ मामलों का उच्च न्यायालय को अंतरण
अनुच्छेद-228क	:	(निरसित Repealed)

अनुच्छेद-229	:	उच्च न्यायालयों के अधिकारी और सेवक तथा व्यय
अनुच्छेद-230	:	उच्च न्यायालयों की अधिकारिता का संघ राज्य क्षेत्रों पर विस्तार
अनुच्छेद-231	:	दो या अधिक राज्यों के लिए एक ही उच्च न्यायालय की स्थापना।
अनुच्छेद-232	:	(निरसित)

प्रमुख तथ्य

- ❖ उच्च न्यायालय राज्यों के शीर्ष न्यायालय हैं।
- ❖ संविधान प्रत्येक राज्य में एक उच्च न्यायालय की स्थापना की व्यवस्था करता है।
- ❖ संसद् दो या दो से अधिक राज्यों के लिए एक उच्च न्यायालय की व्यवस्था कर सकती है।
- ❖ उच्च न्यायालयों को भी संविधान तथा नागरिक अधिकारों का संरक्षक बनाया गया है।
- ❖ भारतीय संविधान के भाग-6 के अध्याय-5 में अनुच्छेद-214 से लेकर 232 तक राज्यों के उच्च न्यायालयों के बारे में वर्णन किया गया है।
- ❖ अनुच्छेद-214 के अनुसार प्रत्येक राज्य के लिए एक उच्च न्यायालय होगा।
- ❖ अनुच्छेद-215 के तहत प्रत्येक उच्च न्यायालय एक अभिलेख न्यायालय होगा।
- ❖ प्रत्येक उच्च न्यायालय में एक मुख्य न्यायाधीश और अन्य न्यायाधीश होगा।
- ❖ उच्च न्यायालय के न्यायाधीशों की नियुक्ति राष्ट्रपति के द्वारा की जाती है।
- ❖ उच्च न्यायालय के मुख्य न्यायाधीश की नियुक्ति करते समय राष्ट्रपति सर्वोच्च न्यायालय के मुख्य न्यायाधीश तथा उस राज्य के राज्यपाल से परामर्श लेता है।
- ❖ उच्च न्यायालय का न्यायाधीश होने के लिए आवश्यक है कि वह व्यक्ति भारत का नागरिक हो तथा भारतीय क्षेत्र में कम-से-कम दस वर्ष तक न्यायिक पद पर कार्य कर चुका हो।
- ❖ उच्च न्यायालय का न्यायाधीश 62 वर्ष तक अपने पद पर कार्यरत रहता है।
- ❖ कोई भी न्यायाधीश राष्ट्रपति के पास त्याग-पत्र देकर अपने पद से हट सकता है।
- ❖ राष्ट्रपति किसी भी न्यायाधीश को सिद्ध दुराचार या अक्षमता के आरोप से हटा सकता है। बशर्ते कि संसद् दो-तिहाई बहुमत से इस संबंध में प्रस्ताव पास करे।
- ❖ उच्च न्यायालय के मुख्य न्यायाधीश को 2 लाख 50 हजार तथा अन्य न्यायाधीश

को 2 लाख 25 हजार प्रतिमाह वेतन मिलता है।

- उच्च न्यायालय के न्यायाधीशों के वेतन एवं भत्ते राज्यों के संचित निधि से दिए जाते हैं।
- उच्च न्यायाधीशों के कार्यकाल में उनके वेतन तथा भत्तों में किसी प्रकार की कटौती नहीं की जा सकती है।
- उच्च न्यायालय के मुख्य न्यायाधीश एवं अन्य न्यायाधीश राज्य के राज्यपाल या उसके द्वारा नियुक्त व्यक्ति के समक्ष शपथ लेगा।
- भारत के सभी उच्च न्यायालयों को अब प्रारंभिक क्षेत्राधिकार प्राप्त हो गया है। संविधान लागू होने से पूर्व यह अधिकार केवल कोलकाता, मुंबई तथा चेन्नई के उच्च न्यायालयों को ही प्राप्त था।
- उच्च न्यायालय के प्रारंभिक क्षेत्राधिकार के अंतर्गत राजस्व तथा उनसे संबंधित विषय भी आ गया है।
- यदि उच्च न्यायालय यह समझता है कि कोई विधि संविधान के विपरीत है तो वह उसे अवैध घोषित कर सकता है।
- सभी उच्च न्यायालय को दीवानी और फौजदारी दोनों प्रकार के मामलों में अपीलीय अधिकार प्राप्त है।
- विधि की व्याख्या से संबंधित सभी विवादों की अपील उच्च न्यायालय में की जा सकती है।
- राजस्व संबंधी सभी मुकदमों की अपील उच्च न्यायालयों में की जा सकती है।
- उच्च न्यायालय अपने निर्णय का पुनरावलोकन कर सकता है।
- सर्वोच्च न्यायालय की भाँति उच्च न्यायालय को भी नागरिकों के मौलिक अधिकारों की रक्षा का दायित्व सौंपा गया है।
- भारत के किसी भी उच्च न्यायालय का क्षेत्राधिकार उस राज्य के क्षेत्र तक ही सीमित है।
- संसद् कानून बनाकर उच्च न्यायालय के क्षेत्र को दो या दो से अधिक राज्यों तथा संघीय क्षेत्रों में बढ़ा सकती है।
- 1956 के राज्य पूनर्गठन अधिनियम के द्वारा कोलकाता उच्च न्यायालय के क्षेत्राधिकार को अंडमान तथा निकोबार द्वीपों तक, केरल उच्च न्यायालय को लक्षद्वीप, मिनीकाय तक बढ़ाया गया।
- पंजाब और हरियाणा के लिए एक ही उच्च न्यायालय चंडीगढ़ में हैं।

- संविधान के अनुच्छेद-226 के अनुसार उच्च न्यायालय को मौलिक अधिकारों को लागू कराने तथा अन्य उद्देश्यों की प्राप्ति के लिए लेख जारी करने का अधिकार है।
- उच्च न्यायालयों को अपने क्षेत्रांतर्गत आनेवाले अधीनस्थ न्यायालयों का अधीक्षण तथा निरीक्षण करने का अधिकार प्राप्त है।
- उच्च न्यायालय की अपीलीय अधिकारिता सिविल तथा अपराधिक या फौजदारी दोनों मामलों में है।
- अपराधिक मामले में सत्र न्यायाधीश के निर्णयों के विरुद्ध उच्च न्यायालय में अपील की जा सकती है।
- सत्र न्यायालय द्वारा दिए गए मृत्युदंड को तब तक लागू नहीं किया जा सकता, जब तक उच्च न्यायालय उसका अनुमोदन न कर दे।
- जिला न्यायाधीश तथा व्यावहारिक न्यायाधीश के निर्णयों के विरुद्ध अपील उच्च न्यायालयों में की जा सकती है।
- उच्च न्यायालय अपने अधीनस्थ न्यायालयों को शेरिफ क्लर्क एवं अन्य कर्मचारियों तथा वकीलों आदि की फीस निश्चित करता है, इसके लिए वह राज्यपाल की स्वीकृति लेता है।
- प्रशासकीय न्यायाधिकरणों की नियंत्रित करने के लिए उच्च न्यायालय तथा सर्वोच्च न्यायालयों दोनो को अधिकार है।
- उच्च न्यायालय एक अभिलेख न्यायालय भी है। इसके निर्णय प्रमाण के रूप में दूसरे निचले न्यायालय के सामने रखे जा सकते हैं तथा इसकी वैधानिकता में किसी भी प्रकार का संदेह नहीं किया जा सकता।
- उच्च न्यायालय उस व्यक्ति को दंड दे सकता है, जो इसका अपमान करता है।
- उच्च न्यायालय को यह अधिकार है कि वह देखे कि कोई अधीनस्थ न्यायालय अपनी शक्ति सीमा का उल्लंघन तो नहीं करता है तथा अपने कर्तव्यों का निश्चित विधि के अनुसार पालन कर रहा है कि नहीं, इस संबंध में आवश्यक निर्देश दे सकता है।
- संविधान के 42वें संशोधन द्वारा उच्च न्यायालय से केंद्रीय सरकार के कानून की वैधता के संबंध में निर्णय देने के अधिकार को छीन लिया गया था, किंतु 43वें संविधान संशोधन द्वारा उपर्युक्त अधिकार पुनः प्राप्त हो गया।

□

4

न्यायिक पुनर्निरीक्षण (Judical Review)

अध्याय के मुख्य बिंदु

- न्यायिक पुनर्निरीक्षण का अर्थ
  - संवैधानिक व्यवस्था
- संविधान में वर्णन
  - मौलिक अधिकारों की रक्षा
  - सर्वोच्च न्यायालय का प्रारंभिक क्षेत्राधिकार
  - सरकार द्वारा संविधान के आधारभूत ढाँचे में संशोधन करने पर प्रतिबंध
  - केंद्र एवं राज्यों का वैधानिक क्षेत्राधिकार
  - संविधान की रक्षा के लिए न्यायाधीशों द्वारा शपथ
  - न्यायिक पुनर्निरीक्षण संविधान के मूलभूत ढाँचे का अंग
- न्यायिक पुनर्निरीक्षण पर सीमाएँ
- न्यायालय द्वारा पुनर्निरीक्षण की शक्ति का प्रयोग
- न्यायिक पुनर्निरीक्षण की आलोचना
- न्यायिक पुनर्निरीक्षण की उपयोगिता

भारतीय संसद् ब्रिटिश संसद् की तरह सर्वोच्च नहीं है। इंग्लैंड में संसद् की सर्वोच्चता होने के कारण न्यायालय संसद् के बनाए हुए किसी भी कानून को असंवैधानिक घोषित नहीं कर सकते, बल्कि न्यायालय संसद् के बनाए गए कानूनों को लागू करने के लिए बाध्य होते हैं। भारत में ऐसा नहीं है। यहाँ संसद् सर्वोच्च

नहीं है, क्योंकि भारत में शक्तियाँ संघ और राज्यों में विभाजित हैं।

भारत में सर्वोच्च न्यायालय को संविधान का संरक्षक होने के साथ-साथ न्यायिक पुनर्निरीक्षण का अधिकार प्राप्त है।

न्यायिक पुनर्निरीक्षण का अर्थ (Meaning of Judical Review)

पीनॉक तथा स्मिथ के अनुसार, ''न्यायिक पुनर्निरीक्षण न्यायालयों की वह शक्ति है, जो संविधान को स्पष्ट करती है तथा व्यवस्थापिका, कार्यपालिका या प्रशासन द्वारा बनाए गए कानूनों को प्रमुख कानून के विरुद्ध होने पर असंवैधानिक घोषित करती है।''

मार्शल (अमरीका के सर्वोच्च न्यायालय के मुख्य न्यायाधीश) ने 1803 ई. में मार्बरी बनाम मेडिसन के मुकदमे का निर्णय करते समय न्यायिक पुनर्निरीक्षण की परिभाषा करते हुए लिखा था, ''न्यायिक पुनर्निरीक्षण न्यायालयों द्वारा अपने सामने पेश विधि कानूनों तथा कार्यपालिका अथवा प्रशासकीय कार्यों का वह निरीक्षण है, जिसके द्वारा यह निश्चित किया जाता है कि क्या वे एक लिखित संविधान के द्वारा निषिद्ध किए गए हैं अथवा उन्होंने अपनी शक्तियों से बढ़कर कार्य किया है अथवा नहीं।''

स्पष्ट है कि न्यायिक पुनर्निरीक्षण न्यायालयों की वह शक्ति है, जिसके द्वारा वे विधानमंडल के कानूनों तथा कार्यपालिका के आदेशों की जाँच कर सकते हैं और यदि ये कानून अथवा आदेश संविधान के विरुद्ध हों तो उनको असंवैधानिक एवं अवैध घोषित कर सकते हैं।

संवैधानिक व्यवस्था—अनुच्छेद 137 के अनुसार संसद् द्वारा बनाई गई किसी विधि के या अनुच्छेद 145 के अधीन बनाए गए नियमों के उपबंधों के अधीन रहते हुए सर्वोच्च न्यायालय को अपने द्वारा सुनाए गए निर्णय या दिए गए आदेश का पुनर्निरीक्षण करने की शक्ति होगी। भारत में संसद् अथवा राज्य सरकारें अपने अधिकारों से बाहर कोई कार्य करती हैं या ऐसे कानूनों का निर्माण करती हैं, जो संविधान के अनुसार न हो, तब सर्वोच्च न्यायालय ऐसे कानूनों को असंवैधानिक घोषित कर देगा।

न्यायिक पुनर्निरीक्षण की शक्ति का संविधान में वर्णन

भारतीय संविधान में न्यायिक पुनर्निरीक्षण की शक्ति का वर्णन संविधान के निम्नलिखित अनुच्छेदों में मिलता है—

(1) मौलिक अधिकारों की रक्षा—अनुच्छेद 13 का अवलोकन करने से ज्ञात होता है कि विधानमंडल द्वारा बनाए गए असंवैधानिक कानूनों को सर्वोच्च न्यायालय द्वारा अवैध घोषित करने की शक्ति प्राप्त है।

अनुच्छेद 13(1) के अनुसार संविधान लागू होने से पहले भारत के क्षेत्र में होनेवाले ऐसे सभी कानून, जो भाग तीन में दिए गए नागरिकों के मौलिक अधिकारों से मेल नहीं खाते, उस हद तक रद्द माने जाएँगे, जिस हद तक वे मौलिक अधिकारों का विरोध करते हैं।

अनुच्छेद 13(2) के अनुसार देश में लागू ऐसे प्रत्येक कानून का भविष्य में बननेवाला प्रत्येक कानून या जो मौलिक अधिकारों के साथ असंगत हो या उन्हें कम करनेवाला हो, निष्फल होगा।

अनुच्छेद 32 में सर्वोच्च न्यायालय का मौलिक अधिकारों को लागू करने की शक्ति प्रदान की गई है। गोलकनाथ मुकदमे में सर्वोच्च न्यायालय ने अनुच्छेद 13(2) का हवाला देते हुए कहा था कि मौलिक अधिकारों को कम करनेवाला कोई भी कार्य असंवैधानिक होगा, अत: संसद् को मौलिक अधिकारों में संशोधन करने का अधिकार प्राप्त नहीं है।

संविधान द्वारा मौलिक अधिकारों पर कुछ नियंत्रण लगाए गए हैं। केंद्र एवं राज्य सरकार नियंत्रणों के अंतर्गत मौलिक अधिकारों पर सीमाएँ लगा सकता है।

(2) सर्वोच्च न्यायालय का प्रारंभिक क्षेत्राधिकार—अनुच्छेद 131 और 132—अनुच्छेद 131 में सर्वोच्च न्यायालय के प्रारंभिक क्षेत्राधिकार का वर्णन किया गया है तथा अनुच्छेद 132 में संवैधानिक मामलों में उच्च न्यायालय से सर्वोच्च न्यायालय में अपील करने के बारे में बताया गया है। इसके अंतर्गत उन मुकदमों की सुनवाई अपील में होती है, जिनमें संविधान की व्याख्या निहित होती है।

स्पष्ट है, सर्वोच्च न्यायालय को संविधान की व्याख्या करने का अंतिम न्यायालय माना गया है। अनुच्छेद 131 और 132 सर्वोच्च न्यायालय को संघीय तथा राज्य सरकार द्वारा बनाए गए कानूनों का न्यायिक पुनर्निरीक्षण करने की शक्ति देते हैं।

(3) सरकार द्वारा संविधान के आधारभूत ढाँचे में संशोधन करने पर प्रतिबंध—सर्वोच्च न्यायालय ने मिनरवा मिल्स बनाम भारत संघ के मुकदमे 9 मई, 1980 के महत्त्वपूर्ण निर्णय में 42वें संशोधन अधिनियम 1976 की धारा 4 और 55 को रद्द कर दिया, जिसमें संसद् को संविधान में संशोधन के असीमित अधिकार प्रदान किए गए थे।

(4) केंद्र एवं राज्यों का वैधानिक क्षेत्राधिकार—अनुच्छेद 246— अनुच्छेद 246 के अंतर्गत केंद्र और राज्यों के मध्य कानून निर्माण की शक्तियों का स्वरूप निश्चित किया गया है। अनुच्छेद द्वारा केंद्र और राज्य सरकारों की कानून बनाने की शक्तियों की सीमाओं का वर्णन किया गया है। यदि केंद्र या राज्य सरकारें अपने कानून बनाने की सीमा का उल्लंघन करेंगे तो यह कार्य असंवैधानिक कहलाएगा।

सर्वोच्च न्यायालय पुनर्निरीक्षण की शक्ति के माध्यम से जाँच कर सकता है कि केंद्र सरकार या राज्य द्वारा बनाया गया कानून सही है या गलत, यदि गलत है तो उसे असंवैधानिक घोषित कर देगा।

(5) संविधान की रक्षा के लिए न्यायाधीशों द्वारा शपथ—सर्वोच्च न्यायालय और उच्च न्यायालय के न्यायाधीश पद ग्रहण करने से पहले संविधान और कानूनों को बनाए रखने की शपथ ग्रहण करते हैं। न्यायाधीशों द्वारा किए गए शपथ-ग्रहण का व्यापक अर्थ है, न्यायपालिका का यह परम कर्तव्य है कि वह विधानमंडलों और कार्यपालिका को अतिक्रमणों से बचाए और संविधान की रक्षा करे।

(6) न्यायिक पुनर्निरीक्षण संविधान के मूलभूत ढाँचे का अंग है— सर्वोच्च न्यायालय ने मार्च 1997 ई. में दिए गए अपने महत्त्वपूर्ण निर्णय में कहा कि सर्वोच्च न्यायालय तथा उच्च न्यायालयों को संविधान के अनुच्छेद 32, 226 तथा 227 के अंतर्गत न्यायिक पुनर्निरीक्षण की जो शक्ति प्राप्त है, वह संविधान के मूलभूत ढाँचे का अंग है, संसद् संविधान में संशोधन करके इसे बदल नहीं सकती।

स्पष्ट है कि सर्वोच्च न्यायालय को न्यायिक पुनर्निरीक्षण की शक्ति प्राप्त है। 42वें संशोधन द्वारा 134 नामक अनुच्छेद संविधान में सम्मिलित किया गया है, जिसके अनुसार, ''केंद्रीय कानून की संवैधानिक वैधता को केवल सर्वोच्च न्यायालय में चुनौती दी जा सकती है और देश का कोई भी अन्य न्यायालय केंद्रीय कानून के संवैधानिक औचित्य का परीक्षण नहीं कर सकता।'' उच्च न्यायालयों को ऐसी शक्ति प्राप्त नहीं है।

42वें संशोधन द्वारा 144A अनुच्छेद जोड़ा गया, इसके अनुसार सर्वोच्च न्यायालय केंद्रीय कानून या राज्य के कानून की संवैधानिक वैधता का निर्णय ऐसी न्यायपीठ (Bench) द्वारा करवाएगा, जिसमें 7 न्यायाधीश हों और तब तक किसी कानून को गैर-संवैधानिक घोषित नहीं किया जा सकता, तब तक कानून की अवैधता के बारे में निर्णय दो-तिहाई बहुमत से न दिया गया हो।

42वें संशोधन द्वारा ही संविधान में 228A अनुच्छेद जोड़ा गया, इसके अनुसार उच्च न्यायालय केंद्रीय कानून की संवैधानिक वैधता की जाँच नहीं कर सकता। उच्च न्यायालय केवल राज्यों के कानूनों की संवैधानिक वैधता की जाँच कर सकते हैं।

42वें संविधान संशोधन के द्वारा सर्वोच्च न्यायालय और उच्च न्यायालय की कानून की संवैधानिक वैधता की जाँच करने के क्षेत्राधिकार को प्रत्यक्ष अथवा अप्रत्यक्ष रूप से कम किया गया। किंतु जनता पार्टी की सरकार ने 43वें संशोधन द्वारा अनुच्छेद 32A, 131A, 144A, 126A तथा 228A को संविधान से निकाल दिया। इस प्रकार अब सर्वोच्च न्यायालय केंद्रीय कानून और राज्य के कानूनों की संवैधानिक वैधता की जाँच कर सकता है और उच्च न्यायालय राज्यों के कानून की संवैधानिक वैधता की जाँच कर सकते हैं। सर्वोच्च न्यायालय और उच्च न्यायालय ही स्वयं यह निर्णय करते हैं कि कितने न्यायाधीशों की न्यायपीठ कानून की संवैधानिक वैधता की जाँच करेगी।

न्यायिक पुनर्निरीक्षण पर सीमाएँ

न्यायालयों की पुनर्निरीक्षण की शक्ति पर कुछ सीमाएँ हैं—

(1) न्यायालय उन्हीं कानूनों को अवैध घोषित कर सकता है, जो उनके सामने मुकदमे के रूप में आते हैं।

(2) भारतीय संविधान में कानून की उचित प्रक्रिया (Due Process of Law) की अपेक्षा कानून द्वारा स्थापित प्रक्रिया (Procedure established by law) शब्द का प्रयोग किया गया है, जिस कारण भारतीय न्यायालयों की न्यायिक पुनर्निरीक्षण की शक्ति अमरीकी न्यायालयों के मुकदमे में बहुत सीमित है।

भारत में न्यायाधीश अपनी बुद्धि या तर्क के आधार पर कानूनों को अवैध घोषित नहीं कर सकते। ये तभी किसी कानून को असंवैधानिक घोषित कर सकते हैं, यदि वह कानून संविधान के लिखित अनुच्छेदों के विरुद्ध हो।

(3) कानून के केवल उन्हीं अनुच्छेदों को अवैध घोषित किया जाता है, जो संविधान के विरुद्ध होते हैं, न कि समस्त कानून को।

(4) न्यायालय राजनैतिक प्रश्नों पर न्यायिक पुनर्निरीक्षण का प्रयोग नहीं कर सकते।

न्यायालय द्वारा पुनर्निरीक्षण की शक्ति का प्रयोग

सर्वोच्च न्यायालय द्वारा न्यायिक पुनर्निरीक्षण की शक्ति का प्रयोग कई महत्त्वपूर्ण कानूनों को रद्द करने के लिए किया है—

(1) 1950 के निवारक नजरबंदी अधिनियम (Preventive Detention Act) के खंड 14 को अवैध घोषित किया।

(2) शांतिस्वरूप बनाम भारत सरकार के मुकदमे में सर्वोच्च न्यायालय ने एक ऐसे कानून को गैर-संवैधानिक घोषित किया, जो संविधान के लागू होने से पहले बनाया गया था, जो संविधान के अनुच्छेद 13(1) का उल्लंघन करता था।

(3) 'वेंकटरमन बनाम मद्रास राज्य' के मुकदमे में सर्वोच्च न्यायालय मद्रास (चेन्नई) सरकार को 1951 की सांप्रदायिक राज-आज्ञा को इस आधार पर अवैध घोषित किया कि वह समानता के अधिकार के विरुद्ध थी। अनुच्छेद 19 तथा 31 के विरोधी कई कानूनों को इसने अवैध घोषित किया।

(4) 'बृजभूषण बनाम दिल्ली राज्य सरकार' नामक मुकदमे में न्यायालय ने प्रेस की स्वतंत्रता के पक्ष में निर्णय दिया।

(5) 'बंबई राज्य बनाम बंबई शिक्षा समाज' नामक मुकदमे में अल्पसंख्यकों के सांस्कृतिक तथा शैक्षणिक अधिकारों की रक्षा की।

(6) 'गोलकनाथ बनाम भारत सरकार' (1967) के मुकदमे में सर्वोच्च न्यायालय ने बहुमत से अपने पुराने निर्णयों को गलत बताते हुए यह निर्णय दिया कि संसद् को मौलिक अधिकारों में परिवर्तन करने का अधिकार नहीं है। (शंकरी प्रसाद व सज्जन सिंह के मुकदमों में सर्वोच्च न्यायालय ने यह निर्णय दिया था कि संसद् मौलिक अधिकारों में परिवर्तन कर सकती है।)

(7) बैंकों के राष्ट्रीयकरण अधिनियम, 1969 को सर्वोच्च न्यायालय ने इस आधार पर अवैध घोषित किया कि यह अधिनियम अनुच्छेद 19(1) तथा 31 का उल्लंघन करता है।

(8) 1970 ई. में सर्वोच्च न्यायालय ने राजाओं के प्रिवी पर्स तथा अन्य विशेषाधिकारों को समाप्त करने के राष्ट्रपति के आदेश को भी अवैध घोषित किया।

(9) 'स्वामी केशवानंद भारती', 1973 मुकदमे में सर्वोच्च न्यायालय ने

निर्णय दिया कि संसद् मौलिक अधिकारों सहित संविधान के सभी अनुच्छेदों में कमी, कटौती या उन्हें पूर्णतया समाप्त कर सकती है, किंतु संसद् संविधान के मौलिक ढाँचे में परिवर्तन नहीं कर सकती।

(10) सर्वोच्च न्यायालय ने 1974 को अहमदाबाद के सेंट जेवियर कॉलेज सोसाइटी और अन्य अल्पसंख्यकों द्वारा दी गई लेख (रिट) याचिकाओं का निर्णय करते समय अपने निर्णय में गुजरात विश्वविद्यालय अधिनियम, 1949 (संशोधित 1973) की 6 धाराओं को इस आधार पर अवैध घोषित किया कि ये संविधान के अनुच्छेदों 29 और 30 द्वारा अल्पसंख्यकों को दिए गए सांस्कृतिक और शिक्षा संबंधी अधिकारों के विरुद्ध थीं।

(11) 9 मई, 1980 को सर्वोच्च न्यायालय ने अपने एक महत्त्वपूर्ण निर्णय में 42वें संशोधन अधिनियम 1976 के खंड 55 को रद्द किया, जिसमें संसद् को संविधान संशोधन के असीमित अधिकार दिए गए थे। न्यायालय ने 42वें संशोधन के अधीन संशोधित संविधान के अनुच्छेद 31-C को भी रद्द कर दिया।

(12) सर्वोच्च न्यायालय ने 1983 में 135 वर्ष से अधिक पुराने फौजदारी कानून की धारा 303 को असंवैधानिक बताकर रद्द कर दिया। धारा 303 के अनुसार यदि उम्र कैद की सजा काट रहा अपराधी किसी की हत्या कर देता है तो उसकी सजा फाँसी होगी। न्यायालय का कहना था कि फौजदारी कानून की धारा 303 संविधान के अनुच्छेदों 14 और 21 का उल्लंघन करती है।

(13) 1991 में मध्य प्रदेश, नागालैंड, मेघालय तथा गुजरात के सदस्यों द्वारा दायर याचिकाओं पर विचार करते हुए दल-बदल विरोधी अधिनियम 1985, 52वें संविधान संशोधन अधिनियम को वैध घोषित किया, परंतु सर्वोच्च न्यायालय ने 10वीं अनुसूची की धारा 7 को रद्द कर दिया। न्यायालय ने कहा है, धारा-7 से अनुच्छेद 136, 226, 227 के प्रावधानों का उल्लंघन होता है।

(14) मंडल कमीशन (1991) की सिफारिशों पर राष्ट्रीय मोरचे के उस आदेश को सर्वोच्च न्यायालय ने उचित बताया, जिसके अनुसार सरकारी नौकरियों में पिछड़े वर्ग के लोगों के लिए 27 प्रतिशत आरक्षण की व्यवस्था थी। न्यायालय ने यह भी बताया कि पिछड़े

वर्ग में सामाजिक और शैक्षणिक तौर से उन्नत लोगों को आरक्षण का लाभ नहीं मिलेगा।

न्यायिक पुनर्निरीक्षण की आलोचना

सर्वोच्च न्यायालय के न्यायिक पुनर्निरीक्षण शक्ति की निम्नलिखित आधार पर आलोचना की गई है—

(1) **संसद् अनुत्तरदायी (Irresponsible) संस्था बन जाती है—** आलोचकों का कहना है कि न्यायिक पुनर्निरीक्षण से संसद् एक अनुत्तरदायी संस्था बन जाती है, क्योंकि संसद् को पता है कि यदि कोई गलत कानून बनता है तो सर्वोच्च न्यायालय उसे अपने आप रद्द कर देगा।

(2) **लोकतांत्रिक सिद्धांतों के विरुद्ध—**आलोचकों का कहना है कि भारत में जनता के चुने गए प्रतिनिधि संसद् में पहुँचकर कानून का निर्माण करते हैं, जब कभी सर्वोच्च न्यायालय न्यायिक पुनर्निरीक्षण के द्वारा किसी कानून को अवैध घोषित करता है तो इससे जनता की भावना को ठेस पहुँचती है।

एक तर्क यह भी दिया जाता है कि राष्ट्रपति सर्वोच्च न्यायालय के न्यायाधीशों को नियुक्त करते हैं, ये न्यायाधीश ही संसद् के द्वारा बनाए गए कानूनों को यदि अवैध घोषित करते हैं तो यह अलोकतांत्रिक है।

(3) कई बार सर्वोच्च न्यायालय ने प्रगतिशील कानूनों को भी अवैध घोषित किया है, जिनका संबंध जनता के हित से रहा है। जैसे जमींदारी उन्मूलन तथा समाज-सुधार से संबंधित कानून।

(4) सर्वोच्च न्यायालय किसी कानून को रद्द करता है तो इसका अर्थ है कि वह संसद् की नीति (Policy) को भी रद्द करता है, जो ठीक नहीं है।

(5) यह भी कहा जाता है कि न्यायिक निर्णय न्यायाधीशों की सामाजिक, आर्थिक एवं राजनैतिक स्थिति पर भी निर्भर करता है। उदाहरण के लिए सर्वोच्च न्यायालय ने संसद् द्वारा मौलिक अधिकारों में संशोधन करने की शक्ति के बारे में विभिन्न मुकदमों में भिन्न-भिन्न निर्णय दिए हैं। गोलकनाथ मुकदमे में सर्वोच्च न्यायालय ने यह निर्णय दिया था कि संसद् संविधान के तीसरे भाग में दिए गए मौलिक अधिकारों

में संशोधन नहीं कर सकती है। परंतु केशवानंद भारती के मुकदमे में सर्वोच्च न्यायालय ने यह निर्णय दिया था कि संसद् मौलिक अधिकारों में संशोधन कर सकती है।

(6) न्यायिक पुनर्निरीक्षण की शक्ति के कारण ही न्यायपालिका तथा कार्यपालिका में कई बार गतिरोध उत्पन्न हुआ है, जो लोकतंत्र के लिए ठीक नहीं है।

(7) न्यायिक पुनर्निरीक्षण की शक्ति के कारण कई न्यायाधीश राजनीतिक वाद-विवाद में आ जाते हैं, जब न्यायालय किसी कानून को अवैध घोषित करता है तो अवैध घोषित करनेवाले न्यायाधीशों की आलोचना की जाती है। जब सर्वोच्च न्यायालय ने भूतपूर्व राजाओं के प्रिवी पर्स तथा विशेषाधिकारों की समाप्ति के कानून को अवैध घोषित किया तो संसद् के कई सदस्यों ने न्यायाधीशों के विरुद्ध महाभियोग की माँग की थी।

(8) सर्वोच्च न्यायालय के निर्णय बहुमत से दिए जाते हैं। यदि किसी कानून को 6 न्यायाधीश अवैध कहें और 5 न्यायाधीश वैध तो उस कानून को अवैध माना जाएगा। गोलकनाथ मुकदमे में निर्णय 6:5 के अनुपात में हुआ था। इस पर प्रतिक्रिया व्यक्त करते हुए संसद् सदस्य नाथ पाई ने संसद् में बोलते हुए कहा था—"मेरा विवाद यह है कि भारत के भाग्य का भविष्य एक न्यायाधीश पर निर्भर करता है।"

(9) न्यायिक पुनर्निरीक्षण से संसद् की गरिमा को भी धक्का पहुँचा है।

न्यायिक पुनर्निरीक्षण की उपयोगिता (Utility of Judicial Review)

यद्यपि न्यायिक पुनर्निरीक्षण की आलोचना की जाती है, किंतु इसका महत्त्व या उपयोगिता बहुत अधिक है। इसकी उपयोगिता को निम्नलिखित रूप में व्यक्त कर सकते हैं—

(1) भारत में संघात्मक शासन प्रणाली को अपनाया गया है, संघीय व्यवस्था में न्यायिक पुनर्निरीक्षण की शक्ति का होना आवश्यक है। न्यायालय केंद्र और राज्यों के बीच उत्पन्न होनेवाले विवादों को निपटाता है तथा इन्हें अपने-अपने अधिकार क्षेत्र में सीमित करता है, न्यायालय केंद्र को राज्यों के मामले में हस्तक्षेप करने से रोकता है।

(2) मौलिक अधिकारों की रक्षा करने के लिए न्यायिक पुनर्निरीक्षण की

शक्ति होना आवश्यक है।

(3) न्यायिक पुनर्निरीक्षण के कारण ही सर्वोच्च न्यायालय संसद् तथा कार्यपालिका पर कुछ नियंत्रण रख पाता है।

(4) सर्वोच्च न्यायालय ने न्यायिक पुनर्निरीक्षण की शक्ति का प्रयोग सीमित रूप में जनहित के मामले में किया है। न्यायालय ने उन्हीं कानूनों को अवैध घोषित किया है, जो संविधान के विरुद्ध थे।

(5) सर्वोच्च न्यायालय ने संविधान की व्याख्या सकारात्मक रूप में करके देश की प्रगति में सहयोग किया है।

प्रमुख तथ्य

- भारत में पूरे देश के लिए एक सर्वोच्च न्यायालय है।
- संविधान के अनुच्छेद-50 के अनुसार, राज्य की लोक सेवाओं में न्यायपालिका को कार्यपालिका से पृथक् करने के लिए राज्य कदम उठाएगा।
- भारत के सभी न्यायालय सर्वोच्च न्यायालय के अधीन होते हैं।
- संपूर्ण भारतवर्ष में एक से दीवानी और फौजदारी कानून प्रचलित हैं।
- भारतीय संविधान के भाग-5 के अध्याय-4 में अनुच्छेद 124 से लेकर 147 तक में संघ की न्यायपालिका का वर्णन किया गया है।
- अनुच्छेद-124 के अनुसार भारत का एक सर्वोच्च न्यायालय होगा, जो भारत के मुख्य न्यायाधीश तथा अन्य न्यायाधीशों से मिलकर बनेगा
- मूल संविधान में एक मुख्य न्यायाधीश के अलावा सात अन्य न्यायाधीशों की व्यवस्था थी।
- संसद् को न्यायाधीशों की संख्या बढ़ाने का अधिकार है।
- वर्तमान समय में एक मुख्य न्यायाधीश तथा 30 अन्य न्यायाधीश हैं। अर्थात् कुल 31 न्यायाधीश हैं।
- अवकाश प्राप्त न्यायाधीशों को भी सर्वोच्च न्यायालय की सेवा के लिए बुलाया जा सकता है।
- संविधान के अनुच्छेद-124(3) में सर्वोच्च न्यायालय के न्यायाधीशों की नियुक्ति संबंधी योग्यताएँ दी गई हैं।
- सर्वोच्च न्यायालय का न्यायाधीश नियुक्त होने के लिए आवश्यक है कि (1)

वह किसी उच्च न्यायालय का लगातार कम-से-कम 5 वर्षों तक न्यायाधीश हो। (2) किसी उच्च न्यायालय या उच्चतम न्यायालय में 10 वर्षों तक अधिवक्ता रहा हो।

- सर्वोच्च न्यायालय के न्यायाधीशों का कार्यकाल 65 वर्ष की आयु तक होता है।
- सर्वोच्च न्यायालय के किसी न्यायाधीश को तब तक नहीं हटाया जाएगा, जब तक कदाचार या असमर्थता साबित न हो जाए।
- कोई न्यायाधीश राष्ट्रपति को त्याग-पत्र देकर पदमुक्त हो सकता है।
- किसी भी न्यायाधीश को राष्ट्रपति तभी पदमुक्त कर सकता है, जब संसद् के दोनों सदन दो-तिहाई बहुमत से प्रस्ताव पास करके उनसे ऐसा करने को कहें।
- प्रत्येक न्यायाधीश (सर्वोच्च न्यायालय) को पद ग्रहण करते समय राष्ट्रपति के समक्ष या राष्ट्रपति द्वारा किसी अन्य व्यक्ति के समक्ष शपथ लेनी पड़ती है।
- भारत के मुख्य न्यायाधीश को 1 लाख रुपए और अन्य न्यायाधीशों को 90,000 हजार रुपए मासिक वेतन मिलता है।
- सर्वोच्च न्यायालय का कोई भी न्यायाधीश अवकाश ग्रहण कर लेने के बाद देश के किसी भी न्यायालय या न्यायिक अधिकरण के समक्ष वकालत नहीं कर सकता।
- अनुच्छेद-126 के अनुसार जब भारत के मुख्य न्यायाधीश का पद रिक्त हो, तब न्यायालय के न्यायाधीशों में से जिसे राष्ट्रपति इसके लिए नियुक्त करे, मुख्य न्यायाधीश का कार्य करेगा।
- सर्वोच्च न्यायालय के प्रारंभिक क्षेत्राधिकार से तात्पर्य है कि वैसे मुकदमे, जो किसी दूसरे न्यायालय और साथ-साथ उच्च न्यायालय को भी प्राप्त हैं।
- सर्वोच्च न्यायालय को भारत के समस्त राज्यों के उच्च न्यायालयों के निर्णय के विरुद्ध अपील सुनने का अधिकार प्राप्त है, क्योंकि सर्वोच्च न्यायालय अंतिम अपीलीय न्यायालय है।
- सर्वोच्च न्यायालय के अपीलीय क्षेत्राधिकार को चार वर्गों में बाँटा जा सकता है—संवैधानिक, फौजदारी, दीवानी तथा विशिष्ट मामले।
- न्यायालय को अपनी अवमानना के लिए किसी भी व्यक्ति को दंडित करने का अधिकार है।

- अपीलीय क्षेत्राधिकार की दृष्टि से भारत का सर्वोच्च न्यायालय विश्व में सबसे अधिक शक्तिशाली न्यायालय है।
- सैनिक न्यायालय के विरुद्ध सर्वोच्च न्यायालय में अपील नहीं की जा सकती है।
- यदि कभी राष्ट्रपति को ऐसा प्रतीत हो कि विधि या तथ्य का कोई ऐसा प्रश्न पैदा हो गया है, जो सार्वजनिक महत्त्व का है, वह उक्त प्रश्न पर सर्वोच्च न्यायालय का परामर्श माँग सकता है।
- सर्वोच्च न्यायालय पर संवैधानिक दृष्टि से ऐसी कोई बाध्यता नहीं है कि उसे परामर्श देना ही पड़ेगा।
- यदि राष्ट्रपति अनुच्छेद-143 के परंतुक में वर्णित विषय संबंधित परामर्श माँगता है तो सर्वोच्च न्यायालय अपनी राय प्रतिवेदित करेगा।
- संविधान का अनुच्छेद-137 सर्वोच्च न्यायालय के न्यायिक पुनरावलोकन की शक्ति प्रदान करता है।
- न्यायालय के परामर्श को स्वीकार या अस्वीकार करना राष्ट्रपति के विवेक पर निर्भर करता है।
- न्यायालय मौलिक अधिकारों की रक्षा के लिए बंदी प्रत्यक्षीकरण, परमादेश, प्रतिबंध अधिकार पृच्छा और उत्प्रेषण लेख जारी कर सकता है।
- यदि विधायिका द्वारा पारित कोई कानून मौलिक अधिकारों पर अतिक्रमण करता है तो न्यायालय उस कानून को अवैध घोषित कर सकता है।
- सर्वोच्च न्यायालय के निर्णय सब जगह साक्षी के रूप में स्वीकार किए जाएँगे और इन्हें किसी समय न्यायालय में प्रस्तुत किए जाने पर उसकी प्रामाणिकता के विषय में प्रश्न नहीं उठाया जाएगा।
- सर्वोच्च न्यायालय संविधान की व्याख्या करनेवाला अंतिम न्यायालय है।
- न्यायालय किसी भी व्यक्ति या संस्था को अपने समक्ष उपस्थित होने और उपयुक्त दस्तावेज प्रस्तुत करने के लिए बाध्य कर सकता है।
- संविधान के अनुसार सर्वोच्च न्यायालय तथा उच्च न्यायालयों के न्यायाधीशों की नियुक्ति राष्ट्रपति करता है। इसके लिए राष्ट्रपति मुख्य न्यायाधीश तथा अन्य न्यायाधीशों से परामर्श लेता है।
- न्यायाधीशों के वेतन भारत की संचित निधि से दिए जाते हैं।
- न्यायाधीशों के कार्यकाल में वेतन भत्तों में कटौती नहीं की जा सकती है,

केवल वित्तीय संकट के समय में ही ऐसा किया जा सकता है।

- राष्ट्रपति यदि चाहे तो किसी न्यायाधीश का एक उच्च न्यायालय से दूसरे उच्च न्यायालय में तबादला कर सकता है।
- भारतीय न्याय प्रणाली का सबसे प्रमुख दोष है कि—
    1. इसके अंतर्गत जो भी मुकदमे आते हैं, वे बहुत लंबे समय तक चलते हैं।
    2. न्याय का खर्चीला होना।

□

5

जनहित याचिका एवं न्यायिक सक्रियता

अध्याय के मुख्य बिंदु

- जनहित याचिका से तात्पर्य
- ऐतिहासिक पृष्ठभूमि
- संवैधानिक प्रावधान
- उदय के कारण
- पी.आई.एल. का उद्देश्य
- जनहित की विशेषताएँ
- जनहितवाद का विकास
- जनहित याचिका के माध्यम से न्यायिक सक्रियता
- न्यायालय के महत्त्वपूर्ण फैसले
- लोकहितवाद कब मंजूर नहीं होगा ?
- आलोचना
- न्यायिक सक्रियता को अधिक प्रभावी बनाने के लिए सुझाव
- प्रमुख तथ्य

जनहित याचिका

भारत को विश्व का सबसे बड़ा लोकतंत्रीय देश होने का गौरव प्राप्त है। यदि निष्पक्ष न्यायपालिका न हो तो लोकतंत्र का कोई महत्त्व ही नहीं रह जाता। न्यायपालिका की कुशलता पर ही प्रशासन की कार्यकुशलता निर्भर करती है। लार्ड ब्राइस ने ठीक ही लिखा है कि ''किसी शासन की श्रेष्ठता जाँचने के लिए उसकी न्याय व्यवस्था की कुशलता से बढ़कर और कोई अच्छी कसौटी नहीं है, क्योंकि

किसी और वस्तु का नागरिक की सुरक्षा और हितों पर इतना प्रभाव नहीं पड़ता, जितना उसके इस ज्ञान से कि वह एक निश्चित, शीघ्र तथा निष्पक्ष न्याय प्रशासन पर निर्भर रह सकता है।''

जनहित याचिका के माध्यम से समाज के सभी वर्गों को न्याय सुलभ हो सका है। जनहित याचिकाओं से जहाँ एक ओर न्यायपालिका की शक्ति में वृद्धि हुई है, वहीं दूसरी ओर न्यायिक सक्रियता भी बढ़ी है। जनहित याचिकाओं के आधार पर ही न्यायपालिका ने कई महत्त्वपूर्ण मामलों पर निर्णय दिया है।

जनहित याचिका से तात्पर्य (Meaning of Public Interest Litigation)

जनहित याचिका सामाजिक न्याय का एक साधन है, जिसका उद्देश्य समाज के गरीब, कमजोर व पिछड़े हुए लोगों को अन्याय एवं उत्पीड़न से बचाना तथा उन्हें न्याय दिलाना है।

शाब्दिक दृष्टि से 'जनहितकारी याचिका' से तात्पर्य एक विधिक कार्यवाही से है, जिसका आरंभ न्यायालय में लोकहित या साधारण हित को लागू करने के लिए किया जाता है, जिसमें जनता या समुदाय के वर्ग का आर्थिक या अन्य हित होता है, जिससे कि उनके कानूनी अधिकार या दायित्व प्रभावित होते हैं।

Public Interest litigation means a legal action initiated in a Court of law for the enforcement of public interest or general interest in which the public or class of community have pecuniary interest or some interest by which their legal rights or liabilities are affected.

जस्टिस पी.एन. भगवती के अनुसार, ''लोकहितकारी वादों या जनहित याचिका की परंपरा से ऐसे वर्ग या समूह को लाभ या सहायता प्रदान करना है, जो शोषण या उत्पीड़न के शिकार हैं तथा जिनके संवैधानिक अधिकारों को इनकार किया जाता है, लेकिन वे न्यायालय में अपनी गरीबी, अज्ञानता और अन्य कमजोरियों के कारण न्याय के लिए नहीं आ पाते। इस प्रकार के वाद का उद्देश्य किसी व्यक्ति को लाभ देने से नहीं है, बल्कि उसके द्वारा गरीब व्यक्तियों के हितों को संरक्षित किया जाता है।''

पीटर पेन के अनुसार—''जनहित याचिका आवश्यक लोकहितों का समर्थन करती है तथा प्रशासन प्रक्रिया में हित प्रतिनिधित्व और सरकार में लोक प्रतिनिधित्व को सुनिश्चित करती है।''

उक्त परिभाषाओं से यह निष्कर्ष निकलता है कि जनहितवाद समाज के उस वर्ग को न्यायालय में प्रतिनिधित्व दिलाता है, जो अपने सामाजिक, आर्थिक या राजनैतिक विवशताओं या असुरक्षा के कारण उपेक्षित रहते हैं और न्यायालय में वाद दायर नहीं कर पाते।

जनहितवाद की ऐतिहासिक पृष्ठभूमि (Historical background of public interest litigation)—जनहितवाद की विधिवत् शुरुआत जस्टिस पी.एन. भगवती ने 1986 ई. में की थी; तथापि इस वाद की शुरुआत 1978 ई. से प्रारंभ हो चुकी थी, जब एक विख्यात ठग चार्ल्स शोभराज ने सुप्रीम कोर्ट को एक पत्र लिखकर यह शिकायत की थी कि उसे तथा उसके साथियों को जेलखाने में भयंकर यंत्रणा से गुजरना पड़ रहा है। न्यायालय ने इस पत्र के आधार पर जेल की दशा की जाँच का आदेश दिया। बाद में सामाजिक न्याय संगठनों द्वारा उठाए गए मुद्दों को लेकर और भी बहुत से मामलों की जाँच-पड़ताल की गई।

सर्वोच्च न्यायालय के दो प्रमुख न्यायाधीशों **न्यायमूर्ति कृष्णा अय्यर और जस्टिस भगवती ने इस सिद्धांत का प्रतिपादन किया** कि जनहित के मामलों में यह नहीं देखा जाएगा कि दु:ख या कष्ट सहनेवाला व्यक्ति स्वयं न्यायालय के द्वार पर दस्तक देता है या उसकी ओर से अन्य किसी व्यक्ति अथवा संगठन ने अदालत का दरवाजा खटखटाया है। अभिप्राय यह है कि कोई भी जन हितैषी या संस्था जनहित के मामले को न्यायालय में उठा सकते हैं।

संवैधानिक प्रावधान

संविधान के अनुच्छेद-32 के अंतर्गत न्याय पाने का हक उसी व्यक्ति को है, जिसके मूल अधिकारों का अतिक्रमण होता है, किंतु अपने नवीनतम निर्णयों में सर्वोच्च न्यायालय के अनुच्छेद-32 के क्षेत्र को बहुत विस्तृत कर दिया है और इस अनुच्छेद के अंतर्गत कोई संस्था या सार्वजनिक हित से उत्प्रेरित कोई नागरिक किसी ऐसे व्यक्ति के संवैधानिक या विधिक अधिकारों के प्रवर्तन के लिए रिट दायर कर सकता है, जो निर्धनता अथवा किसी अन्य कारण से न्यायालय में रिट दायर करने में सक्षम नहीं है।

जनहितवाद के उदय के कारण

भारत में जनहितवाद का उदय निम्नलिखित कारणों से हुआ—

(1) वही व्यक्ति मुकदमा दायर कर सकता है, जिसका विवाद के साथ प्रत्यक्षत: संबंध है।
(2) न्याय मिलने में देरी।
(3) खर्चीली न्याय व्यवस्था।
(4) निर्धन जनता की न्यायालय की शरण में जाने में असमर्थता।
(5) देश में बढ़ता हुआ भ्रष्टाचार, जनसामान्य के हितों की उपेक्षा, गरीबों का शोषण आदि।
(6) कार्यपालिका की दुर्बल स्थिति।
(7) जनसामान्य का न्यायपालिका में बढ़ता विश्वास।

उपरोक्त कारणों से न्यायपालिका ने औपचारिकताओं से हटकर ऐसी व्यवस्था की, जिससे कोई भी व्यक्ति चाहे वह विवाद से संबंधित है अथवा नहीं, सार्वजनिक हित में, पीड़ित व्यक्ति अथवा समूह की ओर से न्यायपालिका के पास याचिका भेज सकता है।

पी.आई.एल. का उद्देश्य

जनहित याचिका का मुख्य उद्देश्य प्रत्येक जरूरतमंद को न्याय प्रदान कराना है।

जनहितवाद की विशेषताएँ (Characteristics of Public Interest Litigation)

(1) जनहितवाद में याचिका किसी वर्ग या समूह द्वारा दायर की जाती है।
(2) इस वाद में याचिका ऐसे वर्ग या समूह द्वारा दायर की जाती है, जो अपनी आर्थिक, सामाजिक या अन्य विवशताओं के कारण न्यायालय के समक्ष नहीं आ सकते।
(3) जनहित के माध्यम से जनता को कानूनी क्षति पहुँचानेवाले कार्यपालिका, न्यायपालिका या विधायिका के कार्यों को चुनौती दी जाती है।
(4) जनहित याचिका के माध्यम से सरकार के गैर-जिम्मेदारी पूर्ण कार्यों के विरुद्ध कार्यवाही तथा क्षतिपूर्ति दिलाए जाने की याचना की जाती है।
(5) यह न्यायाधीशों द्वारा प्रतिपादित विधि शास्त्र की नई अवधारणा (New Concept) है।

(6) जनहितकारी वाद दायर करनेवाले व्यक्ति, संस्था या वर्ग का स्वयं का कोई हित नहीं होता, बल्कि उसमें सद्भावयुक्त सामाजिक हित की भावना होती है।

लोकहित या जनहितवाद का विकास (Development of Public Interest Litigation)

भारत में जनहितवादों के विकास की अवधारणा—

(1) भारतीय संविधान।

(2) न्यायालयों के निर्णयों तथा

(3) विधि विशेषज्ञों के विचारों पर आधारित।

भारतीय संविधान के अनुच्छेद-38 के अंतर्गत जनता के आर्थिक, सामाजिक और राजनैतिक न्याय को सुनिश्चित किए जाने का आदेश राज्यों को दिया गया है। न्याय को जन-जन तक पहुँचाने तथा आर्थिक रूप से कमजोर लोगों को भी न्याय दिलाने के लिए विशेष प्रावधान किए गए हैं।

जनहितवाद कानूनी सहायता के अभियान का सशक्त आधार है, जिसके माध्यम से निर्धन पीड़ित वादियों की प्रार्थना को न्यायालय तक पहुँचाया जाता है।

जनहितकारी वादों में न्याय की जटिल प्रक्रिया को भी लचीला बनाया गया है। केवल पोस्टकार्ड, समाचार-पत्र या साधारण कागज पर भेजी गई शिकायत का भी न्यायालय द्वारा याचिका के रूप में सुनवाई हेतु स्वीकार किया जाना इस बात का प्रमाण है कि भारत में जनहितकारी वादों की परंपरा को बढ़ावा दिया गया है और न्याय से वंचित लोगों को शीघ्र निःशुल्क व निष्पक्ष कानूनी उपचार व न्याय दिलाया जा रहा है।

जनहित याचिका के माध्यम से न्यायिक सक्रियता की शुरुआत

न्यायिक सक्रियता का प्रारंभ 1986 ई. से माना जाता है। इसका श्रेय न्यायमूर्ति पी.एन. भगवती को जाता है। जब इन्होंने मात्र एक पोस्टकार्ड पर लिखी शिकायतों के आधार पर जनहित याचिका पर भी सुनवाई की परंपरा प्रारंभ की थी और तब से इसका महत्त्व निरंतर बढ़ता ही जा रहा है। उस समय भगवती ने स्पष्ट किया था—''सर्वोच्च न्यायालय ने देश में प्रचलित विशेष सामाजिक, आर्थिक परिस्थितियों के प्रति सम्मान रखते हुए सक्रिय दृष्टिकोण को अपनाया है।''

न्यायिक सक्रियता का विकास लगभग प्रत्येक क्षेत्र, जैसे सामाजिक, आर्थिक,

राजनैतिक, धार्मिक, वैयक्तिक, शैक्षणिक आदि में हुआ है, इससे जनसामान्य का न्यायपालिका में विश्वास बढ़ा है।

न्यायालय जनहित याचिका के अंतर्गत एक समिति का निर्माण करता है, जिसका काम सच्चे तथ्यों को उजागर करना होता है, जिसका व्यय सरकार उठाती है। इस समिति की रिपोर्ट के आधार पर न्यायालय संबंधित व्यक्तियों को इसकी सूचना देता है। उसके बाद सभी पक्षों को सुनने के बाद न्यायालय अपना अंतिम निर्णय देता है।

न्यायालय के महत्त्वपूर्ण फैसले

जनहित याचिकाओं के माध्यम से न्यायालय ने महत्त्वपूर्ण फैसले दिए हैं। उदाहरण के लिए बिहार (भागलपुर) जेल के विचाराधीन कैदियों का मामला—इस मामले की शुरुआत पुलिस आयोग के सदस्य के.एफ. रुस्तमजी द्वारा 'इंडियन एक्सप्रेस' में लिखे गए एक लेख से हुई। इस लेख में उन्होंने लिखा था कि बिहार की जेलों में सैकड़ों कैदी वर्षों से सड़ रहे हैं। उनके मामले वर्षों से विचाराधीन पड़े हैं। समाचार-पत्र के आधार पर एडवोकेट श्रीमती हिंगो रानी ने संविधान के अनुच्छेद-32 के अंतर्गत सर्वोच्च न्यायालय में एक याचिका दायर की। याचिका के आधार पर सर्वोच्च न्यायालय सक्रिय हुआ और हजारों कैदियों को मुक्त करवाया।

आगरा प्रोटेक्यान होम में लगभग 70-80 लड़कियाँ रहती थीं, जिनके साथ मानवीय स्तर का व्यवहार नहीं हो रहा था, लड़कियाँ अमानवीय स्थिति में रहने को मजबूर थीं। सर्वोच्च न्यायालय के सक्रिय हस्तक्षेप के कारण लड़कियों के रहन-सहन की स्थिति में सुधार संभव हो पाया।

बंधुआ मुक्ति मोरचा बनाम भारत संघ—इस मामले में एक संस्था ने पत्र द्वारा सर्वोच्च न्यायालय को सूचित किया कि हरियाणा राज्य के फरीदकोट जिले की पत्थरखानों में काफी संख्या में श्रमिक अमानवीय दशा में कार्यरत हैं और उनमें से अनेक बंधुआ श्रमिक भी हैं। न्यायालय ने राज्य सरकार को निर्देश दिया कि वह कल्याणकारी कार्य करे तथा सरकार समुचित कदम उठाकर बंधुआ मजदूरों को मुक्त करे या फिर उनकी स्थिति में सुधार लाए।

रूदलशाह बनाम बिहार राज्य के मामले में सर्वोच्च न्यायालय ने बिहार राज्य को निर्देश दिया कि वह रूदलशाह को 35,000 रुपए प्रति कर देकर क्षतिपूर्ति करे, क्योंकि उसके अधिकारियों के उपेक्षापूर्ण आचरण के कारण उसे 14 वर्ष अवैध रूप से जेल में रहना पड़ा था।

1982 में न्यायालय ने बंबई पटरी निवासियों की झुग्गियों को गिराए जाने के आदेश को रद्द किया। न्यायालय ने यह कहा कि झोंपड़-पट्टियों में रहनेवाले लोगों को आवास उपलब्ध कराना सरकार की जिम्मेदारी है। दिल्ली और कलकत्ता से प्रकाशित कई अखबारों में यह खबर छपी कि भागलपुर सेंट्रल जेल में 31 विचाराधीन बंदियों की आँखें निकाल दी गईं। उच्चतम न्यायालय ने जिम्मेदार कर्मचारियों के विरुद्ध काररवाई किए जाने का आदेश दिया और यह भी कहा कि बंदियों की चिकित्सा एवं उपचार का व्यय बिहार सरकार वहन करे।

दिल्ली प्रशासन द्वारा एशियाड परियोजनाओं के निर्माण हेतु ठेकेदारों के माध्यम से हजारों श्रमिकों की नियुक्ति की गई थी। उच्चतम न्यायालय ने सभी श्रमिकों को न्यूनतम मजदूरी दिए जाने का आदेश दिया। उच्चतम न्यायालय ने कर्नाटक सरकार के उस आदेश को अवैध घोषित किया, जिसके अनुसार प्राइवेट कॉलेजों को कर्नाटक से बाहर के छात्रों से कैपिटेशन फीस वसूल करने का अधिकार था।

25 अगस्त, 1995 को सर्वोच्च न्यायालय ने कर्नाटक के मुख्य सचिव जे. वासुदेवन को न्यायालय के निर्देश की अवज्ञा करने के अपराध में एक महीने के कारावास की सजा सुनाई।

30 जनवरी, 1996 को उच्चतम न्यायालय ने सरकारी जाँच एजेंसियों से कहा कि पद और हैसियत पर ध्यान दिए बिना हवाला कांड में लिप्त व्यक्तियों के मामले की तेजी से जाँच की जाए। अक्टूबर 1996 में न्यायालय ने सी.बी.आई. के निदेशक जोगिंदर सिंह को यह आदेश दिया कि वह बिहार चारा घोटाला जाँच रिपोर्ट सीधे अदालत के समक्ष रखें। सर्वोच्च न्यायालय ने तमाम जनहित के मामलों को हल करने में महत्त्वपूर्ण भूमिका निभाई है। एक याचिका में शिकायत की गई कि विदेशियों को भारतीय बच्चे गोद देने के काम में लगे सामाजिक संगठन कदाचार कर रहे हैं। न्यायालय ने बच्चों का कल्याण सुनिश्चित करने के लिए सिद्धांत तथा मापदंड निर्धारित किए।

पर्यावरण कार्यकर्ता एम.सी. मेहता ने ताजमहल को प्रदूषण से बचाने के लिए अदालत में याचिका डाली। सर्वोच्च न्यायालय ने ताज क्षेत्र में स्थित उद्योगों द्वारा कोयले के प्रयोग पर प्रतिबंध लगा दिया। इसके साथ ही ताजमहल के इर्द-गिर्द दो लाख पौधारोपण के आदेश भी दिए।

समाजसेवी एम.सी. मेहता ने गंगा नदी की स्वच्छता को लेकर दो प्रदूषक उद्योगों के खिलाफ याचिका दर्ज कराई। बाद में इस याचिका में एक लाख से ज्यादा उद्योगों और देश के आठ राज्यों के तीन सौ कस्बों को शामिल कर लिया गया।

सर्वोच्च न्यायालय ने अपने फैसले में औद्योगिक संयंत्रों को बंद करने के निर्देश दिए। प्रदूषकों पर वित्तीय जिम्मेदारी सौंपी और 250 शहरों एवं कस्बों को सीवेज ट्रीटमेंट प्लांट स्थापित करने को कहा। न्यायालय ने पश्चिम बंगाल में चलाए जा रहे 6 हजार चमड़े के कारखानों को एक सुनियोजित लेदर कॉम्प्लेक्स में स्थानांतरित करने के आदेश दिए।

पर्यावरणविद् एम.सी. मेहता ने दिल्ली में बढ़ते प्रदूषण से चिंतित होकर न्यायालय में एक याचिका दायर की। सर्वोच्च न्यायालय ने पूरे देश में शीशारहित पेट्रोल के उपयोग का आदेश दिया। इसके साथ-साथ वाहनों में प्राकृतिक गैस और अन्य स्वच्छ ईंधनों को बढ़ावा दिए जाने का निर्देश दिया।

सर्वोच्च न्यायालय ने दिल्ली के रिहायशी क्षेत्रों में चल रहे उद्योग-धंधों को एक औद्योगिक क्षेत्र में ले जाने का भी आदेश दिया। इसके बाद अदालत ने दिल्ली सरकार को लघु उद्योगों के लिए 28 औद्योगिक क्षेत्रों में कॉमन इंफ्लुएंट ट्रीटमेंट प्लांट्स स्थापित करने को कहा। प्रदूषण फैलानेवाले एक लाख उद्योगों को दिल्ली से बाहर बसाया गया।

एम.सी. मेहता ने देश भर के स्कूलों में पर्यावरण के प्रति जागरूकता को अनिवार्य विषय के रूप में लागू किए जाने को लेकर सुप्रीम कोर्ट में याचिका दाखिल की। न्यायालय ने पर्यावरण के प्रति जागरूकता को देश भर के स्कूल से लेकर विश्वविद्यालय स्तर के सभी शैक्षणिक संस्थाओं में बतौर अनिवार्य विषय लागू किए जाने के आदेश दिए। भारत एक मात्र ऐसा देश है, जहाँ के स्कूलों और कॉलेजों में पर्यावरण के प्रति जागरूकता को एक अनिवार्य विषय के रूप में पढ़ाया जाता है।

लोकहितवाद कब मंजूर नहीं होगा (Acceptance of PIL)

लोकहितवाद को ध्यान में रखते हुए एक बड़े वर्ग या समूह को आर्थिक और सामाजिक उत्पीड़न से छुटकारा दिलाने के लिए न्यायालय जनहितकारी वाद को मंजूर करते हैं, लेकिन जहाँ ऐसे वाद व्यक्तिगत स्वार्थ या हितों की पूर्ति के लिए दायर किए गए हैं, वहाँ न्यायालय उसे खारिज कर देते हैं। उदाहरण के लिए **सुभाष कुमार बनाम बिहार राज्यपाल**—1991 में उच्चतम न्यायालय ने कहा कि न्यायालय का यह कर्तव्य है कि वह स्वार्थ निहित याचिकाओं को लोकहितवाद की आड़ में अवांछित तत्त्वों से दूषित होने से बचाएँ।

जनता दल बनाम एच.एस. चौधरी—1993 में उच्चतम न्यायालय ने कहा

कि किसी व्यक्तिगत विवाद को लोकहितकारी वाद के रूप में परिवर्तित नहीं किया जा सकता।

प्रयाग व्यापार मंडल आदि बनाम उत्तर प्रदेश राज्य—1997 में इलाहाबाद उच्च न्यायालय ने निर्णय दिया कि यदि कोई व्यक्ति निजी उद्देश्यों को हासिल करने के लिए लोकहितवाद लाता है तो ऐसा वाद विचारणीय नहीं होगा।

आलोचना

आलोचकों का कहना है कि जनहित याचिकाओं ने न्यायपालिका की क्रियाशीलता बढ़ी है। इसमें दो मत नहीं हैं, किंतु इसका दुरुपयोग भी हुआ है; क्योंकि जनहित याचिका कोई भी दायर कर सकता है। चूँकि इस पद्धति से दायर मुकदमे में वकीलों की जरूरत नहीं पड़ती, परिणामस्वरूप अनेक व्यक्तियों द्वारा जनहित याचिका पद्धति के दुरुपयोग की संभावना बढ़ी है।

आलोचकों का यह भी कहना है कि जनहित याचिका की सुविधा का राजनैतिक स्वार्थों की पूर्ति के लिए दुरुपयोग हुआ है। कई बार यह भी देखने में आया है कि अपने राजनैतिक विरोधियों को नीचा दिखाने के लिए जनहित याचिकाएँ दायर कर दी जाती हैं, जबकि उनका जनहित से कोई संबंध नहीं होता। कुछ व्यक्ति महज लोकप्रियता पाने के लिए जनहित याचिका दायर करते हैं।

आलोचकों का यह भी मानना है कि जो न्यायाधीश जनहित याचिका के अंतर्गत अपना निर्णय सुनाते हैं, उनकी तस्वीर समाचार-पत्रों, दूरदर्शन आदि पर आती है। ऐसी स्थिति में न्यायाधीशों में भी लोकप्रियता पाने की भावना बढ़ जाती है और वे लोकहितवादी निर्णय देने के लिए उत्तेजित हो सकते हैं, ऐसी स्थिति में न्याय की निष्पक्ष भावना पर बुरा प्रभाव पड़ सकता है।

उपरोक्त आलोचकों के प्रकाश में हम कह सकते हैं कि सर्वोच्च न्यायालय ने कई ऐसे मुकदमों को खारिज किया है, जो जनहित का बहाना लेकर दायर किए गए थे। न्यायालय ने जनहित से संबंधित अनेक ऐसे निर्णय दिए हैं, जिससे गरीबों, शोषित वर्ग के लोगों को भी न्याय मिल सका है। जनहित याचिकाओं से न्याय को प्रजातांत्रिक स्वरूप मिला है। भारतीय लोकतंत्र में जनहित याचिका विधि शासन का एक आवश्यक तत्त्व बन चुका है। विधि का शासन केवल धनी और सुविधा संपन्न वर्ग के अधिकारों को ही नहीं, वरन् निर्बल, शोषित वर्ग के लोगों के अधिकारों का भी संरक्षण करता है और उन्हें न्याय प्रदान करता है। जनहित निर्णयों ने न्याय को जनता के दरवाजे तक पहुँचा दिया है।

न्यायिक सक्रियता

संविधान के अनुसार सरकार के तीनों अंगों व्यवस्थापिका, कार्यपालिका तथा न्यायपालिका एक-दूसरे से स्वतंत्र होकर कार्य करते हैं। संविधान के अनुच्छेद-50 में स्पष्ट रूप से कहा गया है कि राज्य की लोक सेवाओं में न्यायपालिका को कार्यपालिका से पृथक् करने के लिए राज्य कदम उठाएगा। (The State shall take steps to separate the judicary from the executive in the public services of the State.)

वर्तमान समय में कानून का शासन कायम रखने के लिए न्यायिक सक्रियता बहुत जरूरी है। जब सरकार के अन्य अंग कानून में दिए गए अपने दायित्वों का निर्वाह नहीं करते, तब न्यायपालिका को हस्तक्षेप करने की जरूरत पड़ती है।

न्यायिक सक्रियता से तात्पर्य

न्यायपालिका जनहित के मामलों में कार्यपालिका अथवा विधायिका के क्षेत्रों में हस्तक्षेप करती दिखाई दे तो उसे न्यायिक सक्रियता की संज्ञा दी जाती है।

न्यायिक सक्रियता की शुरुआत

न्यायाधीशों के स्थानांतरण के मामले में अपने ऐतिहासिक निर्णय में सर्वोच्च न्यायालय की सात न्यायाधीशों वाली संविधान पीठ ने निर्णय दिया कि जनता का कोई भी व्यक्ति, भले ही उसका वाद से सीधा संबंध न हो, पर उसमें उसकी 'पर्याप्त रुचि' हो, अनुच्छेद-226 के अधीन उच्च न्यायालय में गुहार कर सकता है अथवा मूल अधिकारों के उल्लंघन के मामलों में उन व्यक्तियों की शिकायतों को दूर कराने के लिए जो गरीबी, लाचारी या असमर्थता या सामाजिक एवं आर्थिक विपन्नता के कारण न्यायालय का द्वार नहीं खटखटा सकते, सर्वोच्च न्यायालय में फरियाद कर सकता है (एस.पी. गुप्ता बनाम भारत ए.आई.आर. 1982 एस.सी. 149)।

उपरोक्त निर्णय से समाजसेवी संगठनों, नागरिकों को मौका मिल गया कि वे आम जनता के हित में न्याय की माँग कर सकते हैं।

कार्यपालिका की नाकामी

यदि कार्यपालिका अपने दायित्वों का निर्वहन ईमानदारी से करेगी तो जनहित याचिका के माध्यम से न्यायिक सक्रियता की जरूरत ही नहीं होगी। किंतु जब कार्यपालिका अपने कर्तव्यों का पालन उचित ढंग से नहीं करती तो न्यायिक

सक्रियता देखने को मिलती है। न्यायिक सक्रियता ने यह सुनिश्चित किया कि सत्ता में बैठे लोग अपने राजनैतिक संबंधों का लाभ उठाकर मनमानी न कर सकें। सामाजिक कल्याण के तमाम विधानों को लागू करवाने की दिशा में न्यायालय ने तेजी दिखाई है। प्रश्न यह उठता है कि सक्रियता किस हद तक जा सकती है और इसकी दिशा क्या हो? इस संबंध में सर्वोच्च न्यायालय के वरिष्ठ न्यायाधीश विजय हसारिया का कहना है कि "न्यायिक सक्रियता तब तक जरूरी है, जब तक जनता इस बात को समझ न ले कि कार्यपालिका पारदर्शी तरीके से जनता की भलाई के लिए अपने कर्तव्यों का निर्वहन करने के लिए बाध्य है।" कार्यपालिका के अंदर इस बात का भय अवश्य होना चाहिए कि यदि कोई अधिकारी जनहित के बजाय व्यक्तिगत स्वार्थ के लिए काम करता है तो उसको इसके गंभीर परिणाम भुगतने होंगे।

लोकतांत्रिक प्रणाली में चुनी हुई सरकार लोगों को इनसाफ दिलाने का पहला पड़ाव होती है। जब कोई सरकार जनता को न्याय दिलाने और पारदर्शिता के अपने मूलभूत कर्तव्य का पालन करने में नाकाम रहती है, तब लोग अदालत का दरवाजा खटखटाते हैं। हम 70 वर्षों में अपनी प्रशासनिक प्रगति में बदलाव नहीं ला पाए। योजनाओं का लाभ समाज के सभी वर्गों को नहीं मिला है। यदि मिला भी है तो न के बराबर। मंत्रीगण और प्रशासनिक अधिकारी अधिकांशत: मालामाल हो जाते हैं और गरीब व्यक्ति और अधिक गरीब हो जाते हैं। यही कारण है कि अब लोग न्याय की आस लेकर अदालत जाते हैं। न्यायिक सक्रियता से प्रशासन में कुछ-न-कुछ सुधार अवश्य होगा। भ्रष्टाचार में लिप्त मंत्री तथा प्रशासनिक अधिकारियों को न्यायालय ने यह दंड दिया। जिस प्रकार से प्रशासनिक अधिकारी एवं नेतागण भ्रष्टाचार में लिप्त हो रहे हैं, बहुत ही सोचनीय विषय है। प्रशासनिक अधिकारियों को भ्रष्ट बनाने में हमारे नेताओं का विशेष हाथ होता है, क्योंकि प्रत्येक कार्य में नेताओं को मोटा कमीशन चाहिए, बिना कमीशन के कोई योजना पास नहीं होती। ऐसे में यदि न्यायालय सक्रिय होता है तो कोई बड़ी बात नहीं है।

संविधान में न्यायपालिका को हर काम और प्रत्येक फैसले की न्यायिक समीक्षा का अधिकार प्राप्त है। इतना ही नहीं, संविधान में सुप्रीम कोर्ट और हाई कोर्ट को रिट ज्यूरिडिक्शन मिला है। अर्थात् कोई भी व्यक्ति जिसके जीवन, स्वतंत्रता, समानता आदि से जुड़े मौलिक अधिकार का हनन हुआ हो, वह सीधे रिट याचिका दाखिल कर न्यायालय से मदद की गुहार लगा सकता है। इसी क्षेत्राधिकार में जनहित याचिकाएँ भी आती हैं। **संविधान के अनुच्छेद-32 और अनुच्छेद-142**

में सुप्रीम कोर्ट को कोई भी आदेश जारी करने का विशेष अधिकार प्राप्त है, उस आदेश की अहमियत कानून के बराबर होगी।

न्यायपालिका का कर्तव्य है कि वह जनता की समस्याओं पर ध्यान दे तथा उसका निराकरण करे। कानून का शासन बनाए रखने के लिए यह आवश्यक है; किंतु समस्याओं का हल निकालते समय उसे इस बात का ध्यान रखना चाहिए कि वह सरकार के दूसरे तंत्रों का काम स्वयं न करने लगे। न्यायपालिका को कानून के अनुसार काम करने का निर्देश देना चाहिए। यह न्यायिक सक्रियता नहीं, बल्कि उचित न्यायिक प्रक्रिया है।

प्रशांत भूषण, न्यायाधीश सर्वोच्च न्यायालय का कहना है—''न्यायिक सक्रियता तब ज्यादा जरूरी होती है, जब सरकारी तंत्र अपने कर्तव्यों का निर्वहन ठीक तरीके से नहीं कर पाता, गठबंधन की सरकार तो एक तरह से पंगु सरकार होती है, क्योंकि कोई भी सरकारी निर्णय निर्भीक तरीके से नहीं ले पाती। न्यायालय आम जनता से जुड़े जनहित के मुद्दों पर विशेष ध्यान दे रही है। जैसी सक्रियता न्यायपालिका आजकल दिखा रही है, वह आवश्यक है और समय की जरूरत भी है।''

जो लोग न्यायिक सक्रियता की आलोचना करते हैं, उन्हें यह देखना चाहिए कि वे अपना काम क्यों नहीं कर रहे हैं। उदाहरण के लिए न्यायालय सी.बी.आई. जाँच की निगरानी करता है। आखिर इसकी क्यों जरूरत पड़ी? क्योंकि सी.बी.आई. स्वतंत्र होकर काम नहीं करती, वह राजनैतिक निर्देश के मुताबिक चलती है। जैसे राजनैतिक समीकरण होते हैं, वह वैसे ही व्यवहार करती है। इससे ज्यादा और क्या होगा कि कोर्ट में अरजी दाखिल कर कहा जाता है कि जो काररवाई उसने शुरू की थी, अब वह उसे वापस लेना चाहती है।

जाने-माने पर्यावरणविद् कार्यकर्ता एम.सी. मेहता का कहना है—''जिस तरह शरीर के सभी अंग महत्त्वपूर्ण होते हैं और किसी भी अंग के काम न करने से उसकी कार्यप्रणाली प्रभावित होती है। उसी तरह यदि किसी लोकतंत्र के सारे अंग अपने दायित्व का उचित पालन करें तो न्यायपालिका को जनहित के लिए बाध्य होकर आगे आने की नौबत नहीं आएगी। देश में जो कानून हैं, उनका पालन ही नहीं किया जाता है। कहीं पर भी आम आदमी की सुनवाई नहीं होती, जिसके चलते कानून में विश्वास रखनेवाले व्यक्ति को अदालतें अँधेरे में एक उम्मीद की किरण की तरह दिखाई देती हैं।'' एम.सी. मेहता का मानना है कि यदि सभी लोकतांत्रिक संस्थाएँ अपने दायित्व का सही तरीके से अनुपालन करें तो अदालत

का बेशकीमती समय बचेगा, जिसका सदुपयोग दूसरे कामों में किया जा सकेगा।

जगदीश एस. छेकर (पूर्व प्रोफेसर और डीन आई.आई.एम. अहमदाबाद), 2013 में कहा था कि बड़े अफसोस की बात है कि लोकतंत्र के दोनों स्तंभ विधायिका और कार्यपालिका आम आदमी की नजरों में अपना विश्वास खो चुके हैं। जहाँ लंबे अरसे से यह मान्यता रही है कि नौकरशाही को आम जनता के कष्टों से कोई लेना-देना नहीं होता और सामान्यतया जनहित में यह वर्ग अड़ंगे ही लगाता है। वहीं पिछले दशकों से कार्यपलिका और विधायिका का प्रतिनिधित्व करनेवाला राजनैतिक वर्ग भी अपने नाम के अनुरूप काम करने में विफल रहा है। लोकतंत्र के इन दोनों स्तंभों की अक्षमता और उठाए जानेवाले अपने नाम के अनुरूप काम करने में विफल रहा है। लोकतंत्र के इन दोनों स्तंभों की अक्षमता और उठाए जानेवाले अनुचित कदमों से उपजे खालीपन को भरने के लिए तीसरा स्तंभ न्यायपालिका सामने आ रही है। हालाँकि यह सच्चाई है कि अदालतें भी अब सदाचार की आदर्श नहीं रहीं। विशेषकर न्यायपालिका के निचले स्तर और कुछ मामलों में उच्च स्तर पर भी यह खामी दिखाई देती है; किंतु समग्र रूप में आम आदमी आज भी न्यायपालिका के प्रति आस्थावान् है, भले ही यह कितनी ही सुस्त क्यों न हो।

सरकार के तीनों अंगों में निहित शक्तियों के दायरों का सम्मान किया जाना चाहिए। सरकार यदि सक्रिय होकर जनता की समस्याओं को सुलझाती है और भ्रष्टाचारियों से कठोरतापूर्वक निपटती है तो निश्चय ही देश के लिए अच्छा होगा।

न्यायिक सक्रियता को अधिक प्रभावी बनाने के लिए सुझाव

न्यायिक सक्रियता का महत्त्व दिन-प्रतिदिन बढ़ता ही जा रहा है। न्यायिक सक्रियता को और अधिक सक्रिय या प्रभावी बनाने के लिए निम्नलिखित सुझाव दिए जा सकते हैं—

(1) न्यायाधीशों के खाली पदों को भरा जाए।

(2) न्यायपालिका को किसी भी प्रकार के दबाव से पूरी तरह मुक्त रखा जाए।

(3) भ्रष्टाचार में लिप्त लोगों की संपत्ति कुर्क (जब्त) की जाए।

(4) राजनैतिक भ्रष्टाचार में लिप्त सभी नेताओं पर दोषमुक्ति तक चुनाव में भाग लेने पर पाबंदी लगाई जाए।

(5) जमानत पर रिहा हुए नेताओं के मुकदमों का शीघ्र निबटारा किया जाए।

(6) न्यायिक सक्रियता में तेजी लाई जाए, अर्थात् किसी मुकदमे को वर्षों तक न खींचा जाए।

(7) न्यायपालिका को अपनी कार्यप्रणाली और अधिक सरल व स्पष्ट बनानी होगी, जिससे कम पढ़े-लिखे लोग या निरक्षर व्यक्ति भी निर्भीकता से न्यायालय की शरण में जा सकें।

(8) न्यायपालिका यह भी जाँच करे कि उसके द्वारा दिए गए निर्णयों एवं निर्देशों का किस सीमा तक पालन हो रहा है।

(9) अनावश्यक रूप से जनहित याचिका दायर करनेवालों पर नियंत्रण लगाया जाए, जिससे न्यायालय का कीमती समय बच सके।

प्रमुख तथ्य

- न्यायपालिका की कुशलता पर ही प्रशासन की कार्यकुशलता निर्भर करती है।
- जनहित याचिका के माध्यम से गरीब लोगों को भी न्याय सुलभ हो सका है।
- जनहित याचिकाओं से जहाँ एक ओर न्यायपालिका की शक्ति में वृद्धि हुई है, वहीं दूसरी ओर न्यायिक सक्रियता भी बढ़ी है।
- जनहित याचिका सामाजिक न्याय का एक साधन है।
- जस्टिस पी.एन. भगवती के अनुसार जनहित याचिका की परंपरा से ऐसे वर्ग या समूह को लाभ या सहायता प्रदान करना है, जो शोषण या उत्पीड़न के शिकार हैं।
- पीटर पेन के अनुसार जनहित याचिका आवश्यक लोकहितों का समर्थन करती है तथा प्रशासन प्रक्रिया में हित प्रतिनिधित्व और सरकार में लोक प्रतिनिधित्व को सुनिश्चित करती है।
- जनहितवाद की विधिवत् शुरुआत जस्टिस पी.एन. भगवती ने 1986 ई. में की थी।
- सर्वोच्च न्यायालय के दो प्रमुख न्यायाधीशों न्यायमूर्ति कृष्णा अय्यर और जस्टिस भगवती ने इस सिद्धांत का प्रतिपादन किया कि जनहित के मामलों में यह नहीं देखा जाएगा कि दु:ख या कष्ट सहनेवाला व्यक्ति स्वयं न्यायालय के द्वार पर दस्तक देता है या उसकी ओर से अन्य कोई व्यक्ति अथवा संगठन अदालत का दरवाजा खटखटा रहे हैं।
- जनहितवाद के उदय के कई कारण थे, किंतु मुख्य कारण थे—न्याय मिलने

में देरी, खर्चीली न्याय व्यवस्था, गरीब लोगों को न्यायालय की शरण जाने में असमर्थता। जनहित याचिका का मुख्य उद्देश्य प्रत्येक जरूरतमंद को न्याय प्रदान कराना है।

- जनहित के वाद में याचिका ऐसे वर्ग या समूह द्वारा दायर की जाती है, जो अपनी आर्थिक, सामाजिक या अन्य विवशताओं के कारण न्यायालय के समक्ष नहीं आ सकते। जनहित याचिका के माध्यम से सरकार के गैर-जिम्मेदारी पूर्ण कार्यों के विरुद्ध कारवाई तथा क्षतिपूर्ति दिलाए जाने की याचना की जाती है।
- भारत में जनहित वादों के विकास की अवधारणा में प्रमुख हैं—भारतीय संविधान न्यायालयों के निर्णयों तथा विधि विशेषज्ञों के विचारों पर आधारित होना आदि।
- भारतीय संविधान के अनुच्छेद-38 के अंतर्गत जनता के आर्थिक, सामाजिक और राजनैतिक न्याय को सुनिश्चित किए जाने का आदेश राज्यों को दिया गया है।
- पी.एन. भगवती ने स्पष्ट किया था कि सर्वोच्च न्यायालय ने देश में प्रचलित विशेष सामाजिक, आर्थिक परिस्थितियों के प्रति सम्मान रखते हुए सक्रिय दृष्टिकोण को अपनाया है।
- व्यक्ति अपने स्वार्थ या हित की पूर्ति के लिए लोकहितवाद दायर नहीं कर सकते।
- भारतीय लोकतंत्र में जनहित याचिका विधि शासन का एक आवश्यक तत्त्व बन चुका है।

□

6

अधीनस्थ न्यायालय (Subordinate Courts)

अध्याय के मुख्य बिंदु

- पृष्ठभूमि
- जिला न्यायाधीशों की नियुक्ति
- अन्य न्यायाधीशों की नियुक्ति
- अधीनस्थ न्यायालयों पर नियंत्रण
- जिला स्तर पर कार्यरत न्यायालय
  (1) दीवानी न्यायालय
  (2) फौजदारी न्यायालय
  (3) राजस्व न्यायालय
- प्रशासनिक अधिकरण
- राज्य प्रशासनिक अधिकरण
- केंद्रीय प्रशासनिक न्यायाधिकरण की क्षेत्रीय न्यायपीठ
- लोक अदालत
- परिवार न्यायालय
- ग्राम न्यायालय
- संविधान में अधीनस्थ न्यायालयों की व्यवस्था

उच्च न्यायालय के अधीन कई प्रकार के श्रेणी न्यायालय होते हैं, जिन्हें संविधान में अधीनस्थ न्यायालय के रूप में जाना जाता है। इन अधीनस्थ न्यायालयों का गठन राज्य अधिनियम कानून के आधार पर किया गया है।

राज्य कई जिलों में बँटा हुआ है। प्रत्येक जिले में एक जिला अदालत होती है। विभिन्न राज्यों में इनके अलग-अलग नाम और अलग-अलग दर्जे हैं, किंतु इनके संगठनात्मक ढाँचे में समानता है।

जिला अदालत का उस जिले भर में अपील संबंधी क्षेत्राधिकार होता है। जिला अदालतों के अधीन कई निचली अदालतें होती हैं, जैसे अतिरिक्त जिला अदालत, सबकोर्ट, मुंसिफ मजिस्ट्रेट अदालत, द्वितीय श्रेणी विशेष न्यायिक मजिस्ट्रेट अदालत, रेलवे के लिए विशेष न्यायिक मजिस्ट्रेट अदालत, कारखाना कानून और श्रम कानूनों के लिए विशेष मुंसिफ मजिस्ट्रेट अदालत आदि।

जिला अदालत का मुख्य कार्य अधीनस्थ न्यायालयों से आई अपीलों को सुनना है, लेकिन अदालत विशेष हैसियत के तौर पर मूल मामलों को भी अपने हाथ में ले सकती है। उदाहरण के लिए भूमि अधिग्रहण कानून, भारतीय उत्तराधिकार कानून, अभिभावक और आश्रित कानून आदि से संबंधित मामलों की सुनवाई भी कर सकती है।

अधीनस्थ न्यायालयों में एक जिला न्यायाधीश का न्यायालय और दूसरा मुंसिफ न्यायाधीश का न्यायालय होता है।

जिला स्तर के अधीनस्थ न्यायालय को जिला न्यायाधीश या सत्र न्यायाधीश के नाम से जाना जाता है। इस स्तर के न्यायालय में अतिरिक्त न्यायाधीश, संयुक्त न्यायाधीश और सहायक न्यायाधीश की अदालतें सम्मिलित होती हैं।

जिला न्यायाधीश और सत्र न्यायाधीश का न्यायालय जिला स्तर पर आरंभिक क्षेत्राधिकार का मुख्य न्यायालय होता है।

संविधान के अनुसार एक ही अधिकारी दीवानी और फौजदारी कानूनों के तहत कार्य करता है और वह जिला एवं सत्र न्यायाधीश के नाम से जाना जाता है। ये न्यायालय उन मामलों की भी सुनवाई कर सकते हैं, जिसमें अधिकतम सजा एक वर्ष हो सकती है। इन न्यायालयों का वित्तीय अधिकार क्षेत्र सीमित नहीं होता है।

अधीनस्थ न्यायालयों की दूसरी श्रेणी के न्यायालय मुंसिफ न्यायाधीश या दीवानी न्यायाधीश या प्रथम श्रेणी के ज्यूडीशियल मजिस्ट्रेट के न्यायालय के नाम से जाने जाते हैं। सामान्यतया इन न्यायालयों की स्थापना प्रखंड (तहसील) स्तर पर की जाती है, जिसके अधिकार क्षेत्र में अनेक तालुके या तहसीलें हो सकती हैं।

जिला न्यायाधीशों की नियुक्ति

संविधान के अनुच्छेद-233(i) के अनुसार, जिला न्यायाधीश की नियुक्ति

संबंधित राज्य का राज्यपाल उच्च न्यायालय के मुख्य न्यायाधीश के परामर्श से करता है।

233(ii) वह व्यक्ति, जो संघ की या राज्य सेवा में पहले से ही नहीं है, जिला न्यायाधीश नियुक्त होने के लिए केवल तभी पात्र होगा, जब वह कम-से-कम सात वर्ष तक अधिवक्ता (Advocate) रहा है। साथ ही इसकी नियुक्ति के लिए उच्च न्यायालय ने सिफारिश की है।

अनुच्छेद-234 के अनुसार न्यायिक सेवा में जिला न्यायाधीशों से भिन्न व्यक्तियों की भर्ती—राज्यपाल जिला न्यायाधीशों से भिन्न व्यक्ति को भी जिला न्यायाधीश के रूप में नियुक्त कर सकता है, किंतु वैसे व्यक्ति राज्य लोक सेवा आयोग द्वारा अथवा उच्च न्यायालय के परामर्श के बाद ही राज्यपाल द्वारा जिला न्यायाधीश के पद पर नियुक्त किए जा सकते हैं। 2002 में प्रति 50 लाख की जनसंख्या पर 50 न्यायाधीश का पद बढ़ाए जाने का दिशा-निर्देश जारी किया गया है।

अन्य न्यायाधीशों की नियुक्ति

जिला न्यायाधीशों के अतिरिक्त अन्य न्यायाधीशों की नियुक्ति दो प्रकार से की जाती है—

- (i) उच्च न्यायालय द्वारा आयोजित उच्च न्यायिक सेवा परीक्षा के आधार पर तथा
- (ii) राज्य लोक सेवा आयोग द्वारा आयोजित प्रांतीय न्यायिक सेवा परीक्षा के परिणाम के आधार पर।

अधीनस्थ न्यायालयों पर नियंत्रण

अधीनस्थ न्यायालयों पर उच्च न्यायालय का नियंत्रण होता है। जिला न्यायाधीशों की नियुक्ति, स्थानांतरण, पदोन्नति आदि राज्यपाल द्वारा उच्च न्यायालय से परामर्श के बाद की जाती है।

जिला स्तर पर कार्यरत न्यायालय

जिला या जनपद स्तर पर तीन प्रकार के न्यायालय कार्यरत हैं—(1) दीवानी न्यायालय, (2) फौजदारी तथा (3) राजस्व न्यायालय।

(1) **दीवानी न्यायालय**—इसके अंतर्गत निम्नलिखित न्यायालय आते हैं—

(i) **दीवानी न्यायाधीश का न्यायालय**—यह जिले में दीवानी का सबसे बड़ा न्यायालय होता है। इसका मुख्य अधिकारी जिला न्यायाधीश (District Judge) होता है। जिला जज अपने अधीनस्थ न्यायालयों के निर्णय के विरुद्ध 5 लाख रुपए तक की अपील व निगरानी भी सुनता है।

(ii) **सिविल न्यायाधीश का न्यायालय**—ये न्यायालय जिला न्यायाधीश के अधीन होते हैं। ये न्यायालय एक लाख रुपए तक के मुकदमे सुन सकते हैं। आवश्यकता पड़ने पर उच्च न्यायालय के निर्देशों पर यह राशि 5 लाख तक बढ़ाई जा सकती है।

(iii) **मुंसिफ न्यायालय**—25,000 रुपए तक की संपत्ति के मुकदमे मुंसिफ न्यायालय में सुने जा सकते हैं। इस न्यायालय के फैसले के विरुद्ध अपील जिला न्यायाधीश की अदालत में की जा सकती है।

(iv) **खफीफा न्यायालय**—मुंसिफ न्यायालय के नीचे खफीफा अदालतें होती हैं। इन न्यायालयों में तीन हजार रुपए तक के मामले सुने जा सकते हैं। इस न्यायालय में किराएदारी संबंधी विवाद भी निपटाए जा सकते हैं (पाँच हजार से पच्चीस हजार तक के)।

(v) **न्याय पंचायत**—500 रुपए तक के धन संबंधी विवादों को न्याय पंचायत में सुनने का अधिकार है।

(2) **फौजदारी न्यायालय**—उच्च न्यायालय के अधीन फौजदारी का सबसे बड़ा न्यायालय सत्र न्यायाधीश का न्यायालय है।

सत्र न्यायाधीश का न्यायालय—इस न्यायाधीश को जिला जज एवं सेशन जज दोनों ही नामों से संबोधित किया जाता है। न्यायाधीश जब फौजदारी के मुकदमे सुनते हैं, तो सेशन जज कहलाते हैं और जब दीवानी के मुकदमे सुनते हैं तो जिला जज कहलाते हैं।

सत्र न्यायाधीश का न्यायालय अपने अधीनस्थ न्यायालयों के निर्णयों के विरुद्ध अपील भी सुनता है।

सत्र न्यायाधीश के न्यायालय के अधीन अपर सेशन न्यायाधीश, सहायक सेशन न्यायाधीश, मुख्य दंडाधिकारी (सी.जे.एम.) तथा दंडाधिकारी (जे.एम.) भी होते हैं।

सेशन न्यायाधीश तथा अतिरिक्त सेशन न्यायाधीश को फाँसी की सजा देने का भी अधिकार है, किंतु इसकी पुष्टि उच्च न्यायालय से करानी आवश्यक है। अपर सेशन न्यायाधीश को दस वर्ष तथा मुख्य न्यायाधिकारी को 7 वर्ष तक की सजा देने का अधिकार है।

न्याय पंचायत—फौजदारी क्षेत्र में सबसे निम्न स्तर पर न्याय पंचायतें होती हैं। न्याय पंचायतें 250 रुपए तक जुरमाना कर सकती हैं, परंतु यह कारावास का दंड नहीं दे सकती हैं।

(3) राजस्व न्यायालय—उच्च न्यायालय के अधीन राजस्व परिषद्, कमिश्नर, जिलाधीश परगनाधिकारी (S.D.M.) तहसीलदार और नायब तहसीलदार की अदालतें होती हैं। इन अदालतों में लगान, मालगुजारी आदि के मुकदमों की सुनवाई की जाती है।

प्रशासनिक अधिकरण (Administrative Tribunals)

संविधान के 42वें संविधान संशोधन 1976 के द्वारा प्रशासनिक अधिकरण की स्थापना संविधान के भाग-14क के अंतर्गत अनुच्छेद 323क तथा 323ख के अंतर्गत की गई है।

केंद्रीय प्रशासनिक अधिकरण—संविधान के अनुच्छेद 323क के अनुसार संसद् को विधि द्वारा संघ एवं राज्य सरकार के लोक सेवा आयोग द्वारा नियुक्त कर्मचारियों की सेवा-शर्तों से संबंधित विवादों के निपटारे के लिए प्रशासनिक अधिकरणों की स्थापना करने की शक्ति प्रदान की गई है।

संसद् ने 1 नवंबर, 1985 को केंद्रीय प्रशासनिक अधिकरण की स्थापना की। एक राज्य के लिए एक या एक से अधिक अधिकरणों की स्थापना की जा सकती है।

केंद्रीय प्रशासनिक अधिकरण निम्नलिखित कर्मचारियों के अतिरिक्त केंद्रीय सरकार के अन्य सभी कर्मचारियों पर भी लागू होता है, जैसे—

(i) संसद् के किसी सदन के सचिवालय के कर्मचारी।

(ii) थल सेना, नौ सेना, वायु सेवा या संघ के अन्य सशस्त्र बल के सदस्य।

(iii) उच्चतम या उच्च न्यायालय के किसी अधिकारी या कर्मचारी।

उपर्युक्त कर्मचारियों और सेवाओं में विशेष अनुशासन की आवश्यकता समझते हुए उन्हें प्रशासनिक अधिकरण अधिनियम के प्रावधानों से अलग रखा गया है।

गठन—प्रशासनिक अधिकरण में एक अध्यक्ष होता है। अध्यक्ष के लिए योग्यता निर्धारित है—

(i) किसी उच्च न्यायालय का न्यायाधीश है या रहा हो।

(ii) दो वर्ष तक उपाध्यक्ष के पद पर रहा हो या केंद्रीय सरकार का सचिव रहा हो या सचिव के बराबर वेतन पानेवाले किसी पद पर रहा हो।

अध्यक्ष के अलावा उपाध्यक्ष और न्यायिक तथा प्रशासनिक सदस्य होंगे, इनकी संख्या सरकार निश्चित करती है।

अतिरिक्त पीठों में एक न्यायिक और एक प्रशासनिक सदस्य अवश्य होने चाहिए।

उपाध्यक्ष के लिए आवश्यक है—(i) किसी उच्च न्यायालय का न्यायाधीश रहा हो। (ii) दो वर्ष तक केंद्रीय सरकार के सचिव पद पर रहा हो या (iii) 5 वर्ष तक केंद्रीय सरकार के अतिरिक्त सचिव के पद पर रहा हो।

न्यायिक सदस्य के लिए आवश्यक है—(i) केंद्रीय सरकार के अतिरिक्त सचिव या उसके समकक्ष किसी पद पर कम-से-कम दो वर्ष तक कार्यरत रहा हो या (ii) केंद्रीय सरकार में संयुक्त सचिव या उसके समकक्ष किसी पद पर हो। (iii) पर्याप्त प्रशासनिक अनुभव वाला व्यक्ति हो।

नियुक्ति—प्रशासनिक अधिकार के सभी सदस्यों की नियुक्ति राष्ट्रपति करता है। अध्यक्ष, उपाध्यक्ष, न्यायिक सदस्य तथा प्रशासनिक सदस्य की नियुक्ति राष्ट्रपति करेगा।

राष्ट्रपति न्यायिक सदस्य की नियुक्ति करते समय भारत के मुख्य न्यायाधीश से परामर्श करेगा।

राज्यों के अधिकरण के अध्यक्ष, उपाध्यक्ष और अन्य सदस्यों की नियुक्ति संबंधित राज्य के राज्यपाल की सलाह से की जाएगी।

कार्यकाल—अधिकरण के सदस्यों का कार्यकाल 5 वर्ष का होता है। साथ ही अध्यक्ष तथा उपाध्यक्ष की उम्र 65 वर्ष निर्धारित है, इनमें से जो पहले हो। अन्य सदस्यों की उम्र 62 वर्ष निश्चित है।

त्याग-पत्र—अधिकरण के सदस्य राष्ट्रपति को अपना त्याग-पत्र दे सकते हैं।

अधिकरण के सदस्यों को अपने पद के उल्लंघन, कदाचार, अक्षमता आदि के आधार पर सर्वोच्च न्यायालय के परीक्षण के पश्चात् आरोप सिद्ध होने पर हटाया जा सकता है।

राज्य प्रशासनिक अधिकरण

अनुच्छेद-323(ख) के अनुसार केंद्रीय प्रशासनिक न्यायाधिकरण के प्रावधानों के अंतर्गत राज्य सरकार भी राज्य प्रशासनिक अधिकरण की स्थापना कर सकती है। इस अधिकरण में राज्य सरकार के कर्मचारियों की नौकरी एवं सेवा-शर्तों की समस्याओं को निपटाया जाता है।

केंद्रीय प्रशासनिक अधिकरण नई दिल्ली में स्थित है। राज्यों में इसकी शाखाएँ कार्यरत हैं।

संसद् कानून बनाकर अधिकरणों की अधिकारिता, शक्तियाँ तथा उनके द्वारा अनुसरण की जानेवाली प्रक्रिया आदि निश्चित करती है। अधिकरण पर उच्च न्यायालयों का कोई अधिकार नहीं होगा। केवल सर्वोच्च न्यायालय में विशेष अनुमति से अपील की जा सकेगी।

केंद्रीय प्रशासनिक न्यायाधिकरण की क्षेत्रीय न्यायपीठ

क्रम	न्यायपीठ	क्षेत्राधिकार
1	मुख्य न्यायपीठ	दिल्ली
2	अहमदाबाद	गुजरात
3	लखनऊ न्यायपीठ	उत्तर प्रदेश में लखनऊ, हरदोई, रायबरेली, खीरी, सीतापुर, फैजाबाद, बाराबंकी, उन्नाव, बहराईच, गोंडा, प्रतापगढ़ एवं सुल्तानपुर
4	इलाहाबाद न्यायपीठ	उत्तर प्रदेश (लखनऊ न्यायपीठ के अंतर्गत आनेवाले जिलों को छोड़कर)
5	कोलकाता न्यायपीठ	पश्चिम बंगाल राज्य, सिक्किम एवं अंडमान एवं निकोबार संघ शासित प्रदेश
6	बेंगुलुरू न्यायपीठ	कर्नाटक
7	चंडीगढ़ न्यायपीठ	हरियाणा, हिमाचल प्रदेश, जम्मू-कश्मीर, पंजाब राज्य एवं चंडीगढ़, संघ शासित प्रदेश
8	कटक न्यायपीठ	उड़ीसा राज्य
9	गुवाहाटी न्यायपीठ	असम, मणिपुर, मेघालय, नागालैंड, त्रिपुरा, अरुणाचल प्रदेश एवं मिजोरम राज्य आते हैं।

10	हैदराबाद न्यायपीठ	पूरा आंध्र प्रदेश
11	एर्नाकुलम न्यायपीठ	केरल राज्य एवं संघ शासित प्रदेश लक्षद्वीप
12	पटना न्यायपीठ	पूरा बिहार
13	जयपुर न्यायपीठ	राजस्थान के अजमेर, अलवर, भरतपुर, बाराँ, दौसा, बूँदी, धौलपुर, जयपुर, झालावाड़, झुंझनू, कोटा, सवाई माधोपुर, सीकर एवं टोंक जिले आते हैं।
14	जोधपुर न्यायपीठ	जयपुर न्यायपीठ में आनेवाले जिलों को छोड़कर शेष राजस्थान राज्य जोधपुर न्यायपीठ के अधिकार क्षेत्र के अंतर्गत आता है।
15	जबलपुर न्यायपीठ	मध्य प्रदेश
16	मुंबई न्यायपीठ	महाराष्ट्र एवं गोवा राज्य तथा दादर और नगर हवेली तथा दमन एवं दीव संघ शासित प्रदेश
17	मद्रास न्यायपीठ	तमिलनाडु राज्य एवं संघ शासित प्रदेश पुंडुचेरी।

लोक अदालत

लोक अदालत से तात्पर्य है, जनता का न्यायालय। जनता को शीघ्र तथा सस्ता न्याय मिले, इसलिए 6 अक्तूबर, 1985 ई. को सर्वोच्च न्यायालय के मुख्य न्यायाधीश न्यायमूर्ति पी.एन. भगवती की अध्यक्षता में प्रथम लोक अदालत का आयोजन दिल्ली में किया गया, इस दिन 116 विवादों का आपसी समझौते द्वारा समाधान तथा निर्णय किया गया।

लोक अदालत की स्थापना के मुख्य कारण—

(1) **शीघ्र न्याय दिलाना**—भारत जैसे देश में अदालतों में दिन-प्रतिदिन मुकदमे बढ़ते ही जा रहे हैं तथा पहले से भी मुकदमे लंबित पड़े हैं। कई ऐसे परिवारवाले हैं, जिनके वादी-प्रतिवादी दोनों की मृत्यु भी हो चुकी है, किंतु न्याय नहीं मिल पाया है। ऐसी स्थिति में लोक अदालतों की स्थापना की गई, जिससे जनता को शीघ्र न्याय मिल सके, लोक अदालतों में आपसी सौहार्द और समझौते पर जोर दिया जाता है, लोक अदालतों में छोटे-छोटे विवादों को तुरंत निपटा दिया जाता है।

(2) **कर्म खर्चीला न्याय**—अदालतों में न्याय शीघ्र नहीं मिलता। न्याय मिलने में जितना अधिक समय लगेगा, उतना ही खर्च भी बढ़ता जाता है। इसी बात को ध्यान में रखकर लोक अदालत की स्थापना की गई है, जिससे कि कम खर्च में न्याय प्राप्त हो सके। गरीब एवं मध्यम लोगों के लिए लोक अदालतें तो बहुत ही उपयोगी सिद्ध हो रही हैं।

न्यायिक सेवा प्राधिकार अधिनियम, 1987 ने लोक अदालत के अभियान को महत्त्वपूर्ण योगदान प्रदान किया है। इस अधिनियम के अनुसार, केंद्र सरकार राज्य सरकार या जिला प्रशासन समय-समय पर निर्धारित स्थानों पर लोक-अदालत का आयोजन कर सकती है।

न्यायिक सेवा प्राधिकार संशोधन अधिनियम, 2002 के अंतर्गत स्थायी लोक अदालतों की स्थापना का प्रावधान किया गया है। देश के लगभग सभी जिलों में स्थायी लोक अदालतें गठित की जा चुकी हैं। लोक अदालत के निर्णय दीवानी (सिविल) अदालत द्वारा दिए गए निर्णय माने जाते हैं तथा संबंधित निर्णय के प्रति बाध्य होते हैं। ये निर्णय अंतिम होते हैं। इनके द्वारा दिए गए निर्णयों के विरुद्ध अपील नहीं की जा सकती है। लोक अदालत द्वारा निर्णय दिए जाने के बाद विवादों से संबंधित व्यक्तियों को कोर्ट शुल्क वापस कर दिए जाते हैं।

न्यायिक पदाधिकारी अथवा सरकार द्वारा निर्धारित योग्यता रखनेवाले व्यक्ति लोक अदालत की अध्यक्षता करते हैं।

स्पष्ट है कि लोक अदालत कम समय व कम खर्चे में आपसी समझौते के द्वारा विवादों का निर्णय करती है। लोक अदालतें न्यायालयों के बोझ को कम करती हैं। लोक अदालतों द्वारा अभी तक लगभग तीन करोड़ मामलों को निपटाया जा चुका है। संपूर्ण न्याय व्यवस्था में लोक अदालतें महत्त्वपूर्ण भूमिका निभा रही हैं।

परिवार न्यायालय

परिवार न्यायालय अधिनियम, 1984 के द्वारा परिवार न्यायालयों की स्थापना की गई है। इस न्यायालय की स्थापना का मुख्य उद्देश्य विवाह तथा अन्य पारिवारिक मुद्दों को निपटाना है।

राज्य सरकार उन क्षेत्रों में जहाँ की आबादी 10 लाख से अधिक है अथवा जहाँ आवश्यक समझे, परिवार न्यायालय की स्थापना कर सकती है।

परिवार न्यायालय के आदेशों एवं निर्णयों के विरुद्ध उच्च न्यायालय में अपील

की जा सकती है। पारिवारिक समस्या को निपटाने में परिवार न्यायालय महत्त्वपूर्ण भूमिका निभा रहा है।

ग्राम न्यायालय

संसद् ने दिसंबर 2008 में ग्राम न्यायालय विधेयक को मंजूरी प्रदान की। इसका उद्देश्य गाँव-गाँव में शीघ्र और सस्ता न्याय पहुँचाना है।

ग्राम न्यायालय अधिनियम 2 अक्तूबर, 2009 से प्रभावी हो गया है। ग्राम न्यायालय की स्थापना एवं संचालन संबंधी सभी खर्च केंद्र सरकार वहन करेगी। ग्राम न्यायालय खंड स्तर पर 5067 न्यायालय स्थापित किए।

ग्राम न्यायालय अधिनियम जम्मू-कश्मीर, नागालैंड, अरुणाचल प्रदेश, सिक्किम एवं जनजाति क्षेत्रों को छोड़कर समस्त भारत में प्रभावी होगा।

गठन—राज्य सरकार उच्च न्यायालय से परामर्श के बाद अधिसूचना जारी कर पंचायत समिति स्तर पर एक या अधिक ग्राम न्यायालय का गठन कर सकेगी।

जिन राज्यों में पंचायत समिति का मध्यम स्तर नहीं है, वहाँ पर ग्राम पंचायत के समूहों के लिए उसके समकक्ष ग्राम न्यायालय स्थापित कर सकेगी।

मुख्यालय—'ग्राम न्यायालय' का मुख्यालय पंचायत समिति के मुख्यालय में होगा या फिर वहाँ बनाया जा सकता है, जहाँ राज्य सरकार निर्देशित करे।

न्यायाधिकारी—प्रत्येक ग्राम न्यायालय के लिए राज्य सरकार उच्च न्यायालय के परामर्श से एक न्यायाधिकारी नियुक्त करेगी एवं ऐसा न्यायाधिकारी प्रथम श्रेणी के न्यायाधीश नियुक्त होने के योग्य होना चाहिए।

न्यायाधिकारी की नियुक्ति में अनुसूचित जाति, जनजाति, महिलाओं एवं ऐसे अन्य वर्गों तथा समुदायों को जिनका राज्य सरकार समय-समय पर अधिसूचना में उल्लेख करे, पर्याप्त प्रतिनिधित्व दिया जाएगा।

वेतन-भत्ते—न्यायाधिकारी के वेतन-भत्ते एवं सेवाकाल तथा शर्तें प्रथम श्रेणी के न्यायाधीश के समान होंगी।

ग्राम न्यायालय की शक्तियाँ—ग्राम न्यायालय को दीवानी न्यायालय की सभी शक्तियाँ प्राप्त हैं।

ग्राम न्यायालय को ऐसे आपराधिक दीवानी मामले, दावों एवं विवादों को स्वीकार करने का अधिकार है, जिसमें मृत्युदंड, आजीवन कारावास एवं दो वर्ष से अधिक की सजा का प्रावधान न हो।

चोरी एवं संपत्ति संबंधी मामले ग्राम न्यायालय में स्वीकार किए जा सकते हैं।

न्यायाधिकारी अपने अधिकार-क्षेत्र में आनेवाले गाँवों का भ्रमण करते हैं, जनता की समस्याओं से अवगत होते हैं और उन्हें न्याय दिलाने की कोशिश करते हैं।

स्पष्ट है कि ग्राम न्यायालयों की स्थापना से दूर-दूर बसे गाँव के ग्रामीणों को न्याय प्राप्त हो सकेगा। ग्राम न्यायालय न्यायिक व्यवस्था के विकेंद्रीकरण को सशक्त बना रहा है।

अधीनस्थ न्यायालय

संविधान के भाग-6, अध्याय-6 में अनुच्छेद-233 से लेकर 237 तक में अधीनस्थ न्यायालयों (Subordinate Courts) का वर्णन मिलता है—

अनुच्छेद-233 : जिला न्यायाधीशों की नियुक्ति—

(1) किसी राज्य में जिला न्यायाधीश (District Judges) नियुक्त होनेवाले व्यक्तियों की नियुक्ति तथा जिला न्यायाधीश की पदस्थापना और प्रोन्नति उस राज्य का राज्यपाल ऐसे राज्य के संबंध में अधिकारिता का प्रयोग करनेवाले उच्च न्यायालय से परामर्श करके करेगा।

(2) वह व्यक्ति जो संघ की या राज्य की सेवा में पहले से नहीं है, जिला न्यायाधीश नियुक्त होने के लिए केवल तभी पात्र होगा, जब वह कम-से-कम सात वर्ष तक अधिवक्ता का प्लीडर रहा है और उसकी नियुक्ति के लिए उच्च न्यायालय ने सिफारिश की है।

अनुच्छेद-233क : कुछ जिला न्यायाधीशों की नियुक्तियों का और उनके द्वारा किए गए निर्णयों आदि का विधि मान्यकरण।

अनुच्छेद-234 : न्यायिक सेवा में जिला न्यायाधीशों से भिन्न व्यक्तियों की भर्ती।

अनुच्छेद-235 : अधीनस्थ न्यायालयों पर नियंत्रण, उच्च न्यायालय में निहित होगा।

अनुच्छेद-236 : निर्वचन (Interpretation)—इस अध्याय में—

(क) जिला न्यायाधीश पद के अंतर्गत नगर सिविल न्यायालय का न्यायाधीश, अपर जिला न्यायाधीश (Additional District Judge) संयुक्त जिला न्यायाधीश, सहायक जिला न्यायाधीश, लघुवाद न्यायालय का मुख्य न्यायाधीश (Chief Judge of Small Cause Court), मुख्य

प्रेसीडेंसी मजिस्ट्रेट, अपर मुख्य प्रेसीडेंसी मजिस्ट्रेट, सेशन न्यायाधीश, अपर सेशन न्यायाधीश और सहायक सेशन न्यायाधीश हैं।

(ख) 'न्यायिक सेवा' पद से ऐसी सेवा अभिप्रेत है, जो अनन्यत: ऐसे व्यक्तियों से मिलकर बनी है, जिनके द्वारा जिला न्यायाधीश के पद का और जिला न्यायाधीश के पद से अन्य सिविल न्यायिक पदों का भरा जाना आशान्वित है।

अनुच्छेद-237 : कुछ वर्गों या वर्गों के मजिस्ट्रेटों पर इस अध्याय के उपबंधों का लागू होना—

राज्यपाल लोक अधिसूचना द्वारा निर्देश दे सकेगा कि इस अध्याय के पूर्वगामी उपबंध और उनके अधीन बनाए गए नियम ऐसी तारीख से, जो वह इस निमित्त नियत करे, ऐसे अपवादों और अवांतरणों के अधीन रहते हुए, जो ऐसी अधिसूचना में विनिर्दिष्ट किए जाएँ, राज्य में किसी वर्ग या वर्गों के मजिस्ट्रेटों के संबंध में वैसे ही लागू होंगे, जैसे वे राज्य की न्यायिक सेवा में नियुक्त व्यक्तियों के संबंध में लागू होते हैं।

□

7

न्यायपालिका पर उठते प्रश्न

अध्याय के मुख्य बिंदु

(1) न्यायपालिका की प्रतिष्ठा पर आँच
(2) सर्वोच्च न्यायालय के पूर्व मुख्य न्यायाधीश वाई.के. सब्बरवाल पर गंभीर आरोप
(3) जजों की कोई जवाबदेही नहीं
(4) देश के आठ प्रधान न्यायाधीश भ्रष्ट थे—पूर्व कानून मंत्री
(5) सुप्रीम कोर्ट द्वारा इलाहाबाद न्यायालय की तल्ख टिप्पणी
(6) वकीलों के चेतने का समय
(7) न्यायपालिका को नसीहत—प्रधानमंत्री मनमोहन सिंह
(8) न्यायपालिका भी दूध की धुली नहीं—सुप्रीम कोर्ट

न्यायपालिका की प्रतिष्ठा पर आँच (दैनिक जागरण, 12 जुलाई, 2008)

गाजियाबाद के भविष्य निधि घोटाले ने एक बार फिर से न्यायपालिका की प्रतिष्ठा दाँव पर लगा दी है। उत्तर प्रदेश पुलिस ने इस घोटाले के परदाफाश में जो तथ्य इकट्‌ठे किए, उनसे पता चलता है कि घोटालेबाजों ने लगभग 30 जजों को फायदा पहुँचाया है। इस घोटाले में अब तक गाजियाबाद अदालत में 40 कर्मचारी गिरफ्तार हो चुके हैं, जिन्होंने कर्मचारियों की भविष्य निधि का पैसा निकालकर खा डाला। इनमें कुछ जज हाई कोर्ट के हैं, एक जज सर्वोच्च न्यायालय का भी है।

भारत के मुख्य न्यायाधीश के.जी. बालकृष्णन् ने एक फैसले में यह तय किया कि इन जजों से सवाल-जवाब किया जाएगा, करोड़ों रुपए के घोटाले में करीब 80 जजों से पूछताछ होगी।

भविष्य निधि घोटाला न्यायपालिका की छवि पर बट्टा लगानेवाला ताजा मामला है। इसके पहले भी ऐसे मामले सामने आते रहे हैं। यह सामान्य बात नहीं कि पिछले पाँच साल में दर्जनों ऐसे मामले सामने आए हैं, जिनसे उच्च न्यायपालिका पर संदेह गहराया है। यह निराशाजनक है कि पूर्व मुख्य न्यायधीश वाई.के. सब्बरवाल द्वारा पद पर रहते हुए अपने बेटों को लाभ दिलाने और नोएडा प्लॉट आवंटन में फायदा लेने का विवाद अभी थमा भी नहीं था कि जजों के खिलाफ यह एक नया मामला सामने आया। 2007 में मुख्य न्यायाधीश के.जी. बालकृष्णन ने दो महत्त्वपूर्ण बातें कही थीं—

(1) न्यायपालिका में भ्रष्टाचार समाप्त करने के बारे में ठोस कदम उठाने की जरूरत है।

(2) न्यायपालिका की सीमाओं का उल्लेख किया था कि उसे कार्यपालिका या सरकार के काम में हस्तक्षेप का कितना अधिकार है?

मुख्य न्यायाधीश ने अहमदाबाद उच्च न्यायालय के एक जज के खिलाफ भ्रष्टाचार का मामला उठाते हुए सिक्किम तबादला करने का निर्णय लिया। मुख्य न्यायाधीश को उच्च न्यायालयों के ऐसे जजों के खिलाफ भ्रष्टाचार की इतनी शिकायतें मिलती रहीं कि उनका दु:खी होना स्वाभाविक था। प्राय: सभी राज्यों के उच्च न्यायालय के कुछ-कुछ जजों के खिलाफ शिकायतें मिलती रहीं। दिल्ली उच्च न्यायालय के एक जज तो भ्रष्टाचार के मामले में गिरफ्तार हुए।

सर्वोच्च न्यायालय के लिए यह बहुत जरूरी हो जाता है कि कम-से-कम वह उच्च न्यायालयों में तो भ्रष्ट और अनैतिक जजों के खिलाफ काररवाई शुरू करे। इस मामले में सरकार ने सुझाव दिया कि न्याय परिषद् बनाकर जजों के खिलाफ शिकायतों की सुनवाई की जाए।

एक सुझाव यह भी दिया गया कि ऐसे जज, जिनके बेटे वकालत करते हों, उनके बारे में भी कुछ आचार संहिता बननी चाहिए। इसी तरह जो वकील जज बनता है, उसे उस प्रदेश के हाई कोर्ट में नहीं रहना चाहिए, जहाँ वह वकालत करता था।

जिस जज का बेटा वकालत करता है, वह उस हाई कोर्ट में प्रेक्टिस नहीं कर सकता है, जहाँ उसका पिता तैनात है।

सर्वोच्च न्यायालय के पूर्व मुख्य न्यायाधीश वाई.के. सब्बरवाल पर गंभीर आरोप (दैनिक जागरण, जून 2004)

भारत के मुख्य न्यायाधीश का पद एक अति महत्त्वपूर्ण पद है और उस पद पर बैठे व्यक्ति से यह आशा की जाती है कि वह निजी लाभ के लिए पद का दुरुपयोग नहीं करेगा। उससे यह आशा की जाती है कि वह सबके साथ न्याय करेगा। यदि वह अपने या अपने परिजनों के लाभ के लिए दूसरों के साथ अन्याय करता है तो इससे ज्यादा गलत बात और कुछ नहीं हो सकती है।

यदि देश के मुख्य न्यायाधीश की अदालत से किसी को न्याय नहीं मिलता तो फिर उसे पूरे देश में कोई भी न्याय नहीं दिला सकता। इसलिए इस पद पर बैठे मुख्य न्यायाधीश की जिम्मेदारी बहुत अधिक बढ़ जाती है।

पूर्व कानून मंत्री शांतिभूषण के बेटे प्रशांत भूषण ने सब्बरवाल के खिलाफ तमाम वकीलों की मदद से भ्रष्टाचार का पुलिंदा तैयार किया तथा सारे सबूत भी जुटाए, सारे आरोप भ्रष्टाचार से संबंधित थे। उन्होंने केंद्रीय सतर्कता आयोग में शिकायत की है। यदि इस मामले को दबा दिया जाता है या इसकी जाँच नहीं कराई जाती तो इससे एक गलत संदेश पूरे देश में जाएगा।

पूर्व मुख्य न्यायाधीश सब्बरवाल पर लगाए गए गंभीर आरोप—(1) सब्बरवाल पर आरोप है कि उनके परिजनों ने नोएडा में कौड़ियों के दाम पर उत्तर प्रदेश सरकार से प्लाट आवंटित करवाए। जब इलाहाबाद हाई कोर्ट ने नोएडा प्लाट आवंटन घोटाले की जाँच का आदेश दिया तो सुप्रीम कोर्ट ने उसे रोक दिया। उस समय सब्बरवाल ही देश के मुख्य न्यायाधीश थे।

दूसरा आरोप यह लगाया गया कि दिल्ली में लोगों के घर और दुकानों को बंद करवाया, जिससे बड़े-बड़े शॉपिंग मॉल वालों को लाभ मिल सके। चूँकि उनके बेटे इन बड़े-बड़े शॉपिंग मॉल में पार्टनर थे, इसलिए उन पर आरोप है कि उन्होंने सीडी के जरिए कहर बरपाया, जिनकी कई वर्षों से चल रही दुकानें या व्यापार तहस-नहस किए गए, उन्हें किसी तरह अपील करने का अधिकार भी नहीं मिला।

तीसरा आरोप यह है कि उनके बेटों ने मुख्य न्यायाधीश होने के दौरान दिल्ली के पॉश इलाकों में बहुत महँगी कोठियाँ खरीदीं। सवाल यह है कि इतना पैसा उनके पास कहाँ से और कैसे आया? उन पर आय से अधिक संपत्ति अर्जित करने

का मामला चलाने की माँग की गई। सब्बरवाल पर यह भी आरोप है कि भारत के मुख्य न्यायाधीश के सरकारी बँगले से उनके बेटे अपना व्यापार चलाते थे, जो पूरी तौर पर नियमों के विरुद्ध था।

स्पष्ट है, देश के पूर्व मुख्य न्यायाधीश पर भ्रष्टाचार के गंभीर आरोप लगे हैं, जिसकी जाँच अवश्य होनी चाहिए।

जजों की कोई जवाबदेही नहीं

पूर्व कानून मंत्री अरुण जेटली ने न्यायपालिका के बारे में काफी कड़ी बातें कही थीं। उनका कहना था कि इस देश में राजनेताओं की तो जवाबदेही है, उन्हें सजा भी मिल जाती है, लेकिन जजों की कोई जवाबदेही नहीं है।

यदि कोई व्यक्ति जज बन जाता है तो उसके खिलाफ कुछ भी नहीं होता। महाभियोग का प्रावधान इतना जटिल है कि आज तक किसी जज को सजा नहीं मिल पाई है, जस्टिस रामास्वामी के खिलाफ प्रथम महाभियोग 1993 में लगाया गया। लोकसभा में जब मतदान किया गया तो 196 सदस्यों ने प्रस्ताव के पक्ष तथा कांग्रेस एवं उसके सहयोगी दलों से संबंधित 205 सदस्य मतदान से अनुपस्थित रहे। स्पष्ट था कि कांग्रेस एवं सहयोगी दलों ने जस्टिस रामास्वामी को बच निकलने दिया। आए दिन जजों के बारे में तरह–तरह की शिकायतें मिलती रहती हैं, न्यायपालिका, सरकार तथा इस देश के लोगों को सोचना होगा कि जजों की जवाबदेही कैसे तय हो, गलत आचरण तथा भ्रष्टाचार करने पर उनको दंड कैसे मिले?

अरुण जेटली का यह भी कहना था कि यदि कोई नेता कुछ भी कहे या करे तो सबसे पहले मीडिया उसके पीछे पड़ जाता है। मीडिया उसका पूरा ट्रायल करके समाज में उसकी छवि ध्वस्त कर देता है। इसके बाद सरकारी एजेंसियाँ और न्यायपालिका उसके पीछे पड़ जाती हैं और उसे सजा देकर घर में बिठा देती हैं। लेकिन एक जज के लिए ऐसा कुछ भी नहीं होता। जजों पर मीडिया हमला करने से कतराता है, सरकारी एजेंसियाँ झिझकती हैं। आखिर न्यायपालिका अपने लोगों, यानी जजों के पीछे क्यों पड़ेगी? जजों को जनता से वोट माँगने की भी जरूरत नहीं है। ऐसे हालात में गड़बड़ किस्म के जज बीस वर्ष तक बैठे रहते हैं और उनका कुछ भी नहीं बिगड़ता। अत: जजों की जवाबदेही सुनिश्चित करने के लिए संसद् कानून बनाए।

न्यायपालिका भी दूध की धुली नहीं—सुप्रीम कोर्ट (दैनिक जागरण, अमर उजाला, 17 जनवरी, 2011)

विवेकाधीन शक्तियों के दुरुपयोग पर सुप्रीम कोर्ट ने 16 जनवरी, 2011 को राजनीतिज्ञों और नौकरशाहों के साथ-साथ न्यायपालिका को भी आड़े हाथों लिया। सुप्रीम कोर्ट ने कहा कि न्यायपालिका भी दूध की धुली हुई नहीं है। शीर्ष न्यायालय का कहना था कि शक्तियों के दुरुपयोग की बदतर स्थिति आपातकाल के दौरान हुई, जब न्यायपालिका ने सरकार के कई गैर-कानूनी कदमों पर अपनी मुहर लगाई थी, जिसमें 1976 ई. में मौलिक अधिकारों को निलंबित करने के तत्कालीन इंदिरा गांधी सरकार के फैसले को पाँच सदस्यीय संविधान पीठ द्वारा बरकरार रखना शामिल था।

पीठ ने यह टिप्पणी तब की, जब वरिष्ठ अधिवक्ता तथा पूर्व केंद्रीय मंत्री रविशंकर प्रसाद ने दलील दी कि सुप्रीम कोर्ट सहित सभी लोकतांत्रिक संस्थानों के मूल्यों में पतन हुआ है। जब पीठ ने सरकारी अधिकारियों द्वारा विवेकाधीन अधिकारों का दुरुपयोग करने पर नाराजगी जाहिर की। तब रविशंकर ने कहा, ''आज का शीर्ष न्यायालय वैसा नहीं है, जैसा 50 वर्ष पहले था।'' पीठ ने रविशंकर प्रसाद और रणजीत कुमार के इन विचारों पर सहमति जताई कि देश में न्यायपालिका सहित लोकतंत्र के सभी स्तंभों के नैतिक मूल्यों में पतन हुआ है। पीठ ने कहा, ''आज कानून का पालन करनेवाला आम आदमी खुद को 'मूर्ख' महसूस करता है, क्योंकि नौकरशाह मंत्री, सांसद और विधायक विवेकाधीन अधिकारों का धड़ल्ले से दुरुपयोग कर रहे हैं। कोर्ट मध्य प्रदेश सरकार द्वारा भोपाल में कुशा भाई ठाकरे ट्रेनिंग इंस्टीट्यूट को 2006 में भोपाल स्थित बेशकीमती 39 एकड़ भूमि आवंटन के खिलाफ दायर जनहित याचिका पर सुनवाई करा रहा था। कोर्ट इस मामले में अधिकारियों के रवैए से भी नाखुश था। कोर्ट उस पत्र को पेश नहीं करने से नाराज था, जिसे भाजपा नेतृत्व की ओर से भूमि आवंटन के संबंध में मध्य प्रदेश के तत्कालीन नगर विकास मंत्री को लिखा गया था। कोर्ट ने कहा था कि नौकरशाह बड़े कलाकार होते हैं, वे हुक्मरानों को खुश रखने में उस्ताद हैं।

न्यायपालिका को नसीहत : प्रधानमंत्री मनमोहन सिंह (दैनिक जागरण, 12 फरवरी, 2011)

पूर्व प्रधानमंत्री न्यायिक सक्रियता से खासे परेशान थे। उन्होंने राष्ट्रमंडल विधि सम्मेलन में जुटे 53 देशों के 800 प्रतिनिधियों के सामने न्यायपालिका को हद में रहने की सलाह दी कि न्यायिक समीक्षा के अधिकार का प्रयोग देश के दूसरे विभागों को मिली संवैधानिक जिम्मेदारियों को कमजोर करने के लिए नहीं होना चाहिए। प्रधानमंत्री की मानें तो न्यायालय कार्यपालिका के संवैधानिक अधिकारों में दखल दे रहे थे।

पूर्व प्रधानमंत्री सर्वोच्च न्यायालय द्वारा समय-समय पर की गई टिप्पणियों से खासे नाराज थे। दागी मुख्य सतर्कता आयुक्त की नियुक्ति, 2जी भ्रष्टाचार की न्यायिक काररवाई, विदेशी बैंकों में जमा काले धन के मसले पर कोर्ट की काररवाई, गोदामों में सड़ते खाद्यान्न को गरीबों में बाँटने के न्यायिक निर्देश आदि।

सुप्रीम कोर्ट के न्यायमूर्ति ए.के. गांगुली ने विलासराव देशमुख को सर्वोच्च न्यायपीठ द्वारा निंदित किए जाने के बावजूद केंद्रीय मंत्री बनाए जाने को बेशर्मी बताया। कोर्ट ने अनेक मौकों पर केंद्र की कान खिंचाई की है।

न्यायपालिका को नसीहत देना उचित नहीं जान पड़ता है। पूर्व प्रधानमंत्री से देश की जनता जानना चाहती थी—

(1) करोड़ों रुपए के 2जी स्पेक्ट्रम घोटाले पर आप क्यों मौन रहे। कोर्ट ने संवैधानिक दायित्व निभाया तो भी आप निष्क्रिय क्यों हैं?

(2) गरीब भूखे मरे, आत्महत्या करे, अनाज सड़ता रहे, कोर्ट ने निर्देश दिए तो भी आपकी सरकार क्यों निष्क्रिय रही?

(3) केंद्रीय सतर्कता आयुक्त, संसद् सदस्यों के आपराधिक चरित्र का हवाला दे रहे हैं, कोर्ट प्रश्न, प्रतिप्रश्न पूछ रहा है, बावजूद इसके उन्हें केंद्र का संरक्षण क्यों है?

(4) काले धन के सवाल पर केंद्र की निष्क्रियता का मूल कारण क्या है? सुप्रीम कोर्ट ने विदेशी बैंकों में जमा धन को लूट बताया।

(5) न्यायालय ने बँगलादेशी घुसपैठ को भारत पर आक्रमण बताया था, सरकार चुप है।

बड़े आश्चर्य की बात थी कि आखिकार मनमोहन सिंह की सरकार अपने संवैधानिक दायित्व का निर्वहन क्यों नहीं की ? आर्थिक अवसरों के समान वितरण की जिम्मेदारी में सर्व शक्तिमान और विद्वान् अर्थशास्त्री होने के बावजूद आप क्यों विफल रहे ?

भारत में संविधान सर्वोच्च है, वही शिखर सत्ता है। सर्वोच्च न्यायालय इसी सर्वोच्चता का निगरानीकर्ता व संरक्षक है। देश की सभी संवैधानिक संस्थाओं का कामकाज देखनेवाले संरक्षक व निगरानीकर्ता के रूप में उसकी प्रतिष्ठा है।

भारतीय संसद् बेशक सर्वसत्ता संपन्न है। वह कानून बनाती है, बजट पारित करती है, सरकार को जवाबदेह बनाती है, संविधान में संशोधन भी करती है; लेकिन व्यवहार में सारा कार्य 'बहुमत दल' करता है।

तमाम घोटालों पर अब तक संसद् में क्या हुआ ?

सुप्रीम कोर्ट के द्वारा इलाहाबाद उच्च न्यायालय की तल्ख टिप्पणी (3 दिसंबर, 2010)

सुप्रीम कोर्ट के द्वारा इलाहाबाद उच्च न्यायालय के कामकाज के बारे में की गई प्रतिकूल टिप्पणी से हाई कोर्ट के न्यायाधीश आहत हुए। 26 नवंबर, 2009 को सुप्रीम कोर्ट की पीठ इलाहाबाद उच्च न्यायालय के एकल पीठ के उस आदेश को निरस्त करते हुए आग बबूला हो गई, जिसमें हाई कोर्ट ने बहराइच के वक्फ बोर्ड से कहा था कि वह इस साल मई-जून में होनेवाले वार्षिक मेले के दौरान अपनी भूमि का एक हिस्सा सर्कस मालिक को अपना शो दिखाने के लिए अस्थायी तौर पर आवंटित कर दे। इसी दौरान तल्ख टिप्पणी करते हुए सुप्रीम कोर्ट के न्यायमूर्ति मार्कंडेय काटजू और न्यायमूर्ति ज्ञानसुधा मिश्र की पीठ ने कहा था कि शेक्सपीयर ने 'हेलमेट' में कहा था, डेनमार्क में कुछ गड़बड़ है। उच्च न्यायालय में वाकई कुछ साफ-सफाई करने की जरूरत है। अदालत ने यह भी कहा था कि हाई कोर्ट के कुछ न्यायाधीश 'अंकल जज' सिंड्रोम से ग्रस्त हैं। यानी न्यायाधीश उन पक्षों के अनुकूल आदेश पारित कर रहे हैं, जिनका प्रतिनिधित्व उनके जान-पहचान वाले वकील कर रहे हैं। पीठ का यह भी कहना था कि कुछ न्यायाधीश के बच्चे और सगे-संबंधी उसी न्यायालय में वकालत कर रहे हैं और वकालत शुरू करने के कुछ ही वर्षों के भीतर उनके बेटे और

रिश्तेदार लखपति एवं करोड़पति बन जाते हैं।

प्रतिकूल टिप्पणी से इलाहाबाद उच्च न्यायालय के न्यायाधीशों ने कहा कि हाई कोर्ट में कोई सड़ाँध नहीं है। सर्वोच्च न्यायालय की पीठ ने हाई कोर्ट के कुछ न्यायाधीशों की ईमानदारी पर गंभीर सवाल उठाते हुए मुख्य न्यायाधीश से ऐसे जजों के स्थानांतरण जैसे सख्त कदम उठाने को भी कहा था।

देश के आठ प्रधान न्यायाधीश भ्रष्ट थे : पूर्व कानून मंत्री (17 सितंबर, 2010, दैनिक जागरण)

पूर्व केंद्रीय कानून मंत्री शांति भूषण ने सुप्रीम कोर्ट से कहा कि देश के 16 प्रधान न्यायाधीशों (उच्च न्यायालय) में से कम-से-कम आठ निश्चित रूप से भ्रष्ट थे। वरिष्ठ वकील शांति भूषण ने दायर किए गए हलफनामे में कहा कि 6 प्रधान न्यायाधीश निश्चित रूप से ईमानदार थे। दो न्यायाधीशों पर कोई टिप्पणी नहीं की। शांति भूषण ने सीलबंद लिफाफे में भ्रष्ट और ईमानदार प्रधान न्यायाधीशों की पहचान बताई है। यह हलफनामा उन्होंने वकील बेटे प्रशांत भूषण के खिलाफ अवमानना की सुनवाई कर रहे न्यायाधीशों के विचार के लिए दाखिल किया है। प्रशांत भूषण को एक मामले में अवमानना का सामना करना पड़ रहा था। प्रशांत ने कहा था कि प्रधान न्यायाधीश एस.एच. कपाड़िया ने वन खंडपीठ में शामिल होकर अनुचित व्यवहार किया है। उस खंडपीठ ने स्टरलाइट इंडस्ट्रीज से जुड़े मामले की सुनवाई की थी। प्रशांत ने यह बात एक साक्षात्कार में कही थी और उस वक्त कपाड़िया सर्वोच्च न्यायालय में वरिष्ठ न्यायाधीश थे।

शांति भूषण ने अपने हलफनामे में कहा था कि दो पूर्व प्रधान न्यायाधीशों ने उनसे व्यक्तिगत तौर पर कहा था कि उनके ठीक पहले और ठीक बाद के न्यायाधीश भ्रष्ट थे। उन चार प्रधान न्यायाधीशों के नाम आठ भ्रष्ट न्यायाधीशों की सूची में शामिल किए गए हैं।

शांति भूषण ने कहा कि एक समय था, जब हम हाई कोर्ट और सुप्रीम कोर्ट के न्यायाधीशों के भ्रष्ट होने के बारे में सोच भी नहीं सकते थे, लेकिन पिछले दो-तीन दशकों में स्थिति काफी बदल गई। हालत यह है कि प्रधान न्यायाधीश ने खुद स्वीकार किया है कि 20 फीसदी न्यायाधीश भ्रष्ट हो सकते हैं। उन्होंने अपने हलफनामे में गुजरात हाई कोर्ट के मुख्य न्यायाधीश एस.जे. मुखोपाध्याय की

टिप्पणी का भी उल्लेख किया, जिसमें उन्होंने कहा था—'हमारे न्यायतंत्र में किसी को भी खरीदा जा सकता है।'

वकीलों को चेतने का समय (29 मई, 2011, दैनिक जागरण)

केंद्रीय जाँच ब्यूरो द्वारा 28 मई, 2011 को लखनऊ में दो वकीलों की गिरफ्तारी और उन्हें रिमांड पर लेने तथा लगभग एक सौ ऐसे दागी वकीलों की निगरानी किए जाने की सूचना सामने आने के बाद अधिवक्ता समाज और विशेष रूप से अधिवक्ता संघों को चेत जाना चाहिए। उन्हें न केवल यह स्वीकार करना चाहिए कि उनके बीच ऐसे लोग भी आ गए हैं, जो वकालत के पेशे की आड़ में अवैध गतिविधियों में लिप्त हैं, बल्कि ऐसे प्रयास भी करने चाहिए, जिससे भविष्य में ऐसे तत्त्व उनके बीच न आ सकें, जो इस पेशे की बदनामी का कारण बनें।

चिंता की बात यह है कि जो वकील सी.बी.आई. जाँच के घेरे में हैं, उनके खिलाफ हत्या का प्रयास, लूट, डकैती, सरकारी कार्य में बाधा डालने, मारपीट और अभिलेखों की कूट रचना जैसे मामले शामिल हैं। आशंका इस बात की भी है कि जिस तरह लखनऊ में एक बड़ी संख्या में वकील संदेह के घेरे में हैं, उसी तरह अन्य जिलों में भी ऐसे वकीलों की अच्छी-खासी संख्या हो सकती है। उचित तो यही होगा कि अधिवक्ता समुदाय ऐसे वकीलों को वकालत के पेशे से दूर रखने के लिए स्वयं आगे आए।

□

8

सर्वोच्च न्यायालय के निर्णय/निर्देश

- वेंकटरमन बनाम मद्रास राज्य के मुकदमे में सर्वोच्च न्यायालय ने मद्रास (चेन्नई) सरकार की 1951 की सांप्रदायिक राजाज्ञा को इस आधार पर अवैध घोषित किया कि वह समानता के अधिकार के विरुद्ध थी।
- **गोलकनाथ मुकदमा**—27 फरवरी, 1967 को सर्वोच्च न्यायालय ने गोलकनाथ मुकदमे में बहुत से अपने पुराने निर्णयों को गलत बताते हुए घोषित किया कि संसद् को संविधान द्वारा प्रत्याभूत मौलिक अधिकारों को संशोधित करने का अधिकार नहीं है।
- मुख्य न्यायाधीश सुब्बा राव ने इस बात पर जोर दिया कि संविधान सर्वोच्च है और संविधान द्वारा निर्मित अन्य पदाधिकारियों को संविधान के अनुसार ही चलना होगा। मौलिक अधिकारों को संसद् की पहुँच से बाहर रखा गया।
- शंकरी प्रसाद बनाम भारत सरकार 1952 के मुकदमे में सर्वोच्च न्यायालय ने सर्वसम्मति से निर्णय दिया था कि संसद् संविधान के प्रत्येक भाग और मौलिक अधिकारों में भी संशोधन कर सकती है।
- सज्जन सिंह बनाम राजस्थान राज्य 1965 में भी सर्वोच्च न्यायालय ने यह निर्णय दिया था कि संसद् मौलिक अधिकारों में संशोधन कर सकती है। गोलकनाथ अभियोग द्वारा सर्वोच्च न्यायालय ने एक सिद्धांत को जन्म दिया, जिसके अनुसार न्यायपालिका की सत्ता को उच्च स्वीकार किया गया।
- केशवानंद भारती के मुकदमे में निर्णय देते हुए सर्वोच्च न्यायालय ने कहा कि संसद् मौलिक अधिकारों में परिवर्तन कर सकती है, पर संविधान के मौलिक ढाँचे में परिवर्तन नहीं कर सकती।

- **मिनरवा मिल्स केश**—9 मई, 1980 को सर्वोच्च न्यायालय ने मिनरवा मिल्स बनाम भारत संघ के मुकदमे में महत्त्वपूर्ण निर्णय में 42वें संशोधन अधिनियम 1976 के उस खंड को रद्द कर दिया, जिसमें संसद् को संविधान संशोधन के असीमित अधिकार दिए गए थे।
- सर्वोच्च न्यायालय ने 42वें संशोधन के अधीन संशोधित संविधान के अनुच्छेद 31C को भी रद्द कर दिया। रद्द किए अनुच्छेद में मौलिक अधिकारों पर निर्देशक सिद्धांतों को वरीयता दी गई थी।
- मई 1980 में सर्वोच्च न्यायालय ने एक अन्य मुकदमे की जाँच करते हुए यह फैसला दिया कि मौत की सजा संवैधानिक है। न्यायालय ने फैसला दिया कि भारतीय दंड संहिता (Indian Penal Code) में मौत की सजा की व्यवस्था संविधान के अनुच्छेद 14, 19 और 31 का न तो उल्लंघन करती है, न ही यह संविधान के मूल ढाँचे के विरुद्ध है।
- **नागरिकों की स्वतंत्रता की रक्षा**—संसद् ने 1968 में स्वर्ण नियंत्रण अधिनियम (Gold Central Act, 1968) पास किया। कुछ व्यक्तियों ने अनुच्छेद-32 के अंतर्गत सर्वोच्च न्यायालय में याचिकाएँ पेश कीं। 30 अप्रैल, 1968 को सर्वोच्च न्यायालय ने अपने निर्णय द्वारा इस ऐक्ट की अनेक धाराओं को अवैध घोषित किया, क्योंकि इन धाराओं के कारण नागरिकों के व्यापार करने के अधिकार पर अनुचित प्रतिबंध लगते थे।
- सर्वोच्च न्यायालय ने बैंकों के राष्ट्रीयकरण अधिनियम, 1969 को इस आधार पर अवैध घोषित किया कि यह अधिनियम अनुच्छेद-19(1) तथा 31 का उल्लंघन करता है।
- 13 दिसंबर, 1970 को सर्वोच्च न्यायालय ने राजाओं आदि के प्रिवी पर्स (Privy Purses) तथा अन्य विशेषाधिकारों को समाप्त करने के राष्ट्रपति के आदेश को भी अवैध घोषित किया।
- स्टेट ऑफ बॉम्बे बनाम एजुकेशन सोसाइटी के मुकदमे में सर्वोच्च न्यायालय ने अल्पसंख्यकों के भाषाई और धार्मिक अधिकारों को स्वीकार किया।
- ब्रजभूषण बनाम दिल्ली राज्य के विवाद में सर्वोच्च न्यायालय ने प्रेस कॉन्फ्रेंस में स्वतंत्रता का समर्थन किया और कहा कि सामान्य शांतिकालीन स्थिति में प्रेस को नियंत्रित करना अनुचित है।

- **मंडल आयोग की सिफारिश वैध**—सर्वोच्च न्यायालय ने 19 नवंबर, 1992 को ऐतिहासिक निर्णय देते हुए मंडल आयोग की सिफारिशों पर राष्ट्रीय मोर्चा सरकार के उस आदेश को वैध घोषित किया, जिसके अनुसार सरकारी नौकरियों में पिछड़े वर्ग के लोगों के लिए 27 प्रतिशत आरक्षण की व्यवस्था थी। सर्वोच्च न्यायालय ने यह निर्णय भी दिया कि पिछड़े वर्ग में सामाजिक और शैक्षणिक रूप से अग्रणी लोगों को आरक्षण का लाभ नहीं मिलेगा। सर्वोच्च न्यायालय ने यह भी निर्णय दिया कि आरक्षण 50 प्रतिशत से अधिक नहीं हो सकता, साथ ही प्रमोशन में आरक्षण नहीं होगा।
- सर्वोच्च न्यायालय ने मार्च 1997 में दिए गए अपने महत्त्वपूर्ण निर्णय में कहा कि सर्वोच्च न्यायालय तथा उच्च न्यायालयों को संविधान के अनुच्छेद-32,226 तथा 227 के अंतर्गत न्यायिक पुनर्निरीक्षण की जो शक्ति प्राप्त है, वह संविधान के मूलभूत ढाँचे का अंग है और संसद् संविधान में संशोधन करके इसे बदल नहीं सकती।
- सर्वोच्च न्यायालय ने अल्पसंख्यक शब्द के बारे में व्यवस्था दी कि संविधान के प्रावधान के तहत भाषाई और धार्मिक अल्पसंख्यकों का निर्धारण देश की आबादी के आधार पर नहीं, बल्कि संबंधित राज्य में उनकी आबादी के आधार पर किया जाएगा।

  संविधान पीठ ने स्पष्ट किया कि गैर-सहायता प्राप्त अल्पसंख्यकों के शिक्षण संस्थानों पर राज्य सरकार का नियंत्रण नहीं रहेगा।

  संविधान पीठ ने कहा कि देश में राज्यों का पुनर्गठन भाषाई आधार पर किया गया था तथा अल्पसंख्यक वर्ग का निर्धारण करते समय संपूर्ण भारत को नहीं, बल्कि सिर्फ राज्य को ही इकाई माना जाए (अक्तूबर 2002)।
- **कावेरी जल विवाद (अक्तूबर 2002)**—सर्वोच्च न्यायालय के मुख्य न्यायाधीश न्यायमूर्ति बी.एन. किरनपाल न्यायमूर्ति के.जी. बालकृष्णन और न्यायमूर्ति अरिजित वसायत की खंडपीठ ने कर्नाटक को निर्देश दिया कि वह कावेरी नदी प्राधिकरण के आदेश को फौरन लागू करे और तमिलनाडु के लिए उसके मंटूर जलाशय वास्ते रोजाना नौ हजार क्यूसेक पानी छोड़े।

  प्राधिकरण ने 8 सितंबर, 2002 को कर्नाटक को यह आदेश दिया

था, लेकिन कर्नाटक सरकार ने इस पर अमल नहीं किया। नतीजतन तमिलनाडु की तरफ से सर्वोच्च न्यायालय में कर्नाटक के खिलाफ अवमानना की काररवाई शुरू करने की फरियाद की गई।

सर्वोच्च न्यायालय ने कर्नाटक सरकार को दोषी मानते हुए दंड देने की घोषणा की, किंतु दंड की घोषणा होने से पूर्व ही कर्नाटक के मुख्यमंत्री एस.एन. कृष्णा ने शीर्ष अदालत से बिना शर्त माफी माँग ली तथा कर्नाटक ने 27 अक्तूबर की रात से ही तमिलनाडु के लिए पानी छोड़ना शुरू किया।

- **मंदिर में पुजारी बनने के लिए ब्राह्मण होना जरूरी नहीं**—5 अक्तूबर, 2002 को सर्वोच्च न्यायालय ने दूरगामी महत्त्व के एक अत्यंत महत्त्वपूर्ण फैसले के तहत यह व्यवस्था दी कि मंदिर में पुजारी बनने के लिए ब्राह्मण होना आवश्यक नहीं है। कर्मकांड में दक्ष एवं धार्मिक अनुष्ठान कराने में सक्षम कोई गैर-ब्राह्मण भी मंदिर में पुजारी के रूप में नियुक्त किया जा सकता है।
- मार्च 2003 में सर्वोच्च न्यायालय ने एक ऐतिहासिक फैसले में निर्णय दिया कि **चुनाव लड़नेवाले प्रत्याशियों को नामांकन भरते समय अपने आपराधिक रिकॉर्ड आदि का विवरण प्रस्तुत करना अनिवार्य है।**
- 23 जुलाई, 2003 को सर्वोच्च न्यायालय ने एक ऐतिहासिक फैसले में देश में सभी धार्मिक समुदायों के लिए समान नागरिक संहिता (Common Civil Code) की आवश्यकता बताई तथा इस मामले में संसद् की चुप्पी के प्रति खेद व्यक्त किया।
- 30 जुलाई, 2003 को सर्वोच्च न्यायालय ने एक महत्त्वपूर्ण निर्णय देते हुए हरियाणा पंचायती राज संशोधन अधिनियम के उस प्रावधान को वैध करार दिया, जिसके तहत दो से अधिक संतान वालों को पंचायत चुनाव लड़ने से प्रतिबंधित किया गया था।
- सर्वोच्च न्यायालय ने व्यवस्था दी कि दूसरी शादी के मामले में एफ.आई.आर. दर्ज कराना ही बहुत है, न कि सबूत देने या आयोग की गवाही की।
- सर्वोच्च न्यायालय ने जनगणना में गृहिणियों को वेश्याओं, भिखारियों और कैदियों की श्रेणी में रखने पर केंद्र सरकार को फटकार लगाई।

- पश्चिम बंगाल बनाम अनवर अली मुकदमे में सर्वोच्च न्यायालय ने यह स्पष्ट शब्दों में कहा कि समान परिस्थितियों में सभी व्यक्तियों के साथ कानून का व्यवहार एक सा होना चाहिए।
- **राष्ट्रीय ध्वज**—24 जनवरी, 2004 को सर्वोच्च न्यायालय ने व्यवस्था दी कि भारत में नागरिकों द्वारा सम्मान तथा प्रतिष्ठा के साथ राष्ट्रीय ध्वज फहराना मौलिक अधिकार है। अनुच्छेद-19(1)(a)
- **ऋषिकेश प्रकरण**—सर्वोच्च न्यायालय ने देश के प्राचीन तीर्थस्थल ऋषिकेश में अंडों की बिक्री पर लगाए गए प्रतिबंध को उचित करार देते हुए कहा कि इस पाबंदी से किसी भी मौलिक अधिकार का हनन नहीं होता है।
- **गुजारा भत्ता**—अप्रैल 2004 में सर्वोच्च न्यायालय ने व्यवस्था दी कि किसी व्यक्ति की पत्नी और बच्चे गुजारा भत्ता से संबंधित याचिका किसी भी अदालत में दायर कर सकते हैं, लेकिन उनके माता-पिता को इस तरह की याचिका उसी अदालत में दायर करनी होगी, जिसके अधिकार क्षेत्र में उसका बेटा निवास करता है।
- **मातृभाषा**—31 मई, 2004 को सर्वोच्च न्यायालय ने अपने एक महत्त्वपूर्ण फैसले में यह व्यवस्था दी कि राज्य सरकार अल्पसंख्यकों के स्कूलों में भी मातृभाषा की पढ़ाई अनिवार्य कर सकती है। न्यायालय के अनुसार यदि सरकार स्कूली पाठ्यक्रम में राष्ट्र-भाषा की पढ़ाई को अनिवार्य करती है, तो इन्हें अपनी तरह से स्कूल संचालित करने के अल्पसंख्यक समुदाय के मूलभूत अधिकारों का उल्लंघन नहीं माना जा सकता है।
- **जैन समुदाय**—सर्वोच्च न्यायालय ने अपने एक निर्देश के तहत सितंबर 2004 में भारत सरकार को जैन समुदाय को अल्पसंख्यक घोषित किए जाने का निर्देश दिया। अदालत ने यह फैसला सुनाते हुए कहा कि राष्ट्रीय अल्पसंख्यक आयोग ने 3 अक्तूबर, 1994 को भारत सरकार से सिफारिश की थी कि जैन समुदाय को भी अल्पसंख्यक समुदाय घोषित किया जाए।

  कार्यक्रम के तहत अलग-अलग क्षेत्रों में चल न्यायालय लोगों के बीच जाकर मामलों की सुनवाई सप्ताह में चार दिन करेगा, जबकि दो दिन यह फिरोजपुर झिरका में नियमित न्यायालय की तरह काम करेगा।

चल न्यायालय सिविल व क्रिमिनल दोनों ही तरह के मामलों की सुनवाई करेगा।

- **सभी धर्मों के लिए विवाह पंजीकरण अनिवार्य**—25 अक्तूबर, 2007 को सर्वोच्च न्यायालय ने बाल विवाह, बहु विवाह और जबरन विवाह जैसी सामाजिक समस्याओं से निपटने के उद्देश्य से सभी धर्मों में विवाह पंजीकरण अनिवार्य करने का निर्देश सभी राज्यों को दिया। सर्वोच्च न्यायालय ने तीन माह के अंदर इस आदेश पर अमल करने का निर्देश भी राज्य सरकारों व केंद्रशासित प्रदेशों को दिया है।
- **हर आदमी बिकाऊ है, भ्रष्टाचार के संबंध में चिंतन**—17 नवंबर, 2003 को सुप्रीम कोर्ट ने जिंदगी के हर क्षेत्र में भ्रष्टाचार की जड़ें जमाने पर गहरी चिंता व्यक्त करते हुए कहा कि 'ऐसा लगता है कि हर आदमी बिकाऊ है।' न्यायाधीश दोराईस्वामी व न्यायाधीश अरिजित वसायत की पीठ ने भ्रष्टाचार के एक मामले में हाई कोर्ट द्वारा एक सरकारी अधिकारी को बरी किए जाने के फैसले को चुनौती देनेवाली आंध्र प्रदेश सरकार की याचिका पर सुनवाई के समय यह विचार व्यक्त किया।

  पीठ ने कहा कि भ्रष्टाचार निरोधक कानून अपने उद्देश्य की प्राप्ति में विफल हो गया है, क्योंकि इन कानूनों से भ्रष्टाचार के विस्तार पर किसी प्रकार का अंकुश नहीं लग रहा है।
- **पंजाब में सिख अल्पसंख्यक नहीं**—पंजाब व हरियाणा हाई कोर्ट ने 17 दिसंबर, 2007 को एक महत्त्वपूर्ण आदेश में शिरोमणि गुरुद्वारा प्रबंधक कमेटी (एस.जी.पी.सी.) के अधीन आनेवाले संस्थानों में सिखों के लिए 50 प्रतिशत आरक्षण संबंधी अधिसूचना को रद्द कर दिया। पंजाब व हरियाणा हाई कोर्ट के न्यायाधीश आदर्श कुमार गोयल एवं न्यायाधीश अजय लांबा की खंडपीठ ने अपने आदेश में सिखों के 50 प्रतिशत आरक्षण संबंधी अधिसूचना को रद्द करते हुए कहा कि हाई कोर्ट को यह नहीं लगता कि यह आदेश सिखों के मौलिक अधिकारों का उल्लंघन है तथा सिख पंजाब में अल्पसंख्यक हैं। हाई कोर्ट ने कहा कि सिखों के आरक्षण को लेकर पंजाब सरकार ऐसा कोई रिकॉर्ड पेश करने में असफल रही है, जिससे यह पुख्ता हो कि पंजाब में सिख अल्पसंख्यक हैं।

- **सर्वोच्च न्यायालय के अनुसार आरक्षण के तहत आरक्षण असंवैधानिक**—सर्वोच्च न्यायालय ने नवंबर 2004 में यह निर्णय दिया था कि संविधान के तहत अनुसूचित जातियों को प्रदत्त आरक्षण को विभिन्न उपवर्गों में विभाजित करके उन्हें अलग-अलग वर्गानुसार आरक्षण देना वैधानिक नहीं है। सर्वोच्च न्यायालय ने आंध्र प्रदेश उच्च न्यायालय के उस फैसले को रद्द कर दिया, जिसमें आंध्र प्रदेश विधानसभा द्वारा वर्ष 2000 में पारित उस विधेयक को वैध ठहराया गया था, जिसमें अनुसूचित जाति के लिए उपलब्ध आरक्षण को चार विभिन्न वर्गों में बाँट दिया गया था।
- **सिर्फ 240 दिन काम करने के आधार पर नौकरी पक्की करने का दावा नहीं किया जा सकता : सर्वोच्च न्यायालय**—25 दिसंबर, 2007 को सर्वोच्च न्यायालय ने कहा कि सिर्फ 240 दिन काम करने के आधार पर नौकरी पक्की करने का दावा नहीं किया जा सकता। 18 वर्ष पूर्व महबूब दीपक गजरौला नगर में बीस रुपए दिहाड़ी पर नौकरी करता था, वित्तीय अनियमितताओं के आरोप में उसे एक साल के लिए नौकरी से निकाल दिया गया। सर्वोच्च न्यायालय से कुछ राहत मिली है। कोर्ट ने उसे नौकरी तो नहीं दिलाई, किंतु 50 हजार रुपए मुआवजा देने का नगर पंचायत को आदेश दिया है। यही नहीं, महबूब को वकील की दस हजार रुपए की फीस भी दिलाई।

  महबूब की याचिका पर सुनवाई करते हुए पीठ ने कहा है कि प्रतिवादी एक स्थानीय निकाय है, इसके कर्मचारियों की नौकरी व सेवा-शर्तें कानून द्वारा तय होती हैं। भर्ती नियमों का पालन किए बगैर यहाँ कोई भी नियुक्ति नहीं हो सकती। नियमों का उल्लंघन कर की गई कोई भी नियुक्ति गैर-कानूनी होगी। पीठ ने कहा कि कुछ जरूरी काम पड़ने पर दैनिक वेतन के आधार पर या तदर्थ नियुक्तियाँ की जा सकती हैं, लेकिन ऐसी नियुक्ति वाला कर्मचारी किसी कानून की अनुपस्थिति में सिर्फ इस आधार पर नौकरी पक्की करने का दावा नहीं कर सकता कि उसने 240 दिन काम किया था। श्रम अदालत का महबूब को दोबारा नौकरी पर रखने का फैसला गलत था।
- **गुजरात के बाद अब तमिलनाडु में भी सायंकालीन अदालतें**—न्यायालयों में लंबित वादों को जल्द निपटाने के लिए गुजरात ने

सर्वप्रथम सायंकालीन न्यायालयों की स्थापना की। गुजरात की तर्ज पर अब तमिलनाडु में भी शाम को अदालतें लगाई जाएँगी। तमिलनाडु में सायंकालीन अदालतों का प्रारंभ 3 जुलाई, 2007 से किया गया।

- **भारत का पहला चल न्यायालय हरियाणा में स्थापित**—भारत का पहला चल न्यायालय (Mobile Court) एक बस में, हरियाणा के मेवात में स्थापित किया गया है। इसका उद्घाटन 4 अगस्त, 2007 को देश के मुख्य न्यायाधीश न्यायमूर्ति के.जी. बालकृष्णन ने किया।
  बस में स्थापित न्यायालय पूर्व निर्धारित है।
- **अनुसूचित जाति/जनजाति के पुरुष से विवाह करनेवाली सवर्ण महिला आरक्षण की हकदार नहीं : सर्वोच्च न्यायालय**—सर्वोच्च न्यायालय ने दिसंबर 2005 को एक महत्त्वपूर्ण फैसले में निर्णय दिया कि किसी सवर्ण युवती को अनुसूचित जाति/जनजाति के पुरुष के साथ विवाह कर लेने से अनुसूचित जाति/जनजाति का दर्जा प्राप्त नहीं हो सकता तथा इस आधार पर वह आरक्षण की सुविधा की पात्र नहीं होगी। सर्वोच्च न्यायालय ने यह भी कहा कि कोई भी व्यक्ति, जो जन्म से अनुसूचित जाति अथवा जनजाति का नहीं है, किसी अनुसूचित जाति/जनजाति के व्यक्ति के साथ विवाह करके इन जातियों का होने का दर्जा प्राप्त नहीं कर सकता। न्यायालय के इस फैसले में यह भी कहा गया है कि स्वैच्छिक गतिशीलता (Voluntary Mobility) द्वारा अनुसूचित जाति/जनजाति का दर्जा प्राप्त करना संविधान के साथ धोखाधड़ी है।
- **अनिवार्य वोटिंग नहीं (20 अप्रैल, 2009)**—सर्वोच्च न्यायालय ने मतदान अनिवार्य करने संबंधी याचिका को खारिज कर दिया। याचिकाकर्ता की दलील थी कि जो मतदान न करे, उसकी बिजली-पानी काट दी जाए।

संसदीय लोकतंत्र की सफलता के लिए यह आवश्यक है कि अधिक-से-अधिक लोग मतदान करें, किंतु इसका रास्ता किसी प्रकार की कानूनी बाध्यता से होकर नहीं गुजरेगा। न्यायालय ने केरल का उदाहरण दिया, जहाँ औसतन 86 प्रतिशत से अधिक मतदान होता है। इसके पीछे किसी कानून की भूमिका नहीं है, व्यक्ति के अंतर्मन को स्वाभाविक रूप से परिवर्तित करने में कानून कारगर उपकरण नहीं हो सकता। माहौल ऐसा बनना चाहिए, ताकि लोगों के

अंदर स्वाभाविक रूप से यह ज्ञान हो जाए कि एक नागरिक के नाते मतदान करना उनका परम कर्तव्य है।

स्पष्ट है कि यदि लोगों में मतदान करने की गहरी अभिरुचि नहीं है तो इसका कारण हमारी राजनैतिक प्रणाली के क्षरण में निहित है। यदि राजनैतिक दल आम जनता के सतत संपर्क में रहे, उनके सुख-दु:ख में सहभागी हो, उनकी आकांक्षाओं को स्वाभाविक रूप में अभिव्यक्त करें तथा उनकी इच्छा के अनुरूप उम्मीदवार दें तो कोई कारण नहीं कि आम मतदाता मत डालने नहीं जाएँ। ऐसा तभी संभव है, जब राजनैतिक व्यवस्था में बदलाव होगा।

- मुंबई हाई कोर्ट ने फैसला दिया कि यदि कोई हिंदू महिला पहले से ही शादीशुदा पुरुष से शादी करे, तो उसे गुजारा भत्ता पाने का हक नहीं है।
- मुंबई हाई कोर्ट ने कहा कि अनुसूचित जाति या जनजाति में पैदा हुई महिला की शादी अगड़ी जाति के व्यक्ति से यदि हो जाए, तो इससे उसकी जाति बदल नहीं सकती।
- इलाहाबाद उच्च न्यायालय की लखनऊ पीठ ने अपने महत्त्वपूर्ण फैसले में कहा कि देश की सभी धर्मों की महिलाओं को जीवनयापन के लिए गुजारा भत्ता पाने का अधिकार है।
- **मुंबई हाई कोर्ट**—दुष्कर्म के दोषी की सजा महज उसकी गरीबी के आधार पर कम नहीं की जा सकती।
- **मुंबई हाई कोर्ट**—ससुराल में साड़ी पहनने पर जोर दिए जाने को 'क्रूरता' नहीं कहा जा सकता और न ही शादी तोड़ी जा सकती है।
- **स्पीकर का फैसला अंतिम नहीं**—सुप्रीम कोर्ट ने अपने एक फैसले में विधायिका और न्यायपालिका के बीच अधिकारों की नई बहस छेड़ दी है। कोर्ट ने कहा है कि हाई कोर्ट और सुप्रीम कोर्ट संसद् एवं विधानसभा सदस्यों की अयोग्यता के बारे में स्पीकर के आदेश की न्यायिक समीक्षा कर सकते हैं। इस संबंध में स्पीकर का फैसला अंतिम नहीं माना जाएगा।

न्यायमूर्ति अलमश कबीर एवं न्यायमूर्ति सीरिक जोसेफ की पीठ ने कर्नाटक के भाजपा एवं निर्दलीय विधायकों को अयोग्य ठहरानेवाले विधानसभा अध्यक्ष (स्पीकर) के आदेश को गलत करार देते हुए 25 जनवरी, 2012 को इसके कारण बताए। यद्यपि कोर्ट 13 मई, 2011 को ही इस संबंध में फैसला सुना चुका था। विस्तार से जारी फैसले में कोर्ट ने कहा है कि स्पीकर संविधान की दसवीं अनुसूची में सदस्यों की अयोग्यता के बारे में अर्ध-न्यायिक प्राधिकरण की तरह फैसला करता

है। ऐसे में हाई कोर्ट और सुप्रीम कोर्ट उसके अंतिम आदेश की न्यायिक समीक्षा कर सकते हैं। अब यह कानूनन तय हो चुका है कि स्पीकर का अंतिम आदेश संविधान में हाई कोर्ट और सुप्रीम कोर्ट को मिले अधिकार पर रोक नहीं लगाता।

सुप्रीम कोर्ट के निर्देश—

(1) विधायकों (विशेषकर निर्दलीय) को सरकार से समर्थन वापस लेने तथा किसी और को समर्थन देने के आधार पर दल-बदल कानून के तहत अयोग्य नहीं ठहराया जा सकता।

(2) सत्ताधारी दल को समर्थन देने या उसकी बैठकों और रैलियों में निर्दलीयों के भाग लेने से यह साबित नहीं होता कि वे उस राजनैतिक दल में शामिल हो गए हैं।

(3) सुप्रीम कोर्ट अनुच्छेद-32 एवं 136 और हाई कोर्ट अनुच्छेद-226 के तहत स्पीकर के आदेश की न्यायिक समीक्षा कर सकते हैं।

- **खाप पंचायत और जाति परिषद् अवैध**—सर्वोच्च न्यायालय के न्यायाधीश मार्कंडेय काटजू और ज्ञानसुधा मिश्र की पीठ ने 19 अप्रैल, 2011 को खाप पंचायतों और जाति परिषदों को अवैध करार देते हुए अपने एक महत्त्वपूर्ण फैसले में कहा कि इन्हें समूल नष्ट कर देना चाहिए। ऐसा इसलिए कि इज्जत के नाम पर हत्या करना शर्मनाक और बर्बर है। न्यायालय ने राज्य सरकारों से कहा कि अगर संबद्ध जिलाधिकारी और पुलिस अधीक्षक ऐसे अपराधियों के खिलाफ काररवाई करने में विफल रहते हैं तो उन्हें तत्काल प्रभाव से निलंबित कर दिया जाना चाहिए।

न्यायालय ने यह भी कहा कि उत्तर भारत में कंगारू अदालतों और तमिलनाडु में कट्टा पंचायतों का चलन भी बर्बर और गैर-कानूनी है। ये विभिन्न जाति व धर्मों के विवादित या विवाहित या विवाह की इच्छा रखनेवाले युवक-युवतियों के खिलाफ ऑनर किलिंग या अन्य ज्यादतियों को बढ़ावा देती हैं।

- **ठंड से न होने पाए कोई मौत**—दिसंबर 2011 में सुप्रीम कोर्ट ने निराश्रितों के आश्रय के लिए राज्य सरकारों को स्पष्ट निर्देश दिया कि पर्याप्त संख्या में रैन बसेरे बनाए जाएँ, जिससे कि कोई भी गरीब गली व पार्कों में खुले आसमान के नीचे रात गुजारने को मजबूर न हो।

न्यायमूर्ति दलवीर भंडारी और न्यायमूर्ति की पीठ ने उत्तर प्रदेश, हरियाणा, बिहार झारखंड, राजस्थान, पंजाब, उत्तराखंड, मध्य प्रदेश और महाराष्ट्र के मुख्य सचिवों को पर्याप्त संख्या में रैन बसेरे बनाने का आदेश दिया। अदालत ने यह भी

कहा कि जब तक स्थायी रैन बसेरों का निर्माण होता है, तब तक अस्थायी रैन बसेरे बनाए जाएँ, ताकि कोई खुले आसमान में रात गुजारने को मजबूर न हो।

सुनवाई के दौरान दिल्ली सरकार ने सुप्रीम कोर्ट में रिपोर्ट दाखिल कर कहा कि राष्ट्रीय राजधानी में कुल 64 स्थायी रैन बसेरे चल रहे हैं और उनमें सभी तरह की मूलभूत सुविधाओं की व्यवस्था है।

- **सी.बी.आई. जाँच के लिए सूबों की सहमति जरूरी नहीं (17 फरवरी, 2010)**—सर्वोच्च न्यायालय की पाँच न्यायाधीशों की संविधान पीठ ने अपने एक अहम फैसले में कहा है कि सर्वोच्च न्यायालय और उच्च न्यायालय राज्यों की सहमति के बिना भी किसी मामले की सी.बी.आई. जाँच के आदेश दे सकते हैं। नागरिकों के मौलिक अधिकारों का संरक्षक होने के नाते कोर्ट को न सिर्फ ऐसे आदेश पारित करने का अधिकार है, बल्कि यह उसका दायित्व भी है।

मुख्य न्यायाधीश के.जी. बालकृष्णन, न्यायमूर्ति आर.बी. रवींद्रन, न्यायमूर्ति डी.के. जैन, न्यायमूर्ति पी. संथाशिवम तथा न्यायमूर्ति जे.एम. पंचाल की पीठ ने कहा कि हाई कोर्ट अनुच्छेद-226 तथा सुप्रीम कोर्ट अनुच्छेद-32 के अंतर्गत सुनवाई करते हुए राज्यों की सहमति के बगैर संज्ञेय अपराध की सी.बी.आई. जाँच का आदेश दे सकते हैं। कोर्ट के आदेश से न तो संविधान में दिए गए संघीय ढाँचे का उल्लंघन होता है और न ही ऐसा करना शक्ति बँटवारे के सिद्धांत के खिलाफ है। कोर्ट द्वारा दिया गया सी.बी.आई. जाँच का आदेश पूरी तरह वैध माना जाएगा।

सर्वोच्च न्यायालय ने कहा कि न्यायपालिका को दिया गया न्यायिक समीक्षा का अधिकार संविधान के मूल ढाँचे का महत्त्वपूर्ण हिस्सा है। संसद् किसी भी कानून के द्वारा कोर्ट के इस अधिकार में कटौती नहीं कर सकती। सुप्रीम कोर्ट और हाई कोर्ट द्वारा संविधान की सर्वोच्चता बरकरार रखने के लिए दिए किसी भी आदेश को संघीय व्यवस्था का उल्लंघन नहीं कहा जा सकता।

पीठ ने कहा है कि जब स्पेशल पुलिस ऐक्ट की धारा-6 में कहा गया है कि राज्य की सहमति से सी.बी.आई. राज्य में घटित अपराध की जाँच कर सकती है तो कोर्ट भी संविधान में प्राप्त न्यायिक समीक्षा के अधिकार का इस्तेमाल कर सी.बी.आई. जाँच के आदेश दे सकता है। धारा-6 में लगाई गई रोक कोर्ट पर लागू नहीं होगी।

- **राम जन्मभूमि व बाबरी मस्जिद विवाद**—अयोध्या में राम जन्मभूमि व बाबरी मस्जिद के संबंध में 60 वर्ष पुराने विवाद के मामले में कई

वर्षों की लंबी सुनवाई के पश्चात् जो फैसला इलाहाबाद उच्च न्यायालय की लखनऊ पीठ ने 30 सितंबर को सुनाया था, उसे विचित्र बताते हुए सर्वोच्च न्यायालय के न्यायमूर्ति जाफताब आलम व न्यायमूर्ति आर.एस. लोढ़ा की पीठ ने 9 मई, 2011 को इसके कार्यान्वयन पर रोक लगाते हुए यथास्थिति कायम रखने के आदेश जारी किए।

ज्ञातव्य है कि उच्च न्यायालय, लखनऊ पीठ ने विवादित परिसर की 2.77 एकड़ जमीन के तीन पक्षों में विभाजन का फैसला 30 सितंबर, 2010 को सुनाया था, जिसमें एक भाग रामलला विराजमान को, दूसरा निर्मोही अखाड़े को तथा तीसरा भाग मुसलमानों को देने की बात कही गई थी। फैसले पर असंतोष व्यक्त करते हुए लगभग सभी संबंधित पक्षों की ओर से पेश याचिकाओं में इस फैसले के विरुद्ध अपील करते हुए यथास्थिति कायम रखने का आदेश देने का अनुरोध किया गया था।

- **विशेष परिस्थिति में अपरोक्ष इच्छामृत्यु की अनुमति**—सर्वोच्च न्यायालय के न्यायमूर्ति मार्कंडेय काटजू व न्यायमूर्ति ज्ञानसुधा मिश्र की पीठ ने 7 मार्च, 2011 को 'इच्छामृत्यु' या 'यूथेनेजिया' पर ऐतिहासिक फैसला दिया। न्यायालय ने देश में सीधे तौर पर विषाक्त इंजेक्शन देकर इच्छामृत्यु या दया मृत्यु (Active Euthanasia) की अनुमति देने से इनकार कर दिया, किंतु स्थायी कोमा में पड़े रोगियों के मामले में जीवनरक्षक उपकरण हटाकर 'अपरोक्ष इच्छामृत्यु' (Passive Euthanasia) की सशर्त अनुमति प्रदान कर दी। इस फैसले के बाद 'परोक्ष इच्छामृत्यु' के लिए देश में मार्ग प्रशस्त हो गया।

संसद् द्वारा इस संबंध में कोई कानून बनाए जाने तक ऐसी अपरोक्ष इच्छामृत्यु की अनुमति उच्च न्यायालय की निगरानीवाली प्रक्रिया के तहत ही दी जा सकेगी। इसके लिए उच्च न्यायालय की निगरानी वाली प्रक्रिया हेतु दिशा-निर्देश सर्वोच्च न्यायालय ने जारी किए हैं। इस प्रकार जीवनरक्षक उपकरण हटाने की इच्छा के संबंध में फैसले का अधिकार उच्च न्यायालय को दे दिया गया है।

जीवनरक्षक उपकरण को हटाने के लिए याचिका रोगी के माता-पिता, पति-पत्नी या अन्य किसी निकट संबंधी और यहाँ तक कि रोगी की देखभाल कर रहे चिकित्सकों की ओर से दायर की जा सकती है।

- **काले धन से संबंधित विशेष जाँच दल का गठन**—सर्वोच्च न्यायालय ने विदेशों में जमा काले धन की स्वदेश वापसी के सरकारी प्रयासों पर निगरानी के लिए जुलाई 2011 में विशेष जाँच दल का गठन किया है।

सर्वोच्च न्यायालय के ही पूर्व न्यायाधीश न्यायमूर्ति बी.पी. जीवन रेड्डी को इस जाँच दल का अध्यक्ष तथा एक अन्य पूर्व न्यायाधीश न्यायमूर्ति एम.बी. शाह को उपाध्यक्ष बनाया गया है। जाँच दल के अन्य सदस्यों में रॉ के निदेशक भी शामिल होंगे। यह कदम पूर्व विधि मंत्री राम जेठ मलानी व अन्य की याचिका पर सुनवाई के दौरान उठाया गया है।

- **फाँसी पर राजनीति से सुप्रीम कोर्ट चिंतित (28 मार्च, 2012)**— दोषियों को सजा-माफी को लेकर राजनैतिक दलों के समर्थन की प्रवृत्ति पर सर्वोच्च न्यायालय ने चिंता जताई है। पंजाब के पूर्व मुख्यमंत्री बेअंत सिंह के हत्यारे की मौत की सजा माफ कराने की बादल सरकार की पहल पर केंद्र की ओर से उसकी सजा पर अमल रोकने के बाद कानून के लिए अपना काम कर पाना मुश्किल हो गया है।

संसद् पर हमले के आरोप और राजीव गांधी के हत्यारों की फाँसी की सजा पर अमल नहीं हो सका। जब भी किसी आतंकी की फाँसी की सजा पर अमल का वक्त करीब आता है तो ऐसे माहौल का निर्माण कर दिया जाता है कि कानून को अपने हाथ बाँधने पड़ते हैं। निःसंदेह इस मामले में सबसे बुरा उदाहरण पेश किया है तमिलनाडु सरकार ने। उसने अपने अधिकारों से परे जाकर राजीव गांधी के हत्यारों की माफी के लिए एक प्रस्ताव पारित कर केंद्र को भेज दिया। यह प्रस्ताव सिर्फ इसलिए पारित हुआ, क्योंकि राज्य का कोई भी दल लोगों की भावनाओं को भुनाने में पीछे नहीं रहना चाहता।

तमिलनाडु से सीख ली जम्मू व कश्मीर के राजनैतिक दलों ने और उन्होंने भी जयललिता सरकार जैसा प्रस्ताव पारित करने की कोशिश की। यह कोशिश भी शुद्ध अफजल को फाँसी से बचाने की संकीर्ण राजनैतिक स्वार्थों से प्रेरित थी।

- **संसद् आत्महत्या को अपराध की श्रेणी से हटाए (7-03-11)**— सर्वोच्च न्यायालय ने संसद् से सिफारिश की है कि आत्महत्या के प्रयास को अपराध की श्रेणी से हटाए। न्यायालय ने संसद् से भारतीय दंड संहिता (IPC) की धारा 309 को समाप्त करने पर विचार करने को कहा है।

न्यायमूर्ति मार्कंडेय काटजू व न्यायमूर्ति ज्ञानसुधा मिश्र की पीठ ने कहा कि अब समय आ गया है कि संसद् पुरानी पड़ चुकी इस धारा को अपराध की श्रेणी से हटा दे। कोर्ट ने कहा कि अवसादग्रस्त व्यक्ति आत्महत्या का प्रयास करता है। उसे मदद की जरूरत होती है, न कि दंड की।

ज्ञातव्य हो कि अभी आत्महत्या का प्रयास (IPC, धारा-309) एक दंडनीय

अपराध है। आत्महत्या का प्रयास करनेवाले व्यक्ति को एक वर्ष तक के साधारण कारावास या जुरमाने अथवा दोनों की सजा हो सकती है।

- **साली से शादी करने पर मुसलमान को देना होगा गुजारा भत्ता (16 मार्च, 2012)**—सर्वोच्च न्यायालय ने अपने एक अहम फैसले में कहा कि कोई व्यक्ति पत्नी के जीवित रहते साली से शादी कर लेता है तो बाद में वह विवाद होने पर दूसरी पत्नी (साली) को भरण-पोषण देने से इस आधार पर नहीं बच सकता कि इस्लाम में इस शादी की अनुमति नहीं है।

कोर्ट ने कहा है कि ऐसी शादी अमान्य नहीं मानी जाएगी, बल्कि अमान्य ठहराने लायक होगी। भारत में मुसलमानों के हनफी लॉ के मुताबिक इस तरह की अनियमित शादी तब तक जारी मानी जाएगी, जब तक उस कानून के मुताबिक समाप्त न घोषित किया जाए। इस प्रकार की शादी की पत्नी व बच्चे दंड प्रक्रिया संहिता की धारा-125 के अंतर्गत गुजारा भत्ता पाने के अधिकारी होंगे।

न्यायमूर्ति अल्तमस कबीर व ए.एम. पंचाल की पीठ ने यह अहम फैसला गुजारा भत्ता देने के आदेश के खिलाफ दाखिल कर्नाटक के चाँद पटेल की याचिका खारिज करते हुए सुनाया। कोर्ट ने चाँद पटेल को अपनी दूसरी पत्नी और उसकी बच्ची को गुजारा भत्ता नियमित देने का आदेश दिया।

- **एक की जमानत हो जाना दूसरे की जमानत का आधार नहीं**—इलाहाबाद उच्च न्यायालय ने अपने फैसले में कहा है कि नकली नोट बनाना ही नहीं, वरन् इसे अपने पास रखना भी भारतीय दंड संहिता की धारा—489(ख) के अंतर्गत दंडनीय अपराध है। इसलिए आरोपी को इस आधार पर जमानत पर रिहा नहीं किया जा सकता कि सह अभियुक्त की जमानत हो चुकी है। न्यायालय ने पैरिटी को बाध्यकारी कानून नहीं माना। इसी के साथ न्यायालय ने नकली नोट रखने के आरोपी कौशांबी के श्याम लाल को जमानत पर रिहा करने से इनकार करते हुए अरजी खारिज कर दी।
- **न्यायाधीशों को 'सर' या 'श्रीमान्' शब्द से संबोधन**—छत्तीसगढ़ उच्च न्यायालय की बार एसोसिएशन ने 16 अप्रैल, 2011 को एक अहम फैसला लिया, जिसमें तय किया गया कि अदालत में न्यायाधीशों को 'माई लॉर्ड' या योर 'लॉडशिप' कहकर संबोधित नहीं करके, बल्कि उसकी जगह 'सर' या 'श्रीमान्' कहकर न्यायाधीशों को संबोधित करेंगे। इस

फैसले के बाद 17 अप्रैल, 2011 को नई व्यवस्था लागू हो गई।

- **कानूनी प्रक्रिया के बिना सरकार नहीं छीन सकती निजी स्वतंत्रता (20 मई, 2012)**—सर्वोच्च न्यायालय ने कहा है कि व्यक्ति की निजी स्वतंत्रता पवित्र चीज है और सरकार इसे कानूनी प्रक्रिया के बिना छीन नहीं सकती। ऐसा करना मौलिक अधिकारों का उल्लंघन है। संविधान के अनुच्छेद-21 और 22 के तहत इन अधिकारों की रक्षा की गारंटी दी गई है। सुप्रीम कोर्ट ने पहले से ही जेल में बंद एक व्यक्ति को निरोधात्मक हिरासत में लेने की आवश्यकता के बारे में नया दिशा-निर्देश जारी किया।

न्यायमूर्ति बी.एस. चौहान और दीपक मिश्र की पीठ ने मणिपुर निवासी हुईद्रोम को नुंगजाओ सिंह की सरकार के खिलाफ अपील को स्वीकार करते हुए यह नई व्यवस्था दी। सरकार ने उसके बेटे हुईद्रोम शांति कुमार को राष्ट्रीय सुरक्षा कानून (एन.एस.ए.) के तहत निरोधात्मक हिरासत में रखने का निर्णय लिया था। शांति कुमार एक हत्या के मामले में पहले से ही जेल में है।

पीठ ने कहा कि जेल में बंद किसी व्यक्ति को निरोधात्मक हिरासत में रखने के प्रावधान को लागू करने के लिए हिरासत में रखनेवाले अधिकारी को अदालत को संतुष्ट करना होगा कि क्या उसे पूरी तरह मालूम है कि जिसे हिरासत में रखा था; वह वास्तव में जेल में है। कोर्ट ने कहा कि हिरासत में लेने वाले अधिकारी को इससे भी संतुष्ट कराना होगा कि उसके पास ऐसे ठोस कारण हैं, जिससे माना जाए कि गिरफ्तार व्यक्ति को जमानत मिलने की वास्तव में संभावना है और रिहाई के बाद वह ऐसी गतिविधियों में संलिप्त नहीं होगा, जो सामाजिक व्यवस्था के लिए हानिकारक है। पीठ ने कहा कि अधिकारी को निरोधात्मक हिरासत के आदेश को इन दो अपराधों के बारे में सिद्ध करना होगा।

शांति कुमार को इंफाल पुलिस ने 19 जून, 2011 को एक हत्या में शामिल रहने और अवैध रूप से हथियार रखने के मामले में गिरफ्तार किया था। उस पर हफ्ता वसूली और उग्रवादी संगठन के भूमिगत सदस्यों को पनाह देने का भी आरोप था।

- **मैला ढोने की प्रथा पर प्रतिबंध न लगाने से सुप्रीम कोर्ट नाराज (21 अगस्त, 2012)**—मैला ढोने की प्रथा पर प्रतिबंध के लिए कानून में आवश्यक संशोधन न करने से नाराज सुप्रीम कोर्ट ने केंद्र सरकार को कड़ी फटकार लगाई। अदालत ने सरकार से कहा, आप जनता को बेवकूफ बना रहे हैं। हमें ऐसा बेकार हलफनामा नहीं चाहिए, इससे पता चलता

है कि आप गंभीर नहीं हैं। आप पिछले छह माह से एक ही रट लगाए हुए हैं।

जस्टिस एच.एल. दत्तू और जस्टिस सी.के. प्रसाद की खंडपीठ ने कहा, यह दुर्भाग्यपूर्ण है कि आजादी के 68 साल बाद भी हाथों से मैला उठाने की प्रथा जारी है। जबकि नीति निर्देशक सिद्धांत ऐसे कार्य पर रोक लगाने का अधिकार देते हैं, लेकिन सरकार इसके लिए जरूरी विधेयक लाने के प्रति गंभीर नहीं है। इसके लिए इंप्लॉयमेंट ऑफ मैन्युअल स्कैवंजर्स ऐंड कंस्ट्रक्शन ऑफ ड्राइलैट्रींस ऐक्ट में संशोधन की जरूरत है। खंडपीठ ने मद्रास हाई कोर्ट के आदेश के खिलाफ केंद्र की याचिका पर सुनवाई के दौरान ये कठोर टिपणियाँ कीं।

- **सात साल से कम न हो दुष्कर्म की सजा (22 मई, 2012)**—सर्वोच्च न्यायालय का कहना है कि बलात्कार के आरोपियों को कम-से-कम सात साल की सजा दी जानी चाहिए। बलात्कार के मामले में सजा केवल विशेष परिस्थितियों में ही घटाई जानी चाहिए।

जस्टिस बी.एस. चौहान और दीपक मिश्रा की खंडपीठ ने राजस्थान हाई कोर्ट के एक फैसले को पलट दिया। खंडपीठ ने कहा कि बलात्कार के मामलों को हलके में लेने से न्यायिक प्रक्रिया का मजाक बनता है। राजस्थान हाई कोर्ट ने एक दलित महिला से दुष्कर्म के आरोपी विनोद कुमार और हीरालाल की सजा घटाकर क्रमश: 5 साल और 11 महीने, 25 दिन कर दी थी। इन दोनों की एस.एस. टी. ऐक्ट के स्पेशल जज ने सात साल की सजा सुनाई थी। हाई कोर्ट के फैसले के खिलाफ राजस्थान सरकार ने सर्वोच्च न्यायालय का दरवाजा खटखटाया। इस पर सुनवाई करते हुए खंडपीठ ने यह भी कहा कि आरोपी की धर्म, जाति, आर्थिक और सामाजिक स्थिति को देखकर उसकी सजा का निर्धारण करना सही नहीं है। हमें केवल उन परिस्थितियों को देखकर सजा देनी चाहिए, जिनके अंतर्गत अपराध को अंजाम दिया गया।

सर्वोच्च न्यायालय ने दोनों आरोपियों से आत्मसमर्पण कर बाकी की सजा काटने का आदेश सुनाया। आत्मसमर्पण न करने की स्थिति में उन्हें गिरफ्तार कर जेल भेज दिए जाने का आदेश दिया गया।

आई.पी.सी. की धारा-376 के अंतर्गत बलात्कार के आरोपी के लिए सात वर्ष की सजा निर्धारित है। इस सजा को बढ़ाया भी जा सकता है।

- **वन्य जीव संरक्षण कानून तोड़नेवालों से कठोरता से निबटा जाए (21 अक्तूबर, 2012)**—सर्वोच्च न्यायालय ने पारिस्थितिक संतुलन

बनाए रखने तथा वन्य जीव संरक्षण बनाए रखने पर जोर देते हुए सरकार से कहा कि वन्य जीव कानून का उल्लंघन करनेवाले के खिलाफ सख्त काररवाई की जाए। यह बात सुप्रीम कोर्ट ने वन्य जीवों की खाल व अंगों के कुख्यात तस्कर संसार चंद की सजा पर मुहर लगाते हुए अपने फैसले में कही है।

□

9

न्याय व्यवस्था से संबंधित विभिन्न लेख

अध्याय के मुख्य बिंदु

1. न्यायपालिका की चुनौती : मुकदमों का अंबार
2. न्यायिक सक्रियता वर्तमान समय की माँग
3. न्यायालय का हस्तक्षेप क्यों
4. न्यायालय का अवमान
5. आपराधिक न्याय प्रदान करनेवाली प्रणाली पर गठित समिति
6. संसद् और सर्वोच्च न्यायालय
7. हड़ताल, बंद, धरना आदि के संबंध में सुप्रीम कोर्ट के दिशा-निर्देश
8. न्यायिक नियुक्ति आयोग
9. संक्षिप्त टिप्पणी
10. भारत की जाँच एजेंसियाँ

न्यायपालिका की चुनौती : मुकदमों का अंबार

आजादी के 72वें वर्ष में हम प्रवेश कर चुके हैं। भारतीय न्यायपालिका में सक्रियता की बजाय उदासीनता अधिक देखने को मिलती है। न्यायपालिका का काम नागरिकों को न्याय दिलाना है, इन्हें शोषण, उत्पीड़न, अत्याचार से बचाना है तथा अपनी ईमानदारी और सच्चाई से जनता के विश्वास को जीतना है। भारतीय नागरिकों को उस समय बहुत आघात पहुँचता है, जब उनके साथ न्याय नहीं होता। आज के आपाधापी भरे जीवन में यदि हम यह कह दें कि भ्रष्टाचार ने अपनी जड़ें कार्यपालिका, व्यवस्थापिका और न्यायपालिका में पूर्ण रूप से जमा ली हैं तो इसमें

कोई अतिशयोक्ति नहीं होगी। पुलिस प्रशासन और न्यायपालिका में भ्रष्टाचार का अनुपात कुछ ज्यादा ही है। एक गरीब आदमी न्याय पाने के लिए अपनी पूरी जिंदगी दाँव पर लगा देता है, फिर भी उसे न्याय नहीं मिलता।

कहने के लिए भारत विश्व का सबसे मजबूत लोकतंत्र है, हमारे संविधान की प्रस्तावना में स्पष्ट रूप से लिखा गया है—"**समस्त नागरिकों को सामाजिक, आर्थिक और राजनैतिक न्याय, प्रतिष्ठा और अवसर की समानता प्राप्त होगी।**" क्या हम आजादी के 72 वर्ष के पश्चात् इन उद्‌देश्यों को प्राप्त करने में सफल हुए हैं? यदि नहीं हुए हैं तो हमारे लिए बड़े शर्म की बात है। इस कटु सत्य से कि न्याय पैसेवालों को ही मिलता है, इनकार नहीं किया जा सकता। वर्तमान समय में ऐसे जजों, वकीलों की संख्या में इजाफा हो रहा है, जो ईमानदारी, आदर्श, नैतिक मूल्यों को तिलांजलि दे रहे हैं। हाल ही में गाजियाबाद के भविष्य निधि घोटाले ने एक बार फिर से न्यायपालिका की प्रतिष्ठा दाँव पर लगा दी है। घोटालेबाजों ने लगभग 30 जजों को फायदा पहुँचाया है। इस घोटाले में अब तक गाजियाबाद अदालत के 40 कर्मचारी गिरफ्तार हो चुके हैं। इनमें से कुछ जज हाई कोर्ट के हैं और एक जज सर्वोच्च न्यायालय का भी है। यह निराशाजनक बात है कि पूर्व मुख्य न्यायाधीश वाई.के. सब्बरवाल द्वारा पद पर रहते हुए अपने बेटों को कई प्रकार से लाभ पहुँचाया। भ्रष्ट जजों, वकीलों की संख्या लगातार बढ़ रही है।

एक बार पूर्व कानून मंत्री अरुण जेटली ने न्यायपालिका के बारे में कड़ी बातें कही थी। इस देश में राजनेताओं की तो जवाबदेही है, उन्हें सजा भी मिल जाती है, किंतु जजों की कोई जवाबदेही नहीं है। जजों की जवाबदेही तय होनी चाहिए, गलत आचरणवाले जजों, वकीलों को दंड देने की प्रक्रिया सरल की जाए।

कोटे में तारीख पर तारीख की नीति में सुधार किया जाना चाहिए।

वर्तमान समय में भारत में 3.63 करोड़ से अधिक मुकदमे लंबित हैं। यह देश के लिए बहुत ही चिंता एवं शर्म की बात है। सर्वोच्च न्यायालय में 52,592, हाई कोर्ट में 40 लाख, निचली अदालतों में 271 करोड़ मुकदमे लंबित हैं। न्याय की प्रतीक्षा में बैठे आम आदमी की आँखों में आँसू थम नहीं रहे हैं। दिन-प्रतिदिन लंबित पड़े मुकदमों की संख्या बढ़ती ही जा रही है। आखिर हमारी न्यायपालिका कब सक्रिय होगी, कब मुकदमे की शीघ्र सुनवाई होगी? न्यायपालिका को मुकदमों के अंबार को सुलझाना ही होगा। मुकदमों का दिन-प्रतिदिन जमा होने का मुख्य कारण है—न्याय प्रक्रिया को लंबा खींचना। एक साधारण से मुकदमे की सुनवाई में वर्षों लग जाते हैं। भूतपूर्व प्रधानमंत्री श्रीमती इंदिरा गांधी के हत्यारों पर वर्षों

तक मुकदमा चलता रहा, स्व. राजीव गांधी के हत्यारों को अभी भी दंड नहीं मिल रहा है। भला आम आदमी की तो बात ही छोड़ दीजिए, पीढ़ी-दर-पीढ़ी गुजर जाने के बाद भी मुकदमा समाप्त नहीं होता, धिक्कार है ऐसी न्याय व्यवस्था पर! मुकदमे वर्षों तक क्यों चलते हैं? इसका एक मुख्य कारण है, 'तारीख-पर-तारीख'। जजों, वकीलों को चाहिए कि तारीख-पर-तारीख की नीति का त्याग करें। निश्चित समयावधि में मुकदमों की सुनवाई के लिए नियम-कानून बनाया जाए।

न्याय में देरी का मामला एक तरफ तो न्यायिक, प्रशासनिक और पुलिस सुधार से भी जुड़ा हुआ है। न्याय व्यवस्था, प्रशासन और पुलिस सभी स्तरों पर ऐसे ढेर सारे निहित स्वार्थ अपनी जड़ें जमा चुके हैं, जिनका हित इसी में है कि जल्द न्याय का रास्ता न खुल सके। न्याय में देरी से निपटने का अर्थ है—इन हितों से टकराना।

न्याय में देरी के लिए यह भी कहा जाता है कि अदालतों में न्यायिक अधिकारियों के 3000 पद तथा उच्च न्यायालय में 251 पद खाली पड़े हैं। हाल ही में संपन्न मुख्य मंत्रियों व मुख्य न्यायाधीश की संयुक्त बैठक में प्रधानमंत्री नरेंद्र मोदी ने चिंता जताई कि देश को करोड़ों मुकदमों का बोझ झेलना पड़ रहा है।

प्रधानमंत्री ने मुख्य न्यायाधीश और मुख्यमंत्रियों से युद्ध स्तर पर लंबित मुकदमों को निबटाने के लिए कहा तथा उन्होंने जोर देते हुए कहा कि बिना समय बरबाद किए तुरंत न्यायिक अधिकारियों की भर्ती प्रक्रिया शुरू की जाए। गाँवों के लिए ग्राम न्यायालय परियोजना अधिनियम जनवरी 2009 बन जाने के बावजूद राज्यों में इसके लागू न होने पर प्रधानमंत्री ने हैरानी जताई। यदि 'ग्राम परियोजना' सही तरीके से लागू हो सकी तो पंचायत स्तर पर पाँच हजार से ज्यादा अदालतें आम आदमी को न्याय दिलाने में सक्षम होंगी। पूर्व मुख्य न्यायाधीश के.जी. बालकृष्णन ने केंद्र सरकार को विभिन्न राज्यों में सी.बी.आई. की 71 अतिरिक्त अदालतें स्थापित करने की सलाह दी, केंद्र सरकार ऐसी अदालतें स्थापित करने पर सहमत हो गई है। अदालतें स्थापित होने पर हाई प्रोफाइल मुकदमों की सुनवाई तेज गति से होगी। मुख्य न्यायाधीश एच.एल. दत्तू ने भी कहा है कि न्यायपालिका में भ्रष्टाचार समाप्त करने के लिए ठोस कदम उठाने की आवश्यकता है तथा न्यायपालिका को अपनी सीमा में रहकर कार्य करने को कहा है।

न्याय व्यवस्था के दोष

(1) लंबित मुकदमे

(2) भ्रष्टाचार और अपारदर्शिता

(3) पुराने कानून

(4) महँगी न्याय प्रणाली

(5) न्याय व्यवस्था बहुत धीमी और फरियादियों को थका देनेवाली व्यवस्था है।

(6) अदालतों की कमी के कारण मुकदमों का लंबे समय तक चलना तथा समय से न्याय न मिलने का कारण अदालतों की कमी है।

(7) पुलिस की ढिलाई से मुकदमों का जल्द निस्तारण नहीं होता। पुलिस अधिकारी और कर्मचारी भी तारीख पर नहीं जाते और साथ ही कोई गवाह पेश करना होता है तो उसमें भी देरी होती है। इसी कारण मुकदमे लंबे समय तक चलते हैं और लोगों को न्याय दिलाने में देरी होती है। कानून में बदलाव कर पुलिस को जवाबदेह बनाया जाए।

(8) पुलिस सम्मन की समय से तालीम नहीं कराती। प्रथम सम्मन तालीम न होने पर अदालत को कई-कई सम्मन जारी करने पड़ते हैं, जिसमें लंबा समय लगता है और मुकदमा अपने स्थान पर ही अटका रहता है।

(9) वकीलों की हड़ताल से भी न्याय मिलने में देरी होती है।

उपाय

(1) मुकदमे के निपटारे के लिए समय-सीमा तय की जानी चाहिए।

(2) छोटे-छोटे वादों का अदालत शीघ्र निस्तारण करे।

(3) अधिक-से-अधिक लोक अदालत लगाई जाएँ तथा लोक अदालतों के दायरों को बढ़ाया जाए।

(4) गंभीर मामलों को निपटाने के लिए अधिक-से-अधिक फास्ट ट्रैक कोर्ट बनाया जाए।

(5) न्यायालयों में सभी स्तरों पर खाली पड़े स्थानों को शीघ्र भरा जाए।

(6) तारीख-पर-तारीख देने की परंपरा को समाप्त किया जाए।

(7) उच्च न्यायालय की खंडपीठ को बढ़ाया जाए।

(9) कानून में बदलाव कर जमानती अपराध के मामले में थाने से जमानत न देने पर काररवाई की जाए।

(10) अग्रिम जमानत की प्रथा समाप्त की जाए।

(11) गरीबों को वास्तविक रूप में न्याय की प्राप्ति हो सके, ऐसी व्यवस्था की जाए।

न्यायिक सक्रियता वर्तमान समय की माँग

न्यायिक सक्रियता की आधुनिक संकल्पना जनवरी 1947 ई. में विकसित हुई, जब आर्थर सेलिसिंगर जूनियर ने अपने एक लेख में इस शब्दावली का सर्वप्रथम प्रयोग किया था। 1960 के दशक से अमरीकी राजव्यवस्था में न्यायिक सक्रियता बहुत लोकप्रिय हो गई है। भारत में न्यायिक सक्रियतावाद को तब मानवीय चेहरा प्रदान किया गया, जब न्यायमूर्ति पी.एन. भगवती और न्यायमूर्ति वी.आर. कृष्णा अय्यर ने जनहित याचिकाओं के माध्यम से संसाधन-विहीन वर्गों तक न्याय पहुँचाया।

पिछले कई दशकों से न्यायिक सक्रियता के रूप में जनहितवाद सामाजिक परिवर्तन के एक महत्त्वपूर्ण उपकरण के रूप में कार्यरत है, क्योंकि समाज में होनेवाले सभी प्रकार के अत्याचारों पर इसने नियंत्रण लगाया है, साथ ही जनता को सामूहिक न्याय दिलाने में सफल रहा है। वर्तमान समय में केंद्र सरकार के प्रति देश में हताशा, निराशा, क्षोभ और आक्रोश का वातावरण है। संसदीय जनतंत्र भ्रष्ट राजनैतिक तंत्र की गिरफ्त में है। राजनैतिक तंत्र पर पूँजी, अपराध, मजहब और माफिया की पकड़ है। जनता की गाढ़ी कमाई को भ्रष्ट मंत्री लूट रहे हैं। केंद्र सरकार की उदासीन ढुलमुल नीति, कमजोर इच्छाशक्ति ने न्यायपालिका को सक्रिय होने के लिए बाध्य किया है। सक्रियतावाद के कारण ही न्यायालय राजनैतिक विकृतियों और अधिकारी तंत्र के जड़त्व को दूर करने में सक्षम है। न्यायिक सक्रियतावाद ने भारत में लोकतंत्र के लिए एक सुरक्षा कपाट बनाने में न केवल योगदान दिया है, बल्कि हमें यह विश्वास दिलाया है कि न्याय हमारी पहुँच से बाहर नहीं है। इसने सरकार को जवाबदेह और कर्तव्यों के प्रति संवेदनशील बनाया है।

न्यायपालिका की सक्रियता को बढ़ाने में संसद् के गिरते स्तर, अकर्मण्यता और कार्यपालिका में बढ़ता भ्रष्टाचार भी जिम्मेदार है। यदि हम यह कहें कि भारत की कार्यपालिका रोगग्रस्त हो गई है तो इसमें कोई अतिशयोक्ति नहीं होगी। मंत्रियों और उनसे संबद्ध वरिष्ठ प्रशासनिक अधिकारियों के भ्रष्टाचार के किस्से आम तौर पर सुर्खियों में आते रहते हैं।

काले धन के मामले में जिस प्रकार से केंद्र सरकार ने सुस्ती दिखाई है, जगजाहिर है। सुप्रीम कोर्ट ने विशेष जाँच दल के गठन का फैसला तब दिया, जब वह इस नतीजे पर पहुँची कि यू.पी.ए. सरकार काले धन की जाँच के नाम

पर विशेष कुछ नहीं कर रही है। यदि सुप्रीम कोर्ट केंद्र सरकार को फटकार नहीं लगाता तो यह तय है कि यू.पी.ए. सरकार काले धन के खिलाफ दिखावटी कदम भी उठानेवाली नहीं थी। जनमत और विपक्ष की अवहेलना करना इस सरकार का स्वभाव बन गया है। जब विपक्ष किसी मुददे पर सरकार का विरोध करता है तो यह उसे उसकी बौखलाहट लगती है। और जब जनता कोई सवाल उठाती है तो वह ऐसा जाहिर करती है, जैसे आम लोगों को तो पाँच साल तक बोलने का अधिकार ही नहीं है। सरकार के इस रवैए के तमाम प्रमाण सामने आ चुके हैं। सबसे शर्मनाक प्रमाण सी.वी.सी. के रूप में पी.जे. थॉमस की नियुक्ति का था। सरकार अच्छी तरह जान रही थी कि थॉमस इस पद के योग्य नहीं, किंतु वह उन्हें सी.वी.सी. बनाने पर अड़ी रही, बल्कि बेशर्मी के साथ उनके पक्ष में हलफनामे भी देती रही। यदि न्यायपालिका दखल नहीं देती तो आज थॉमस सी.वी.सी. के रूप में देश को मुँह चिढ़ा रहे होते।

2जी स्पेक्ट्रम घोटाले में यदि न्यायपालिका दखल नहीं देती तो संभवतः ए. राजा अभी भी दूरसंचार मंत्रालय में होते और प्रधानमंत्री उन्हें क्लीन चिट दे रहे होते। न्यायपालिका की सक्रियता के कारण ही ए. राजा, स्वान टेलीकॉम के प्रमोटर शाहिद उस्मान बलवा, सिने युग के मालिक करीम मोरानी एवं कई अन्य अधिकारी जेल में बंद हैं। इसी प्रकार कॉमनवैल्थ घोटाले में भी न्यायपालिका को कड़ा रुख अपनाना पड़ा, तब जाकर कलमाड़ी एवं अन्य अधिकारी जेल की हवा खा रहे हैं।

न्यायिक सक्रियतावाद इस रूप में भी प्रभावकारी रहा है कि इसने भारत में औपनिवेशिक शासन के कारण फैले विधिक साम्राज्यवाद को रोकने में महत्त्वपूर्ण भूमिका निभाई है। हाल ही में सर्वोच्च न्यायालय ने भूमि अधिग्रहण कानून, 1894 के तहत विशेषकर उत्तर प्रदेश में भूमि–अधिग्रहण को साम्राज्यवादी कहा—तथा यह निर्देश दिया कि यह संविधान के साथ धोखाधड़ी है, इसे तत्काल निरस्त किया जाना चाहिए।

देश में भ्रष्टाचार, पर्यावरण, प्रदूषण, जनसंख्या–वृद्धि, बेरोजगारी की समस्या व्याप्त है, उच्च शिक्षा, स्वास्थ्य सेवाएँ दिन–प्रतिदिन महँगी होती जा रही हैं, न्यायालय ऐसे सभी मामलों में जनहित याचिकाओं के माध्यम से सुनवाई करते रहे हैं। जब कभी नागरिक स्वतंत्रता और कार्यपालिका द्वारा मानव अधिकारों के उल्लंघन का प्रश्न खड़ा होता है, तब न्यायपालिका व्यक्तिगत स्वतंत्रता के हक में मजबूती से खड़ी रही है।

यहाँ गौर करनेवाली बात यह है कि एक के बाद एक मामले इसलिए अदालतों तक पहुँच रहे हैं, क्योंकि संसद् और केंद्र सरकार अपना उत्तरदायित्व मुस्तैदी से निभाने में असमर्थ हो रही है।

केंद्र सरकार प्रभावी 'लोकपाल विधेयक' बनाने की बात कई वर्षों से कर रही है, अन्ना हजारे प्रभावी लोकपाल विधेयक के समर्थन में 13 दिन का उपवास कर चुके हैं, अन्नाजी को मिले जनसमर्थन को केंद्र सरकार अभी तक नकारती रही है, आखिर जनमत की उपेक्षा केंद्र सरकार कब तक करती रहेगी? अत: समय की यही माँग है कि केंद्र में जब तक मजबूत सरकार नहीं बनती है, तब तक न्यायपालिका को सक्रिय भूमिका निभानी ही पड़ेगी। (लेख वर्ष 2013 में लिखा गया था)

न्यायालय का हस्तक्षेप क्यों?

न्यायालय का काम केवल न्याय करने तक ही सीमित नहीं है, बल्कि संविधान की रक्षा करना भी उसका दायित्व है। जैसा कि हम सभी लोग जानते हैं कि लोकतंत्र में जनता प्रमुख होती है, न कि व्यवस्था के अंग। व्यवस्था के अंग से तात्पर्य है, न्यायपालिका, विधायिका तथा कार्यपालिका। यदि सरकार के ये तीनों अंग अपने-अपने दायित्वों का निर्वहन करते हैं तो कहीं कोई दिक्कत नहीं होगी।

1990 के दशक के बाद से भारत में किसी भी दल को पूर्ण बहुमत नहीं मिला है, जिसके कारण केंद्र में मिली-जुली सरकार उतनी कारगर सिद्ध नहीं हुई है, जितनी कि बहुमतवाली सरकार। सरकार संविधान की मूल भावनाओं का समुचित खयाल नहीं रख पाई है। जब कभी सरकार अपने दायित्वों का निर्वहन ठीक प्रकार से नहीं करती, तब जनता न्यायालयों से यह अपेक्षा करने लगती है कि वह सरकार को आवश्यक निर्देश दे। ऐसे में यदि न्यायालय कार्यपालिका के कार्यों में हस्तक्षेप करती है तो कुछ अनुचित नहीं होगा।

सरकार के तीनों अंगों की यह नैतिक ही नहीं, बल्कि संवैधानिक जिम्मेदारी है कि वे संविधान के दायरे में रहकर अपने अधिकारों का प्रयोग करें। देश के संसदीय इतिहास में ऐसे कई अवसर आए हैं, जब न्यायपालिका को अपने संवैधानिक अधिकारों का प्रयोग करना पड़ा है। न्यायपालिका को पुनरावलोकन की शक्ति प्राप्त है। संविधान के दायरे में रहकर वह नए कानूनों व नीतियों की समीक्षा कर सकती है तथा यह निर्धारित कर सकती है कि उक्त कानून संविधान या विधि सम्मत है या नहीं।

सरकार तथा प्रशासनिक उदासीनता के कारण रोजमर्रा की समस्याओं का समाधान नहीं हो पाता, इसलिए कई बार जनहित में प्रशासन और सरकार को सक्रिय करने के लिए न्यायालय को दखल देना पड़ता है। यह सरकार और उसके तंत्र की विफलता है, न कि न्यायिक सक्रियता की। न्यायालय द्वारा भ्रष्टाचार के मामले में अनुमति लेने की जरूरत नहीं होने का फैसला जनहित को ही ध्यान में रखकर दिया गया है।

विधायिका-न्यायपालिका में टकराव के कुछ मुद्दे

(1) आरक्षण में क्रीमिलेयर पर टकराव।

(2) दिल्ली में सीलिंग मुद्दे पर सुप्रीम कोर्ट के फैसलों से राजनीति गरमा गई थी।

(3) तात्कालिक राज्यपाल बूटा सिंह द्वारा बिहार में राष्ट्रपति शासन की अनुशंसा को कोर्ट ने असंवैधानिक बताया था।

(4) उच्च शिक्षा संस्थाओं में ओ.बी.सी. के आरक्षण पर सुप्रीम कोर्ट की फटकार, पूछा आरक्षण का आधार।

(5) पैसा (धन) लेकर सवाल पूछने के मामले में सांसदों की बरखास्तगी पर स्पीकर का न्यायालय को जवाब देने से इनकार।

(6) आंध्र प्रदेश के राज्यपाल द्वारा एक कंपनी नेता को क्षमादान दिए जाने पर सुप्रीम कोर्ट की रोक। न्यायालय ने कहा—राष्ट्रपति व राज्यपाल की क्षमादान शक्ति न्यायिक समीक्षा के दायरे में है।

(7) सुप्रीम कोर्ट का फैसला भ्रष्टाचार मामले में मुख्यमंत्री, मंत्री, सांसद व नौकरशाह पर मुकदमे के लिए अनुमति जरूरी नहीं।

- सर्वोच्च न्यायालय ने कहा—सदन के स्पीकर के फैसले, समीक्षा के दायरे में।
- तत्कालीन राज्यपाल बूटा सिंह द्वारा बिहार में राष्ट्रपति शासन की अनुशंसा को कोर्ट ने असंवैधानिक बताया था।

न्यायालय का अवमान

हमारे देश में विधि का शासन है, विधि के शासन में विधि अर्थात् कानून सर्वोपरि एवं सर्वोच्च माना जाता है। देश का प्रत्येक व्यक्ति कानून के अधीन होता

है, कानून से ऊपर कोई नहीं है। प्रत्येक व्यक्ति का यह कर्तव्य है कि वह कानून का पालन करे।

विधि के शासन की सर्वोपरिता को बनाए रखने के लिए यह आवश्यक है कि यदि कोई व्यक्ति न्यायालय के आदेशों अथवा निर्णयों की जान-बूझकर अवहेलना करता है या अनावश्यक अनुचित आलोचना करता है तो यह न्यायालय का अवमान है, अपमान है।

संवैधानिक व्यवस्था

संविधान के अनुच्छेद-129 में सर्वोच्च न्यायालय को अभिलेख न्यायालय मानते हुए यह कहा गया है कि सर्वोच्च न्यायालय अभिलेख न्यायालय होगा और उसको अपने अवमान के लिए दंड देने की शक्ति सहित ऐसे न्यायालय की सभी शक्तियाँ प्राप्त होंगी।

अनुच्छेद-215 के अनुसार, ''प्रत्येक उच्च न्यायालय अभिलेख न्यायालय होगा और उसको अपने अवमान के लिए दंड देने की शक्ति सहित ऐसे न्यायालय की सभी शक्तियाँ होंगी।'' स्पष्ट है कि अनुच्छेद-129 तथा 215 में क्रमशः सर्वोच्च न्यायालय तथा उच्च न्यायालय को अपने अवमान के लिए दंड देने की शक्तियाँ प्राप्त हैं।

न्यायालय अवमान अधिनियम, 1971

न्यायालय की अवमानना से संबंधित एक संविधान भी है, जिसे न्यायालय अवमान अधिनियम, 1971 कहा जाता है। इस अधिनियम की धारा 2(क) में न्यायालय अवमान की परिभाषा दी गई है। इसके अनुसार, ''न्यायालय अवमान का तात्पर्य सिविल अवमान और दांडिक अवमान से है।'' परिभाषा से स्पष्ट होता है कि अवमान भी दो प्रकार के हैं—

(1) सिविल अवमान तथा (2) दांडिक अवमान

धारा 2(ख) के अनुसार, ''सिविल अवमान का अर्थ है किसी निर्णय, डिक्री, निर्देश, आदेश या आदेशिका की साशय अवज्ञा अथवा किसी न्यायालय से किए गए किसी वचन को साशय भंग करना।''

इसी प्रकार धारा—2(ग) में दांडिक अवमान की परिभाषा देते हुए कहा गया है कि ''दांडिक अवमान का अर्थ है, किसी विषय का प्रकाशन या किसी अन्य प्रकार के कार्य का किया जाना, जिससे—

(क) किसी न्यायालय के प्राधिकार पर लांछन लगाता है या लांछन लगाने को प्रवृत्त होता है या उसको घटाता है या उसको घटाने को प्रवृत्त होता है अथवा

(ख) किसी न्यायिक काररवाई के सम्यक् अनुक्रम पर प्रतिकूल प्रभाव डालता है या उसमें अड़चनें पैदा करता है या अड़चनें पैदा करने की प्रवृत्ति रखता है या

(ग) किसी अन्य रीति से न्याय प्रशासन में अड़चनें पैदा करता है या अड़चनें पैदा करने को प्रवृत्त होता है।

दूसरे शब्दों में हम कह सकते हैं कि न्यायालय के किसी निर्णय, आदेश, डिक्री, निर्देश, रिट या अन्य काररवाई की जान-बूझकर अवज्ञा या अवहेलना करना अथवा न्यायालय को दिए गए किसी वचन को जान-बूझकर भंग करना 'सिविल अवमान' है।

ऐसा कोई कार्य या प्रकाशन करना, जो न्यायालय को किसी प्रकार अपमान करते हों या न्याय प्रशासन पर प्रतिकूल प्रभाव डालते हों, न्यायिक काररवाइयों में अवरोध पैदा करते हों, दांडिक अवमान है।

अपवाद—'न्यायालय अवमान अधिनियम, 1971' की धारा—3 से 7 तक में न्यायालय के अवमान के अपवाद बताए गए हैं, अर्थात् निम्नलिखित दशाओं में न्यायालयों का अवमान नहीं होता, यदि—

(1) विषय का निर्दोष एवं सद्भावपूर्ण प्रकाशन हो।

(2) न्यायिक काररवाइयों की सही एवं उचित रिपोर्टिंग हो।

(3) न्यायिक कार्यों की उचित आलोचना हो।

(4) अधीनस्थ न्यायालयों को न्यायाधीशों के विरुद्ध की गई शिकायत सद्भावपूर्ण हो एवं

(5) न्यायालय की गुप्त बैठकों की काररवाइयों की रिपोर्ट का सही एवं उचित प्रकाशन हो।

सजा या दंड

न्यायालय की अवमानना सिद्ध होने पर 6 माह का कारावास या 2000 रुपए जुर्माना अथवा सजा और जुर्माना दोनों एक साथ हो सकता है।

न्यायालय के न्यायाधीशों को भी न्यायालय की अवहेलना या अवमानना के

लिए दंडित किया जा सकता है।

विख्यात लेखिका और 'बुकर पुरस्कार' से सम्मानित अरुंधति राय को न्यायालय के अवमान में सर्वोच्च न्यायालय ने एक दिन के कारावास तथा दो हजार रुपए जुरमाने की सजा सुनाई।

कई बार यह प्रश्न उठता है कि क्या न्यायाधीशों को भी न्यायालय के अवमान के लिए दोषी ठहराया जा सकता है? इसका उत्तर सकारात्मक है। न्यायालय की गरिमा को बनाए रखना न्यायाधीशों का भी दायित्व है। यदि न्यायाधीश द्वारा न्यायालय की गरिमा के प्रतिकूल आचरण किया जाता है तो उसे भी न्यायालय के अवमान के लिए दोषी ठहराया जा सकता है।

इनरि अजय कुमार पांडे (ए.आई.आर., 1997 एस.सी.-260) के मामले में एक अधिवक्ता द्वारा उच्चतम न्यायालय के न्यायाधीशों के आचरण की निंदा की गई, उनके लिए 'गुंडावाद' जैसे शब्दों का प्रयोग किया गया। सर्वोच्च न्यायालय द्वारा इसे न्यायालय का अवमान मानते हुए अधिवक्ता को दंडित किया।

इनरि विनयचंद्र मिश्र (ए.आई.आर., 1995, एस.सी.-2348) का मामला है। इसमें एक वरिष्ठ अधिवक्ता द्वारा इलाहाबाद उच्च न्यायालय के एक न्यायाधीश के विरुद्ध अभद्र व्यवहार किया गया, सर्वोच्च न्यायालय ने इसे अत्यंत गंभीरता से लिया और दोषी अधिवक्ता को 6 सप्ताह के सांकेतिक कारावास का दंड दिया।

प्रेस से जुड़े न्यायालय के अवमान का एक विख्यात मामला इनरि हरि जयसिंह तथा इनरि विजय कुमार (ए.आई.आर., 1997 एस.सी—73) का है। यह मामला 'संडे डे ट्रिब्यून' तथा 'पंजाब केसरी' में प्रकाशित पेट्रोल पंपों के आवंटन विषयक समाचारों से संबंधित है। इसमें रसायन एवं पेट्रोल मंत्री सतीश शर्मा के विवेकाधीन कोटे में मंत्री के पुत्रों के साथ सर्वोच्च न्यायालय के पूर्व मुख्य न्यायाधीश ए.एम. अहमदी के दो पुत्रों के नाम पेट्रोल पंप आवंटित किए जाने के समाचार प्रकाशित हुए थे। जाँच के बाद पता चला कि समाचार मिथ्या है, झूठ है। न्यायालय ने इसे न्यायालय का अवमान माना तथा समाचार-पत्रों के संपादकों को इस शर्त पर माफी दी कि वे अपने समाचार-पत्रों के मुख पृष्ठ पर तथाकथित समाचारों के मिथ्या एवं भ्रामक होने के समाचार प्रकाशित करें तथा माफी माँगे।

सुप्रीम कोर्ट बार एसोसिएशन बनाम यूनियन ऑफ इंडिया (ए.आई.आर., 1998 एस.सी.-1895) के मामले में सर्वोच्च न्यायालय द्वारा यह स्पष्ट किया

कि न्यायालय के अवमान की शक्तियों का प्रयोग व्यक्तिगत न्यायाधीशों की गरिमा के संरक्षण हेतु नहीं किया जाना चाहिए, बल्कि न्याय प्रशासन के संरक्षण के लिए किया जाना चाहिए।

आपराधिक न्याय प्रदान करनेवाली प्रणाली पर गठित समिति

न्याय में देरी का अर्थ है—न्याय देने से मना कर देना (Justice delayed justice denied)। भारत ने न्यायिक प्रणाली का वही स्वरूप स्वीकार कर लिया, जो ब्रिटिश काल में था। अंग्रेजों के जमाने के अनेक कानून एवं कानूनी प्रक्रिया आज भी मौजूद हैं। अत: आज देशकाल की परिस्थितियों के अनुसार कानूनों में आवश्यक परिवर्तन करने की आवश्यकता है।

कानून में आवश्यक बदलाव लाने के लिए न्यायमूर्ति वी.एस. मलिमथ की अध्यक्षता में आपराधिक न्याय प्रदान करनेवाली समिति का गठन किया गया। समिति ने 2003 में अपनी रिपोर्ट पेश की। समिति ने कानून में बदलाव के लिए 158 सिफारिशें कीं, जिनका लक्ष्य आपराधिक मामलों के न्यायिक निपटारे को आधुनिक, संवेदनशील तथा व्यावहारिक बनाना है। कुछ महत्त्वपूर्ण सिफारिशें निम्नलिखित हैं—

(1) न्याय व्यवस्था का लक्ष्य सत्य का अन्वेषण करना होना चाहिए, न कि किसी अभियुक्त पर शासन द्वारा लगाए गए आरोपों की जाँच करना और उसके दोषी या निर्दोष होने पर विचार करना हो।

(2) सत्य की खोज के लिए अदालतों, पुलिस और अभियोजन पक्ष को गत्यात्मक एवं स्वयं सक्रिय भूमिका निभानी चाहिए। अर्थात् न्यायालय को सिर्फ दोनों पक्ष के अधिवक्ताओं की बहसों पर ही विचार नहीं करना चाहिए, बल्कि अपराध की तह तक जाने के लिए अभियुक्तों तथा गवाहों से प्रश्न पूछे जाने चाहिए।

अभी तक अभियुक्त को सजा देने की शर्त यह है कि यह तर्क बुद्धिसंगत संदेह से परे सिद्ध होना चाहिए कि अभियुक्त ने अपराध किया है।

(3) गवाहों के ठहरने, बैठने, शौचालय व खान-पान की समुचित व्यवस्था की जाए, उन्हें गवाही के लिए लाए जाने पर यात्रा-व्यय एवं भत्ते का

भुगतान शीघ्र कराया जाए तथा गंभीर प्रकृति के अपराधों में अभियुक्तों से उनकी जान-माल की रक्षा की व्यवस्था की जाए।

(4) संगठित अपराधों एवं आतंकवाद से निपटने के लिए पूरे देश के लिए एक जैसा कानून बनाया जाए।

(5) अतंरराष्ट्रीय अपराधों से निपटने हेतु वर्तमान कानूनों में संशोधन करके उन्हें संयुक्त राष्ट्र संघ के समझौते के अनुरूप किया जाए।

(6) तीव्र गति से बदलते आर्थिक अपराधों पर नियंत्रण हेतु आर्थिक अपराधों से संबंधित कानूनों में समयानुकूल संशोधन किए जाएँ तथा यू.के. और आयरलैंड की तरह कठोर कानून बनाया जाए।

(7) संपदा बरामदगी अभिकरण को संदिग्ध अभियुक्तों के खातों को सील करने, संपत्ति को कुर्क करने का भी अधिकार होना चाहिए।

(8) सभी राज्यों में संपदा बरामदी अभिकरण का गठन किया जाए और बोहरा समिति द्वारा सुझाए गए इस अभिकरण को सांविधिक शक्तियाँ प्रदान करते हुए राष्ट्रीय प्राधिकरण का दर्जा प्रदान किया जाए।

(9) अपराधों की जाँच-पड़ताल पर जाँच एजेंसियों पर पड़नेवाले दबावों को निष्प्रभावी करने के लिए राष्ट्रीय सुरक्षा आयोग तथा राज्यों में राज्य सुरक्षा आयोग का गठन किया जाए।

(10) सर्वोच्च आपराधिक खुफिया ब्यूरो का गठन किया जाए, जो अपराधों के बारे में जानकारियाँ हासिल करके उनका तुलनात्मक अध्ययन करे।

(11) न्यायालयों में लंबित आपराधिक मामलों के निपटारे हेतु विशेषज्ञ जजों से युक्त सर्वोच्च न्यायालय तथा उच्च न्यायालयों में स्थायी आपराधिक पीठ गठित की जाए।

(12) महिलाओं पर होनेवाले अत्याचारों से जुड़े मामलों को जमानती अपराध की श्रेणी में रखा जाए। समिति का मानना है कि भारतीय दंड संहिता की धारा-498-अ के अंतर्गत महिला के विरुद्ध उसके पति या परिवार के लोगों द्वारा किए गए अत्याचारों एवं उत्पीड़न से जुड़े अपराध चूँकि गैर-जमानती अपराधों की श्रेणी में आते हैं, इसलिए इन मामलों का निपटारा सौहार्दपूर्ण तरीके से नहीं हो पाता।

(13) महिलाओं तथा बच्चों के प्रति सहृदयता का परिचय देते हुए समिति का झुकाव है कि सात वर्ष से कम आयु के बच्चे की माँ या गर्भवती स्त्री को जेल में नहीं भेजना चाहिए, ऐसी दोष सिद्ध स्त्रियों को घर में

ही कैद कर दिया जाना चाहिए।

(14) बलात्कारी को मृत्युदंड न देकर आजीवन कारावास की सजा दी जानी चाहिए।

(15) अंतरराज्यीय अपराधों तथा अंतरराष्ट्रीय प्रभाव पैदा करनेवाले अपराधों को केंद्रीय सूची में रखा जाना चाहिए, साथ ही संघीय पुलिस की व्यवस्था की जाए।

भारत में कानून व्यवस्था राज्य सूची का विषय है, इसका लाभ ऐसे अपराधियों को मिल रहा है, जो एक से अधिक राज्यों में सक्रिय है।

(16) किसी व्यक्ति ने अपराध किया है या नहीं, यह सिद्ध करने का दायित्व अब तक अभियोजन पक्ष कर रहा है। मलिमथ समिति का सुझाव है कि कोई अभियुक्त अपराधी है या नहीं, यह सिद्ध करने का दायित्व अभियोजन पक्ष पर नहीं होना चाहिए; बल्कि यह दायित्व तो अभियुक्त पर होना चाहिए कि वह सिद्ध करे उसने अपराध नहीं किया है।

(17) मलिमथ समिति का यह भी सुझाव है कि न्यायालय को किसी अभियुक्त द्वारा पुलिस अधिकारी मजिस्ट्रेट के समक्ष दिए गए बयान को ही साक्ष्य के तौर पर स्वीकार कर लिया जाना चाहिए। इसके लिए साक्ष्य अधिनियम में संशोधन किया जाना चाहिए।

बहुत सारे मामले तो न्यायालय में जाकर इसलिए छूट जाते हैं कि अभियुक्त जाँच के दौरान पुलिस अधिकारी को दिए गए अपने बयान से मुकर जाते हैं या गवाह प्रतिपक्षी (Hostile) हो जाते हैं।

स्पष्ट है, मलिमथ समिति की यदि उक्त सिफारिशें सरकार के द्वारा स्वीकार कर ली जाती हैं तो न्यायिक व्यवस्था में क्रांतिकारी परिवर्तन लाया जा सकता है।

भारत में न्याय व्यवस्था की न्यायिक प्रक्रिया इस सीमा तक अत्यधिक लंबी, खर्चीली, उबाऊ एवं दुरूह हो गई है कि आम आदमी न्याय पाने से वंचित होता जा रहा है। धन, बल एवं बाहुबल के सहारे शातिर-से-शातिर अपराधी न्यायालयों से साफ बरी हो रहे हैं या जमानत पर छूटकर न्याय व्यवस्था के नियमों की धज्जियाँ उड़ा रहे हैं।

वर्तमान में न्यायिक प्रक्रिया की इससे बड़ी कमजोरी और क्या हो सकती है कि आज अनेक अपराधों में लिप्त व्यक्ति लोकसभा एवं विधानसभाओं के न केवल माननीय सदस्य हैं, बल्कि कुछ तो मंत्री भी बनकर सारी सुख-सुविधाओं का भोग करते हैं। ऐसे माननीय सदस्य क्या कभी चाहेंगे कि न्यायिक व्यवस्था में आमूल चूल परिवर्तन हो?

संसद् और सर्वोच्च न्यायालय

हमारे देश में संसद् विधायिका की शीर्षस्थ संस्था है तो सर्वोच्च न्यायालय न्यायपालिका की। दोनों ही, अर्थात् विधायिका एवं न्यायपालिका शासन के प्रमुख अंग हैं, दोनों का अपना स्वतंत्र अधिकार क्षेत्र है। विधायिका विधि का निर्माण करती है, जबकि सर्वोच्च न्यायालय द्वारा विधि का संरक्षण किया जाता है।

सामान्यतया विधायिका तथा न्यायपालिका द्वारा एक-दूसरे के कार्य में हस्तक्षेप नहीं किया जाता है, किंतु सर्वोच्च न्यायालय द्वारा विधायिका के कार्यक्षेत्र में तभी हस्तक्षेप किया जाता है, जब विधायिका संविधान के अनुसार कार्य नहीं करती।

भारत में संविधान के प्रारंभिक काल में ही मूल अधिकारों में संशोधन को लेकर संसद् एवं सर्वोच्च न्यायालय के बीच पहली बार शक्ति-परीक्षण का अवसर आया। शक्ति-परीक्षण शंकरी प्रसाद के मामले से प्रारंभ होकर केशवानंद भारती तक आकर थोड़ा-बहुत रुका।

प्रथम संशोधन : शंकरी प्रसाद का मामला

संसद् तथा सर्वोच्च न्यायालय के बीच शक्ति परीक्षण का प्रारंभ संविधान के प्रथम संशोधन अधिनियम, 1951 से होता है। प्रथम संशोधन को शंकरी प्रसाद बनाम यूनियन ऑफ इंडिया (ए.आई.आर., 1951 एस.सी.-458) के मामले में इस आधार पर चुनौती दी गई कि यह संशोधन संविधान के भाग तीन में वर्णित मूल अधिकारों का अतिक्रमण करता है, इसलिए असंवैधानिक है। संविधान के अनुच्छेद-13 के अनुसार, ''राज्य द्वारा ऐसी कोई विधि नहीं बनाई जाएगी, जो भाग तीन में वर्णित मूल अधिकारों को कम करती हो या छीनती हो।'' अनुच्छेद-368 के अंतर्गत किया जानेवाला संशोधन भी अनुच्छेद-13 के अंतर्गत विधि है, अत: मूल अधिकारों का अतिक्रमण या अल्पीकरण करनेवाला संशोधन असंवैधानिक होता है, किंतु सर्वोच्च न्यायालय ने इस तर्क को नहीं माना और कहा कि अनुच्छेद 368 के अंतर्गत किया जानेवाला संशोधन अनुच्छेद-13 के अंतर्गत विधि की परिभाषा में नहीं आता है। इस प्रकार शंकरी प्रसाद के मामले में सर्वोच्च न्यायालय द्वारा संसद् को संविधान में मनमाना संशोधन करने का अधिकार दे दिया।

17वाँ संविधान संशोधन : सज्जन सिंह का मामला

सज्जन सिंह बनाम स्टेट ऑफ राजस्थान (ए.आई.आर., 1965, एस.सी.-845) के अंतर्गत संविधान के 17वें संशोधन अधिनियम को भी उन्हीं आधारों पर चुनौती दी गई थी, जिन पर संविधान के प्रथम संशोधन अधिनियम को शंकरी प्रसाद के मामले में दी गई थी, किंतु इस बार भी सर्वोच्च न्यायालय ने अपने पूर्व निर्णय को यथावत् रखते हुए कहा कि यदि संविधान संशोधन को भी अनुच्छेद-13 के अंतर्गत विधि मानने का आशय होता तो उसका स्पष्ट उल्लेख संविधान में कर दिया जाता, अर्थात् मूल अधिकारों को संविधान संशोधन की परिधि से बाहर रखा जाता।

स्पष्ट है, इस मामले में भी सर्वोच्च न्यायालय द्वारा संसद् की संविधान-संशोधन की शक्तियों की पुष्टि की गई और दोनों के बीच टकराव, अर्थात् शक्ति-परीक्षण की स्थिति उत्पन्न नहीं हुई है।

गोलकनाथ बनाम स्टेट ऑफ पंजाब का मामला

भारतीय राजनीति में गोलकनाथ बनाम स्टेट ऑफ पंजाब (ए.आई.आर., 1967 एस.सी.-1643) का मामला लंबे समय तक चर्चा में रहा है। इस मामले में सर्वोच्च न्यायालय ने अपने दोनों पूर्व निर्णयों को पलटते हुए यह कहा कि संसद् को मूल अधिकारों में संशोधन करने की कोई शक्ति नहीं है। न्यायमूर्ति के. सब्बाराव ने कहा है कि—

(1) संविधान संशोधन भी अनुच्छेद-13 के अंतर्गत विधि है, अत: संसद् द्वारा मूल अधिकारों को अल्पीकृत करनेवाला कोई संशोधन नहीं किया जा सकता है तथा

(2) अनुच्छेद-368 केवल संशोधन की प्रक्रिया का उल्लेख करता है, संशोधन की शक्ति का नहीं।

24वाँ संशोधन और केशवानंद भारती का मामला

गोलकनाथ के मामले में दिए गए सर्वोच्च न्यायालय के निर्णय को निष्प्रभावी करने के लिए संसद् द्वारा 1971 में संविधान का 24वाँ संशोधन अधिनियम पारित किया गया, जिसमें यह कहा गया कि अनुच्छेद-368 के अंतर्गत पारित कोई भी विधि अनुच्छेद-13(2) में प्रयुक्त शब्द विधि में सम्मिलित नहीं मानी जाएगी। इस प्रकार इस संशोधन अधिनियम द्वारा संविधान के अनुच्छेद-13 में एक नया उपखंड (4) तथा अनुच्छेद में एक नया उपखंड (3) जोड़कर संसद् ने अपने आपको मूल

अधिकारों में संशोधन करने के लिए सशक्त बना लिया।

किंतु केशवानंद भारती बनाम स्टेट ऑफ केरल (ए.आई.आर., 1973, एस.सी.-1461) के मामले में इस संविधान संशोधन की संवैधानिकता को चुनौती दी गई। इस मामले में सर्वोच्च न्यायालय ने अपने निर्णय में मध्यम मार्ग को अपनाया और कहा कि संसद् संविधान में संशोधन तो कर सकती है, लेकिन ऐसा संशोधन नहीं कर सकती, जिससे संविधान का आधारभूत ढाँचा नष्ट हो जाए। इस प्रकार सर्वोच्च न्यायालय ने संसद् की संविधान संशोधन की सीमा तय कर दी।

संविधान का आधारभूत ढाँचा

केशवानंद भारती केस में सर्वोच्च न्यायालय ने स्पष्ट रूप से कहा कि संसद् संविधान में संशोधन तो कर सकती है, किंतु संशोधन इतना अधिक नहीं कर सकती, जिससे कि संविधान का 'आधारभूत ढाँचा' ही बदल जाए। सर्वोच्च न्यायालय ने उस समय यह नहीं बताया कि आधारभूत ढाँचे से क्या मतलब है। इसका निर्धारण प्रत्येक मामले की परिस्थितियों पर छोड़ दिया गया। बाद में ऐसे कई मामले आए, जिनमें संविधान के आधारभूत ढाँचे की व्याख्या की गई, जिसे संविधान का आधारभूत ढाँचा माना गया—

(1) संविधान की सर्वोपरिता को सभी स्थिति में माना जाए।

(2) संविधान का गणतंत्रात्मक एवं लोकतंत्रात्मक स्वरूप।

(3) विधायिका, कार्यपालिका एवं न्यायपालिका के बीच शक्तियों का पृथक्करण।

(4) संविधान की संघीय प्रकृति का ध्यान रखा जाए।

(5) देश की एकता एवं अखंडता सदैव बनी रहे।

(6) मूल अधिकारों एवं राज्य की नीति के निर्देशक तत्त्वों द्वारा सुनिश्चत व्यक्ति की गरिमा।

(7) भारत की संप्रभुता अखंड बनी रहे।

(8) कल्याणकारी राज्य की स्थापना की जाए।

(9) विधि का शासन।

(10) न्यायिक पुनर्निरीक्षण की शक्ति।

(11) स्वतंत्र एवं निष्पक्ष चुनाव पर आधारित लोकतंत्र आदि।

उपरोक्त सभी बातों पर विशेष रूप से ध्यान रखा जाए।

42वाँ संविधान संशोधन

सर्वोच्च न्यायालय द्वारा केशवानंद भारती के मामले में दिया गया निर्णय विधायिका को रास नहीं आया था, संसद् इसे संविधान संशोधन की शक्तियों के मार्ग में काँटा मान रही थी। अत: इसे दूर करने के लिए संविधान के 42वें संशोधन के द्वारा अनुच्छेद-368 में नया उपखंड (4) व (5) बढ़ाकर संसद् की संविधान संशोधन की शक्ति को न्यायालय की अधिकारिता से बाहर कर दिया।

मिनर्वा मिल्स का मामला : एक अग्नि परीक्षा

42वें संशोधन के द्वारा संसद् की संविधान संशोधन की शक्ति को न्यायालय की अधिकारिता से बाहर कर दिया गया। इसे मिनरवा मिल्स बनाम यूनियन ऑफ इंडिया (ए.आई.आर., 1980 एस.सी.-1789) के मामले में चुनौती दी गई। सर्वोच्च न्यायालय ने अपने निर्णय में इस संशोधन को असंवैधानिक करार दिया, साथ ही यह भी कहा कि यह संशोधन अधिनियम संसद् को संशोधन की असीमित शक्तियाँ प्रदान करनेवाला होने से संविधान के आधारभूत ढाँचे पर आघात करता है तथा न्यायालय ने तत्परता दिखाते हुए संविधान के आधारभूत ढाँचे में दो और बातों को जोड़ दिया—

(1) संविधान में संशोधन की संसद् की शक्तियाँ असीमित नहीं हैं, बल्कि संसद् की सीमित शक्ति है।

(2) न्यायपालिका की पुनर्निरीक्षण की शक्ति बनी रहेगी।

42वें संविधान संशोधन के संबंध में आलोचकों का कहना है कि यह इंदिरा गांधी के चुनाव को अवैध घोषित करनेवाले इलाहाबाद उच्च न्यायालय के निर्णय को निष्प्रभावी करने के लिए किया गया था। इस संशोधन द्वारा प्रधानमंत्री के निर्वाचन को न्यायालय की अधिकारिता से बाहर कर दिया गया था। अपील में सर्वोच्च न्यायालय ने इंदिरा गांधी के निर्वाचन को यद्यपि वैध तो ठहरा दिया, किंतु निर्वाचन को न्यायालय की अधिकारिता से बाहर करनेवाले उपबंध को संविधान के आधारभूत ढाँचे पर आघात मानते हुए नकार दिया था।

जन प्रतिनिधित्व व कानून में संशोधन एवं सर्वोच्च न्यायालय

जन प्रतिनिधित्व अधिनियम, 1951 में किए गए 2002 के संशोधन। वस्तुत: यह संशोधन यूनियन बैंक ऑफ इंडिया बनाम एसोसिएशन फॉर डेमोक्रेटिक रिफोर्म्स

(ए.आई.आर., 2002 एस.सी.-2122) के मामले में दिए गए सर्वोच्च न्यायालय के निर्णय को निष्प्रभावी करने के लिए किया गया था। उक्त निर्णय में सर्वोच्च न्यायालय द्वारा यह अभिनिर्धारित किया गया था कि मतदाता को चुनावी प्रत्याशी शैक्षणिक योग्यता, संपत्ति, आपराधिक रिकॉर्ड आदि के बारे में जानने का अधिकार है तथा ऐसी सब सूचनाएँ नामांकन-पत्र में दिया जाना आवश्यक है।

संसद् को सर्वोच्च न्यायालय की यह बात अच्छी नहीं लगी और न ही संसद् के गले में उतरी। जनप्रतिनिधि संशोधन अधिनियम, 2002 द्वारा एक नई धारा-33ख जोड़कर उक्त निर्णय को निष्प्रभावी कर दिया गया, इसे भी सर्वोच्च न्यायालय में चुनौती दी गई और सर्वोच्च न्यायालय ने अपने निर्णय में उक्त संशोधित धारा को अवैध घोषित कर दिया।

हड़ताल, बंद, धरना आदि के संबंध में सुप्रीम कोर्ट के दिशा-निर्देश

हड़ताल, धरना, बंद, प्रदर्शनों के कारण सार्वजनिक निजी संपत्ति को होने वाले नुकसान के संबंध में सुप्रीम कोर्ट ने 16 अप्रैल, 2009 को दिशा-निर्देश जारी किए। दिशा-निर्देशों का मकसद सार्वजनिक संपत्तियों पर संभावित खतरे से पहले ही रोकथाम के उपाय सुनिश्चित करने के साथ जाँच एजेंसियों को अधिक प्रभावी बनाना था। दिशा-निर्देश को निम्नलिखित रूप में व्यक्त कर सकते हैं।

रोकथाम के संबंध में उपाय

(1) शांतिपूर्ण मार्च या विरोध-प्रदर्शन के पहले आयोजक को पुलिस से मिलकर रूट की समीक्षा और बदलाव के संबंध में चर्चा करनी चाहिए।

(2) सभी प्रकार के हथियार प्रतिबंधित किए जाने चाहिए, यहाँ तक कि कोई लाठी, डंडे भी लेकर न चले।

(3) आयोजक को शांतिपूर्ण मार्च के संबंध में एक सहमति-पत्र देना चाहिए।

(4) प्रदर्शनों की वीडियोग्राफी पुलिस को करनी चाहिए।

(5) प्रदर्शन का निरीक्षण क्षेत्र के सर्वोच्च पुलिस अधिकारी को करना चाहिए।

(6) हिंसक मामले में जाँच अधिकारी को साक्ष्य के रूप में निजी ऑपरेटरों

की वीडियोग्राफी मीडिया फुटेज एवं सूचनाओं को एकत्र करना चाहिए।

(7) पुलिस को राज्य सरकार के पास तत्काल रिपोर्ट भेजनी चाहिए। यदि उनके अधिकारियों द्वारा कोई नुकसान किया गया है तो उसका रिकॉर्ड भी दर्ज करना चाहिए।

(8) पुलिस रिपोर्ट के आधार पर राज्य सरकार को हाई कोर्ट या सुप्रीम कोर्ट में संबंधित काररवाई के लिए याचिका दायर करनी चाहिए।

नुकसान के संबंध में सुझाव

(1) संपत्ति का नुकसान होने पर हाई कोर्ट मामले का स्वत: संज्ञान लेते हुए काररवाई कर सकता है। वह जाँच के लिए निकाय का गठन करने के साथ दंड दे सकता है।

(2) एक से अधिक राज्यों के शामिल होने पर इस तरह की काररवाई सुप्रीम कोर्ट कर सकता है।

(3) नुकसान का आकलन और जवाबदेही की जाँच करने के लिए हाई कोर्ट या सुप्रीम कोर्ट वर्तमान या रिटायर हाई कोर्ट जज या जिला जज को दावा आयुक्त (क्लेम कमिश्नर) नियुक्त कर सकता है। इस आयुक्त की मदद के लिए एक आकलन करनेवाला सहायक होगा।

(4) सभी स्रोतों से नुकसान का आकलन उपद्रवी तत्त्वों की साँठ-गाँठ का पता लगाने के लिए दावा कमिश्नर हाई कोर्ट या सुप्रीम कोर्ट से वीडियो फुटेज की मदद ले सकता है।

(5) निजी सार्वजनिक संपत्ति के विध्वंस या नुकसान होने, किसी व्यक्ति के घायल या मृत्यु होने और पुलिस की जवाबी काररवाई की लागत के आधार पर क्षति का आकलन किया जाएगा।

(6) विरोध-प्रदर्शन करनेवाले व्यक्ति या संगठन की देनदारी या जवाबदेही का निर्धारण अंतिम तौर पर हाई कोर्ट या सुप्रीम कोर्ट करेगा।

सर्वोच्च न्यायालय ने केंद्र और राज्य सरकारों को नोटिस जारी कर दिशा-निर्देश का पालन करने को कहा है।

न्यायिक नियुक्ति आयोग (National Judicial Appointments Commission)

सर्वोच्च न्यायालय व सभी 24 उच्च न्यायालयों में न्यायाधीशों की नियुक्ति व उनके तबादलों का काम न्यायिक नियुक्ति आयोग देखेगा। सर्वोच्च न्यायालय की अध्यक्षता वाले इस आयोग में सर्वोच्च न्यायालय के दो अन्य वरिष्ठ न्यायाधीश सदस्य होंगे, केंद्रीय विधि मंत्री व दो अन्य गणमान्य व्यक्ति भी इसके सदस्य होंगे। गणमान्य व्यक्तियों का चयन तीन सदस्यीय समिति द्वारा किया जाएगा, जिसमें प्रधानमंत्री, लोकसभा में विपक्ष के नेता (विपक्ष के नेता का दर्जा किसी को भी प्राप्त न होने की स्थिति में सबसे बड़े विपक्षी दल के नेता) तथा मुख्य न्यायाधीश शामिल होंगे। संदर्भित दो गणमान्य व्यक्तियों में से एक अनुसूचित जाति, जनजाति, अन्य पिछड़े वर्गों, अल्पसंख्यक समुदाय या महिला वर्ग से होगा।

राष्ट्रीय न्यायिक नियुक्ति आयोग विधेयक को संसद् के दोनों सदन में अगस्त 2014 में पारित किया था। यह 127वाँ संविधान संशोधन था। इस विधेयक को आधे से अधिक विधानसभाओं के अनुमोदन प्राप्त हो जाने पर राष्ट्रपति ने 30 दिसंबर, 2014 को अपनी स्वीकृति प्रदान कर दी।

सर्वोच्च न्यायालय ने न्यायिक नियुक्ति आयोग को असंवैधानिक घोषित कर रद्द दिया।

संक्षिप्त टिप्पणी

रात्रि अदालतें—लंबित मामलों के बोझ को कम करने के लिए रात्रि या सांध्यकालीन अदालतों (नाइट कोर्ट) संबंधी पहला अभिनव प्रयोग नवंबर 2006 में गुजरात में किया गया। नाइट कोर्ट में वर्किंग डेज में शाम 5 से 7 बजे के बीच अतिरिक्त समय देकर मुकदमों की सुनवाई की जाती है। अहमदाबाद में आयोजित 17 सांध्यकालीन अदालतों में महज 45 दिनों में 16 हजार मामलों की सुनवाई की गई। इन अदालतों में छोटे-मोटे झगड़ों, सिविल मुकदमे, मोटर ऐक्ट संबंधी मामले, औद्योगिक झगड़े तथा 3 साल तक कैद या एक लाख तक जुरमानेवाले अपराधों की सुनवाई की जाती है।

मोबाइल कोर्ट—न्याय को लोगों के दरवाजे तक पहुँचाने के उद्देश्य से केंद्र सरकार ने दिसंबर 2007 में पंचायत स्तर पर मोबाइल अदालतों की स्थापना

के प्रस्ताव को मंजूरी प्रदान की। भारत में पहली मोबाइल अदालत हरियाणा के मेवात जिले में गठित हुई, यह कोर्ट बस या किसी अन्य वाहन से गाँव-गाँव जाकर मामलों की सुनवाई करता है।

फास्ट ट्रैक कोर्ट—निचली अदालतों में लाखों की संख्या में लंबित मुकदमों की त्वरित सुनवाई के लिए केंद्र सरकार ने वर्ष 2000 में 502 करोड़ रुपए की लागत से जिला स्तर पर 1734 फास्ट ट्रैक कोर्ट खोलने की घोषणा की। वर्तमान में देश भर में 1400 से अधिक फास्ट ट्रैक कोर्ट सक्रिय हैं, जो अब तक हजारों मामलों की सुनवाई कर चुके हैं।

स्पेशल कोर्ट—इसका गठन स्पेशल कोर्ट ऐक्ट, 1979 के अंतर्गत किया गया था। लंबित मुकदमों की त्वरित सुनवाई के लिए केंद्र सरकार स्पेशल कोर्ट के गठन के लिए अलग से अधिसूचना जारी करती है।

नायब कोर्ट—जुलाई 2009 में देश की राजधानी दिल्ली में सड़क दुर्घटनाओं के पीड़ितों को जल्दी उचित न्याय तथा मुआवजा दिलाने के लिए दिल्ली पुलिस ने नायब कोर्ट को प्रारंभ किया।

लोक अदालत—लोक अदालतों में आपसी समझौते से संबंधित मुकदमों को निपटाया जाता है। देश में पहली लोक या जन अदालत वर्ष 1986 में चेन्नई में गठित की गई थी। अदालतों में विचाराधीन ऐसे मामले, जो इनके क्षेत्राधिकार में आते हैं, जिनका हल बातचीत से संभव हो, उनकी सुनवाई ये अदालतें कर सकती हैं।

लोक अदालत की काररवाई नि:शुल्क होती है। अदालत की काररवाई इस बात पर निर्भर करती है कि विवाद से जुड़े दोनों पक्ष मामले के निपटारे तथा समझौते के लिए राजी हों।

लोक अदालत के आदेश या फैसले के खिलाफ कोई अपील नहीं की जा सकती। वैवाहिक विवाद, जमीन-जायदाद संबंधी विवाद, घरेलू हिंसा, लोन रिकवरी तथा चेक बाउंस के विवादों को सुलझाने में लोक अदालतें काफी प्रभावी साबित हो रही हैं।

भारत की जाँच एजेंसियाँ

सी.बी.आई. (CBI)—केंद्रीय जाँच ब्यूरो (सेंट्रल ब्यूरो ऑफ इंवेस्टिगेशन CBI) भारत की प्रमुख जाँच एजेंसी है। देश में होनेवाले विभिन्न तरह के अपराध और सुरक्षा से जुड़े मामलों की जाँच के लिए अप्रैल 1963 में इसका गठन किया

गया था। यह भारत की अधिकारिक इंटरपोल यूनिट है और केंद्र सरकार के पर्सनल, पब्लिक ग्रीवासेज ऐंड पेंशन मिनिस्ट्री के तहत आती है, इसके तहत तीन डिवीजन काम करती हैं—(1) एंटी करप्शन डिवीजन, (2) इकोनॉमिक क्राइम डिवीजन तथा (3) स्पेशल क्राइम डिवीजन।

केंद्र सरकार के विभिन्न विभागों, आर्थिक संस्थानों और सार्वजनिक क्षेत्र में होनेवाले भ्रष्टाचार एवं धोखाधड़ी की जाँच-पड़ताल करती है। इसी प्रकार 'इकोनॉमिक क्राइम डिवीजन' बैंक तथा फाइनेंशियल फ्रॉड, आयात-निर्यात और विदेशी मुद्रा से जुड़े नियमों के उल्लंघन, नशीली दवाओं, ऐतिहासिक, पुरातात्त्विक तथा सांस्कृतिक संपदा एवं अन्य प्रतिबंधित सामानों की तस्करी से संबंधित मामलों की तफ्तीश करता है, जबकि स्पेशल क्राइम डिवीजन के तहत आतंकवाद, बम ब्लास्ट, मानव-बम, फिरौती के लिए अपहरण, चर्चित हत्याओं से संबंधित अनसुलझी गुत्थी तथा माफियाओं द्वारा किए जानेवाले संगीन अपराधों की जाँच की जाती है।

प्रवर्तन निदेशालय (ED)—प्रवर्तन निदेशालय भारत के वित्त मंत्रालय (राजस्व विभाग) के अधीन एक प्रशासनिक कार्यालय है, इसका मुख्य कार्य फॉरेन एक्सचेंज मैनेजमेंट ऐक्ट, 1999 और प्रिवेंशन ऑफ मनी लाउंड्रिंग ऐक्ट, 2002 को लागू कराना होता है, उक्त कानूनों का उल्लंघन होने पर यही विभाग जाँच-पड़ताल करता है और मामलों के तहत संदिग्ध व्यक्तियों की गिरफ्तारी और उन पर अभियोग चलाने का काम भी इसी के अधिकार क्षेत्र में आता है।

सीरियस फ्रॉड इंवेस्टिगेशन—स्टॉक मार्केट में होनेवाले घोटालों की जाँच के लिए 1 अक्तूबर, 2003 को सीरियस फ्रॉड इंवेस्टिगेशन संस्थान का गठन किया गया। यह संगठन कंपनी अधिनियम, 1956 की धारा-235/237 के अंतर्गत केंद्र सरकार द्वारा सौंपे गए कथित धोखाधड़ी के मामलों में जाँच करती है।

केंद्रीय सतर्कता आयोग (CVC)—भारत सरकार ने फरवरी 1964 में सरकारी विभागों में व्याप्त भ्रष्टाचार को खत्म करने के लिए सेंट्रल विजिलेंस कमीशन (CVC) का गठन किया था। यह एक स्वायत्त संस्था है तथा भारत सरकार के तहत होनेवाले तमाम निगरानी संबंधी कार्यों का दायरा इसी के अंतर्गत आता है।

भ्रष्टाचार निरोधक कानून, 1988 के तहत दिल्ली स्पेशल पुलिस इस्टेब्लिशमेंट (DSPE) द्वारा किए जानेवाले कार्यों पर सी.वी.सी. निगरानी रखने का काम करता है।

महासॉलिसीटर तथा अतिरिक्त महासॉलिसीटर

महान्यायवादी (अटर्नी जनरल) के अलावा केंद्र सरकार के अन्य विधि अधिकारी हैं—भारत के महासॉलिसीटर और अतिरिक्त महासॉलिसीटर। इन अधिकारियों के कार्य निम्न प्रकार से हैं—

(i) विधि (कानून) से संबंधित विषयों पर परामर्श देना।

(ii) भारत सरकार से संबंधित वादों, रिट याचिकाओं, अपीलों एवं अन्य विधि कार्य आदि के लिए सर्वोच्च न्यायालय या किसी अन्य न्यायालय में पेश होना।

(iii) संविधान से संबंधित या किसी अन्य विधि द्वारा या उसके अधीन, विधि अधिकारी को सौंपे गए कार्य करना तथा

(iv) राष्ट्रपति द्वारा संविधान के अनुच्छेद-143 के अंतर्गत सर्वोच्च न्यायालय को भेजे गए निर्देश में भारत सरकार का प्रतिनिधित्व करना।

विधि अधिकारी केंद्र सरकार के लिए विधिक कार्य करते हैं। अतः उनसे यह अपेक्षा की जाती है कि वे सरकार के प्रति पूर्ण वफादारी, ईमानदारी से अपने कर्तव्यों का निर्वहन करेंगे तथा भारत सरकार के विरुद्ध कोई विधिक परामर्श नहीं देंगे, जिससे सरकार की बदनामी हो। जब कभी सर्वोच्च न्यायालय में किसी निगम के पक्ष और भारत सरकार के पक्ष के बीच विवाद उत्पन्न हो तो ये स्वाभाविक रूप से भारत सरकार के पक्ष में कार्य करेंगे। इनसे यह भी आशा की जाती है कि भारत सरकार की अनुमति के बिना किसी कंपनी या निगम में निदेशक के रूप में नियुक्ति स्वीकार नहीं करेंगे।

यद्यपि अधिकारी दिल्ली में रहकर कार्य करते हैं, किंतु जब कभी जरूरत पड़ती है, वे किसी भी उच्च न्यायालय या अन्य अधीनस्थ न्यायालय में भारत सरकार का प्रतिनिधित्व करते हैं।

केंद्रीय विधि अभिकरण अनुभाग

सर्वोच्च न्यायालय में विधि मंत्रालय के अधीन केंद्र सरकार, अन्य राज्यों और सरकारी संगठनों का एक विभाग होता है, जिसे साधारण तथा केंद्रीय अभिकरण कहा जाता है, जिसमें कानून के विशेषज्ञ अधिवक्ता भारत सरकार के अभिकरणों में पूरे समय के लिए नियुक्त और उससे संबद्ध रहते हैं।

न्याय की मिसाल : अलवर की फास्ट ट्रैक अदालत (13 अप्रैल, 2006)

अलवर में जर्मनी की शोध छात्रा से दुष्कर्म के मामले में वहाँ की एक फास्ट ट्रैक अदालत द्वारा अभियुक्त को मात्र 22 दिनों में सजा सुनाना एक ऐतिहासिक फैसला एवं मिसाल है, जिसका अनुसरण सारे देश को करना चाहिए।

अलवर की फास्ट ट्रैक अदालत इस तत्परता के लिए अभिनंदन की पात्र रही। इसके साथ ही अलवर पुलिस की भी विशेष रूप से सराहना करनी होगी, क्योंकि उसके द्वारा जुटाए गए पुष्ट प्रमाणों के आधार पर ही अदालत इस निष्कर्ष पर पहुँची कि आरोपी युवक ने जर्मन की युवती के साथ दुष्कर्म किया है। दुष्कर्म करनेवाला युवक एक बड़े पुलिस अधिकारी का बेटा था।

यह पहली बार नहीं है, जब राजस्थान की किसी अदालत ने दुष्कर्म के किसी मामले में अभियुक्तों को बेहद कम समय में सजा सुनाई थी। 2005 में भी राजस्थान उच्च न्यायालय ने दो ऑटोरिक्शा चालकों को जर्मनी की एक पर्यटक के साथ दुष्कर्म करने के आरोप में 21 दिन में ही सजा सुना दी थी।

प्रश्न उठता है कि जो कार्य राजस्थान उच्च न्यायालय अथवा अलवर की फास्ट ट्रैक अदालत ने किया, वह सारे देश की न्यायपालिका के स्तर पर क्यों नहीं किया जा सकता ?

बेहतर तो यही होगा कि सर्वोच्च न्यायालय कुछ ऐसे दिशा-निर्देश जारी करे, जिससे भारतीय महिलाओं को भी उसी तरह न्याय मिल सके, जैसे कि जर्मनी की महिलाओं को मिला।

सामान्य वर्ग में कोटेवालों को मेरिट पर नौकरी नहीं : उच्च न्यायालय (2006)

इलाहाबाद उच्च न्यायालय ने अपने ऐतिहासिक फैसले में भारतीय संविधान में दी गई आरक्षण व्यवस्था तथा इसके तहत उत्तर प्रदेश में लागू आरक्षण कानून, 1994 के प्रावधानों की व्याख्या करते हुए कहा है कि आरक्षित वर्ग का व्यक्ति यदि सामान्य वर्ग के अभ्यर्थियों के साथ चयन/नियुक्ति हेतु खुली प्रतियोगिता में आवेदन देता है तो उसे आरक्षण का लाभ नहीं दिया जा सकता। इसी प्रकार आरक्षित वर्ग के तहत आवेदन देनेवाला आरक्षित श्रेणी का अभ्यर्थी सामान्य वर्ग में चयनित होने का लाभ इस आधार पर नहीं प्राप्त कर सकता कि उसने सामान्य वर्ग के अभ्यर्थी से मेरिट में अधिक अंक प्राप्त किए हैं।

न्यायालय ने स्पष्ट किया कि संविधान में ऐतिहासिक रूप से कमजोर लोगों को संरक्षण देने का उपबंध किया गया है, किंतु इसका अर्थ यह नहीं है कि इस वर्ग के हितों का संरक्षण करते समय समाज के अन्य वर्ग के हितों की अनदेखी कर दी जाए। न्यायालय ने कहा कि आरक्षित श्रेणी के अभ्यर्थी को नियुक्ति या चयन के लिए आवेदन भरते समय ही अपना विकल्प तय कर लेना चाहिए कि उसे सामान्य वर्ग के साथ खुली प्रतियोगिता में शामिल होना है अथवा आरक्षित वर्ग के अभ्यर्थियों के साथ।

शून्य अंक पर प्रतिकार (शिक्षा परिषद् की लापरवाही, 2007)

सुनील कुमार यादव ने 2007 में हाई स्कूल की परीक्षा दी। सुनील को विज्ञान के प्रश्न-पत्र तथा सामाजिक विज्ञान के प्रश्न-पत्र में शून्य अंक मिला, इलाहाबाद उच्च न्यायालय ने इसे गंभीर मानते हुए सुनील कुमार यादव प्रति उत्तर प्रदेश के मामले में रिट याचिका स्वीकृत करते हुए 50,000 रुपए परीक्षार्थी को प्रतिकार के रूप में दिलाने के साथ-साथ उत्तीर्ण होने के लिए आवश्यक अंक भी परीक्षार्थी को दिलाए। ज्ञातव्य है कि परीक्षार्थी को अन्य प्रश्न-पत्रों में अच्छे अंक प्राप्त हुए थे। उसने दो प्रश्न-पत्रों के संदर्भ में स्क्रूटनी का आवेदन किया था, शिक्षा परिषद् से उसे उत्तर प्रेषित किया गया कि स्क्रूटनी के बाद भी अंकों में कोई अंतर नहीं पड़ा है। परीक्षार्थी ने उच्च न्यायालय में रिट याचिका प्रस्तुत की और यह प्रार्थना भी की कि उसकी उत्तर पुस्तिका उच्च न्यायालय मँगाकर स्वयं देखे। उच्च न्यायालय द्वारा उत्तर पुस्तिका मँगाए जाने पर शिक्षा परिषद् की ओर से यह शपथ-पत्र आया कि उत्तर पुस्तिका खो गई है। उच्च न्यायालय ने इस उत्तर को बहुत गंभीरता से लिया और यह पाया कि जब उत्तर पुस्तिका पहले ही खो चुकी थी तो स्क्रूटनी के नाम पर छल हुआ है। एक परीक्षार्थी, जो अन्य सभी विषयों में प्रथम श्रेणी के अंक लाया था, परिषद् की लापरवाही से द्वितीय श्रेणी में रह गया तथा उसे गलत सूचनाएँ भी दी गईं। विज्ञान तथा सामाजिक विज्ञान के प्रश्नों में शून्य अंक आना किसी भी प्रकार से संभव नहीं था। न्यायालय ने परिषद् को उत्तरदायी मानते हुए उन प्रश्न-पत्रों में भी औसत अंक दिए जाने का निर्देश न्यायालय ने दिया तथा प्रतिकर की धनराशि भी एक महीने के अंदर अदा करने का आदेश पारित किया।

नारको, ब्रेन मैपिंग व पोलीग्राफ टेस्ट : निजी स्वतंत्रता का उल्लंघन—सर्वोच्च न्यायालय (5 मई, 2010)

सर्वोच्च न्यायालय ने नारको एनालिसिस, ब्रेन मैपिंग या पोलीग्राफ टेस्ट

जैसी जाँचों को नकार दिया है। दूरगामी परिणाम वाले अपने ऐतिहासिक फैसले में अदालत ने कहा है कि किसी व्यक्ति की इस तरह की जाँचे उसे संविधान में प्राप्त स्वदोषारोपण से छूट व निजी स्वतंत्रता के मौलिक अधिकार का उल्लंघन है। हालाँकि अदालत ने सहमति और स्वेच्छा से कराई गई जाँचों को छूट दी है। उनमें बशर्ते जरूरी उपाय और राष्ट्रीय मानवाधिकार आयोग के दिशा-निर्देशों का पालन किया जाए।

तत्कालीन मुख्य न्यायाधीश के.जी. बालकृष्णन, न्यायमूर्ति आर.वी. रवींद्रन व जे.एम. पंचाल की पीठ ने अपने 251 पृष्ठ के फैसले में कहा कि व्यक्ति को संविधान के अनुच्छेद-20(3) में स्वदोषारोपण से छूट का अधिकार प्राप्त है। ऐसा इसलिए कि अदालत में स्वीकार किए जानेवाले बयान स्वतंत्र, स्वैच्छिक और दबाव मुक्त हों। यह संरक्षण किसी अभियुक्त, आरोपी या गवाह को आपराधिक मामले में जाँच के दौरान भी प्राप्त है। स्वदोषारोपण से छूट का अधिकार व्यक्ति को बोलने या फिर चुप रहने में से किसी एक विकल्प के चुनाव का हक देता है।

न्यायालय ने यह भी स्पष्ट किया है कि नारको टेस्ट की तकनीक आपराधिक मामलों में मेडिकल जाँच की अनुमति देनेवाले कानूनी उपबंधों के साथ शामिल नहीं की जा सकती। जबरदस्ती ऐसी जाँच करना न सिर्फ व्यक्ति की मेंटल प्राइवेसी में दखल है, बल्कि अमानवीय और क्रूर भी है। जबरदस्ती जाँच से प्राप्त किए गए नतीजे अदालत में स्वीकार किए जाना व्यक्ति को प्राप्त निष्पक्ष सुनवाई के अधिकार का भी हनन है। स्पष्ट है, न्यायालय ने नियमों के तहत सहमति और स्वेच्छा से कराई गई जाँचों को छूट दी है।

न्यायपालिका सीमाएँ न लाँघे : प्रधानमंत्री मनमोहन सिंह (8 अप्रैल, 2007, दैनिक जागरण)

मुख्यमंत्रियों व मुख्य न्यायाधीशों के सम्मेलन को संबोधित करते हुए प्रधानमंत्री मनमोहन सिंह ने न्यायपालिका और कार्यपालिका के अधिकारों को लेकर छिड़ी बहस के बारे में तल्ख टिप्पणी करते हुए कहा कि न्यायपालिका अपनी सीमा न लाँघे। प्रधानमंत्री ने कहा कि न्यायपालिका सहित शासन के तीनों महत्त्वपूर्ण अंगों को अपनी सीमाओं का अतिक्रमण करने से बाज आना चाहिए।

प्रधानमंत्री ने न्यायपालिका को न्यायिक सक्रियता और अति सक्रियता को विभाजित करनेवाली महीन रेखा में फर्क करने की नसीहत देते हुए कहा कि संविधान के एक अंग को दूसरे अंग के कामकाज को अपने हाथ में लेने से

बचना चाहिए। आरक्षण पर रोक तथा इससे पूर्व संविधान की नौवीं अनुसूची को न्यायिक समीक्षा के दायरे में लाने के सुप्रीम कोर्ट के फैसलों ने न्यायपालिका और कार्यपालिका के बीच तनाव बढ़ाया है। प्रधानमंत्री ने न्यायविदों को न्यायपालिका की मुख्य जवाबदेही की याद भी दिलाई है तथा बताया कि न्यायपालिका की प्राथमिक जिम्मेदारी है—कानून का शासन लागू करना, संविधान की रक्षा करना और यह देखना कि सरकार के सभी तंत्र अपनी जवाबदेही निभा रहे हैं या नहीं।

मुख्य न्यायाधीश के.जी. बालकृष्णन ने वस्तुतः मनमोहन सिंह की राय से असहमति जताई तथा कहा कि ''किसी भी कानून या सरकारी फैसलों की समीक्षा करना न्यायपालिका का अधिकार है।''

गौहत्या पर पूरी तरह रोक सही : सर्वोच्च न्यायालय (26 अक्तूबर, 2005)

सर्वोच्च न्यायालय ने सात न्यायाधीशों की संविधान पीठ ने गुजरात में सन् 1994 में राज्य सरकार द्वारा गौहत्या पर लगाए गए पूर्ण प्रतिबंध के फैसले को सही ठहराया। गुजरात में सन् 1994 में तत्कालीन कांग्रेस सरकार ने गौहत्या पर पूर्ण प्रतिबंध लगा दिया था, किंतु बाद में गुजरात उच्च न्यायालय ने 1998 ई. में इस प्रतिबंध को असंवैधानिक करार दिया था।

गुजरात उच्च न्यायालय ने कहा था कि गौहत्या पर पूर्ण प्रतिबंध संबंधी सरकारी आदेश से याचिकाकर्ता के मौलिक अधिकार पर रोक लगी है और यह संविधान का उल्लंघन है। 16 साल से अधिक आयु के साँडों या बैलों की हत्या पर रोक नहीं होनी चाहिए। राज्य सरकार ने उच्चतम न्यायालय में इस फैसले का विरोध करते हुए कहा कि संविधान के अनुच्छेद-31सी के प्रावधानों को ध्यान में रखते हुए सार्वजनिक हित में यह प्रतिबंध लगाया गया है। इस अनुच्छेद के तहत सरकार यह सुनिश्चित करने के लिए बाध्य है कि वह नागरिकों से उनके मौलिक कर्तव्यों का पालन कराए। नागरिकों के मौलिक कर्तव्यों का उल्लेख संविधान के नीति-निर्देशक तत्त्वों के तहत किया गया है। इसमें अनुच्छेद-51(ए)सी भी शामिल है। नागरिक कर्तव्यों में यह कहा गया है कि सभी लोगों को प्राणियों के प्रति करुणा दिखानी चाहिए। फैसले पर प्रतिक्रिया व्यक्त करते हुए गुजरात के मुख्यमंत्री नरेंद्र मोदी ने कहा कि हमारे संविधान में गौरक्षा पर सहमति जताई गई है। महात्मा गांधी भी इसकी वकालत करते थे।

न्याय व्यवस्था पर शक्तिशाली हावी—हाई कोर्ट

(धन, बल व राजनैतिक प्रभाव से पक्षद्रोही हो रहे गवाह)

(5 सितंबर, 2007, दैनिक जागरण)

आपराधिक मामलों में भारी संख्या में गवाहों के पक्षद्रोही होने के कारण अभियुक्तों के बरी होने पर इलाहाबाद उच्च न्यायालय ने गहरी चिंता जताई है। कोर्ट ने कहा कि धन व राजनैतिक शक्ति का उपयोग कर लोग न्याय व्यवस्था को प्रभावित कर स्वयं को दोषमुक्त करा लेने में कामयाब हो रहे हैं। इससे राजनीति के अपराधीकरण पर रोक लगाने की सर्वोच्च न्यायालय की मंशा धूमिल हो रही है। शक्तिशाली लोग अपने प्रभाव व धन के बल पर गवाहों को पक्षद्रोही बनाने में सफल हो रहे हैं, जो न्याय व्यवस्था के लिए खतरा बनती जा रही है।

न्यायालय ने कहा है कि किसी नागरिक के मन में यह भावना नहीं आनी चाहिए कि उसका विरोधी सामाजिक, आर्थिक या राजनैतिक शक्ति के बल पर न्याय प्रक्रिया को प्रभावित कर लेगा और उसे न्याय नहीं मिलेगा। लोगों का न्याय व्यवस्था से विश्वास न उठने पाए, इसके लिए अधीनस्थ न्यायालय को गवाहों के पक्षद्रोही होने पर परिस्थितजन्य साक्ष्यों का सहारा लेकर फैसला करना चाहिए। साथ ही पुलिस प्रशासन साक्ष्य इकट्ठा करे तथा गवाहों की सुरक्षा का पुख्ता इंतजाम कर निश्चित तिथि पर उन्हें गवाही हेतु अवश्य पेश करे। न्यायालय ने प्रदेश के सभी सत्र न्यायालयों तथा अन्य विचारण न्यायाधीशों द्वारा गवाहों के पक्षद्रोही होने के आधार पर अभियुक्त को दोषमुक्त करने के फैसलों पर स्पष्टीकरण माँगा है। न्यायालय ने यह भी पूछा कि दिए गए दिशा-निर्देशों के अनुसार ऐसे मामलों में उचित कदम क्यों नहीं उठाए गए। यह आदेश न्यायमूर्ति इम्तियाज मुर्तजा तथा न्यायमूर्ति अमर सरन की खंडपीठ ने लोक प्रतिनिधि मामले की सुनवाई करते हुए दिया है।

न्यायालय ने राजनीति से जुड़े अभियुक्तों को पक्षद्रोही गवाह के कारण दोषमुक्त करार दिए गए मामलों में की गई अपीलों की भी राज्य सरकार से जानकारी माँगी है। न्यायालय ने राज्य सरकार से गवाह संरक्षण योजना तैयार करने को भी कहा, जिससे राजनैतिक दलों से जुड़े अपराधियों को उनके किए की सजा मिल सके।

जगजीवन को मिली 38 साल बाद जमानत

सर्वोच्च न्यायालय ने फैजाबाद जिले में बिना मुकदमे के 38 साल से बंद 70 वर्षीय वृद्ध जगजीवन राम यादव की जमानत 14 फरवरी, 2006 को स्वीकार की।

मुख्य न्यायाधीश योगेश कुमार सब्बरवाल की अध्यक्षता वाली खंडपीठ ने विचाराधीन बंदी जगजीवन को निजी मुचलके पर छोड़ने का आदेश दिया। आरोप है कि जगजीवन राम यादव ने 1968 में अपने पड़ोसी की पत्नी की हत्या करने के बाद पुलिस के समक्ष समर्पण किया था। मानसिक हालत बिगड़ने पर जगजीवन राम को 7 दिसंबर, 1968 के एक प्रशासनिक आदेश के तहत इलाज के लिए वाराणसी भेज दिया था। जगजीवन का मामला प्रकाश में तब आया, जब फैजाबाद के एडीजे पंचम ने उसकी जमानत अरजी इसलिए खारिज कर दी थी, क्योंकि इस प्रकार के रिकॉर्ड पुलिस फाइल में नहीं थे।

न्यायालय ने इस मामले में उत्तर प्रदेश सरकार की ओर से किसी के हाजिर नहीं होने को गंभीरता से लिया। साथ ही राज्य सरकार और वाराणसी के मानसिक रोग चिकित्सालय के चिकित्सा अधीक्षक को नोटिस जारी कर उन्हें इस प्रकरण से संबंधित सारी सामग्री पेश करने का निर्देश दिया।

भारतीय न्यायालय व्यवस्था की सबसे बड़ी कमजोरी या दोष : देर से इनसाफ

कितनी बड़ी विडंबना है भारतीय न्याय व्यवस्था की कि सदियाँ बीत जाने के बाद भी जनता को न्याय नहीं मिलता। आम आदमी की बात तो दूर श्रीमती इंदिरा गांधी के हत्यारे को सजा मिलने में पूरे दस वर्ष लग गए। पीढ़ी-दर-पीढ़ी बीत जाती है, फिर भी न्याय नहीं मिलता। 3 जनवरी, 1975 ई. को समस्तीपुर (बिहार) रेलवे स्टेशन पर ब्राडगेज लाइन का उद्घाटन करने गए तत्कालीन रेलमंत्री एल.एन. मिश्रा पर समारोह के दौरान बम फेंका गया। दूसरे दिन उनकी मौत हो गई। नवंबर 1975 ई. में पटना के जूडीशियन मजिस्ट्रेट की अदालत में आरोप-पत्र दाखिल हुआ, किंतु मामले की सुनवाई स्थगित कर दी गई। हत्याकांड के आरोपी रंजन द्विवेदी, संतोषानंद, सुदेवानंद व गोपाल को 32 साल गुजर जाने के बाद भी दंड नहीं मिला। कानून की कछुआ चाल की मिसाल का इससे अच्छा उदाहरण और क्या हो सकता है। 20 मार्च, 1975 को दिल्ली में भारत के मुख्य न्यायाधीश ए. एन. रे पर बम फेंकनेवालों की निचली अदालत से सजा हुई, किंतु शीघ्र ही वे जमानत पर छूट गए। उनके खिलाफ मामला दिल्ली हाई कोर्ट में 31 वर्षों से लंबित है। दिलचस्प बात यह है कि एल.एन. मिश्रा हत्याकांड के आरोपी रंजन द्विवेदी, संतोषानंद व सुदेवानंद न्यायाधीश के मामले में भी अभियुक्त हैं।

तीनों अंग दखल देने से बचे : सुभाष कश्यप

कानून या नीति बनाने का दायित्व न्यायपालिका का नहीं, यह अधिकार विधायिका का है। हाल के दिनों में न्यायपालिका ने जिस तरह से विधायी कार्यों में अपनी दिलचस्पी दिखाई है, वह नैतिक लिहाज से भले ही सही हो, पर संवैधानिक लिहाज से कतई ठीक नहीं। यह सही है कि न्यायपालिका को किसी कानून या नीति की समीक्षा का संवैधानिक अधिकार है, लेकिन यह अधिकार सीमित और संविधान की मर्यादाओं से बँधा है।

असल में कुछ समय से व्यवस्था के तीनों अंग अपने दायित्वों को पूरा करने के बजाय एक–दूसरे के क्षेत्र में दखल देने का प्रयास कर रहे हैं। इससे बचने के लिए ही संविधान में व्यवस्था के तीनों अंगों, यानी विधायिका, कार्यपालिका व न्यायपालिका के कार्यक्षेत्र को स्पष्ट रूप से परिभाषित और परिसीमित किया गया है। तीनों अंग अपने अधिकार क्षेत्र के भीतर रहते हुए कर्तव्यों का पालन करेंगे, यही अपेक्षा थी। संसद् के विधायी कार्यों में कम दिलचस्पी या निष्क्रियता के चलते ही कई बार जनहित में सुप्रीम कोर्ट को विधायी या कार्यपालिका के कार्यों में दखल देना पड़ा है। हालाँकि न्यायिक सक्रियता के लिए गठबंधन सरकार भी जिम्मेवार है, क्योंकि इस तरह की सरकारें अकसर कमजोर होती हैं और उनमें निर्णय लेने की राजनैतिक इच्छाशक्ति की कमी होती है। दूसरे प्रकृति का यह सिद्धांत है कि वह वैक्यूम को कतई बरदाश्त नहीं करती। इसके चलते भी न्यायपालिका को स्वाभाविक रूप से सक्रिय होने का मौका मिलता है। इस सक्रियता का एक मनोवैज्ञानिक कारण भी है। यह मानवीय प्रवृत्ति है कि वह कार्यकारी शक्ति अर्जित करना चाहता है। इसी प्रवृत्ति के कारण विधायिका ने विधायी कार्यों के स्थान पर लाभ के पद में दिलचस्पी दिखाई है, जबकि उक्त कार्य कार्यकारी स्वभाव के हैं। यह प्रवृत्ति स्वस्थ संसदीय परंपरा के लिहाज से ठीक नहीं है। गत वर्षों में इस प्रवृत्ति में बढ़ोतरी हुई है। इसके चलते व्यवस्था के तीनों अंग अपने दायित्वों का सही ढंग से निर्वहन नहीं कर रहे हैं। जहाँ कई महत्त्वपूर्ण विधायी कार्य संसद् की निष्क्रियता के कारण लटके पड़े हैं, वहीं न्यायपालिका भी अपने प्रमुख न्यायिक कार्यों से विरत रहकर कार्यकारी कार्यों में रुचि ले रही है। देश की अदालतों में तीन करोड़ से अधिक मामले लंबित पड़े हैं, सुप्रीम कोर्ट का ध्यान उस ओर क्यों नहीं जा रहा है। आखिर यह काम किसका है ?

न्यायपालिका और विधायिका के बीच लक्ष्मण रेखा नहीं है (देवेंद्र द्विवेदी, पूर्व एडीशनल सोलिसीटर जनरल)

भारतीय संविधान में विधायिका और न्यायपालिका की सीमाएँ निश्चित और निर्धारित हैं, लेकिन यह चाक से खींची गई लक्ष्मण रेखा नहीं है। इसीलिए न्यायपालिका और विधायिका के बीच टकराव की समस्या को दो और दो चार की तर्ज पर हल नहीं किया जा सकता। ये सीमाएँ काफी हद तक वैचारिक और अवधारणात्मक है।

जनता के प्रति जवाबदेही की बात करें, तो संसद् निश्चित रूप से सर्वोपरि संस्था है। जहाँ तक संविधान की व्याख्या का प्रश्न है तो सर्वोच्च न्यायालय का फैसला अंतिम है। पर सर्वोच्च न्यायालय भारतीय लोकतंत्र की सर्वोच्च संस्था नहीं है। इसलिए मौलिक अधिकारों के नाम पर कोर्ट का रोजमर्रा के जीवन में दखल बढ़ा है, वह अनुचित है। यह उसका संवैधानिक दायित्व नहीं।

हाल के दिनों में न्यायपालिका की सक्रियता काफी बढ़ी है। इस तरह की स्थिति देश के संसदीय लोकतंत्र में शायद पहले कभी नहीं आई। हालाँकि 1968 में गोलकनाथ वाद से दोनों संस्थाओं में टकराव की नौबत बनी थी और बाद में यह स्थितियाँ बनती रहीं। संविधान लागू होने के कुछ माह बाद ही अदालत ने आरक्षण को असंवैधानिक करार दिया, लेकिन संसद् ने संशोधन के माध्यम से आरक्षण को वैधता प्रदान की। तब कोई कड़वाहट नहीं पैदा हुई। पहले दो दशक तक न्यायाधीशों ने अपनी सीमाओं को ध्यान में रखते हुए संसद् की गरिमा को स्वीकार किया।

चतुर्थ श्रेणी कर्मी से चीफ जस्टिस तक

भारत के मुख्य न्यायाधीश रह चुके एस.एच. कपाड़िया अपनी कड़ी मेहनत, लगन, परिश्रम से भारत के चीफ जस्टिस के पद तक पहुँचे। मुख्य न्यायाधीश बनने से पहले उन्होंने कहा था, ''मैंने अपना कॅरियर चतुर्थ श्रेणी कर्मचारी के तौर पर शुरू किया था, काम के प्रति निष्ठा ही मेरी एकमात्र पूँजी है।'' न्यायाधीश कपाड़िया मुख्य न्यायाधीश के.जी. बालकृष्णन के रिटायर होने के बाद भारत के मुख्य न्यायाधीश बने थे।

63 वर्षीय न्यायमूर्ति सरोश होमी कपाड़िया देश के 38वें मुख्य न्यायाधीश थे। इनका जन्म 29 सितंबर, 1947 ई. को हुआ था। न्यायाधीश कपाड़िया ने 10 सितंबर, 1974 को बॉम्बे हाई कोर्ट में वकालत शुरू की थी। 8 अक्तूबर, 1991 को वे बॉम्बे हाई कोर्ट के एडीशनल जज बनाए गए थे। इसके दो साल बाद 23 मार्च,

1993 को बॉम्बे हाई कोर्ट के स्थायी जज बने। 5 अगस्त, 2003 को वह उत्तराखंड के मुख्य न्यायाधीश बने। उसी वर्ष दिसंबर में वह सुप्रीम कोर्ट के न्यायाधीश बने। जस्टिस कपाड़िया अर्थशास्त्र, लोकवित्त, सैद्धांतिक भौतिकी के विशेषज्ञ रहे। हिंदू और बौद्ध दर्शनों का भी इन्होंने विस्तृत अध्ययन किया है।

आजीवन कारावास का अर्थ

आजीवन कारावास के संबंध में सर्वोच्च न्यायालय ने 21 नवंबर, 2012 को महत्त्वपूर्ण निर्णय दिया। अपने फैसले में सर्वोच्च न्यायालय ने यह स्पष्ट किया है कि आजीवन कारावास से तात्पर्य कैदी के अंतिम साँस तक जेल में रहने से है। न्यायमूर्ति के.एस. राधाकृष्णन व न्यायमूर्ति मदन बी लोकुर की पीठ ने कहा है कि इस आजीवन कारावास से मतलब केवल 14 वर्ष या 20 वर्ष ही जेल में बिताना नहीं है, बल्कि जीवन समाप्त होने तक जेल में रहने से है। बशर्ते कि कैदी को उचित प्राधिकारवाली किसी सरकार ने कोई छूट नहीं दी हो, शीर्ष अदालत ने इसके साथ ही विभिन्न संस्कारों द्वारा त्योहार के मौके पर एक साथ बड़ी संख्या में कैदियों की रिहाई किए जाने की परंपरा को भी गलत बताते हुए कहा कि रिहाई संबंधी हर मामले की मामला-दर-मामला (Case-Áo-Case) जाँच की आवश्यकता होती है।

न्याय व्यवस्था में भ्रष्टाचार

अन्य विभागों की तरह ही न्यायपालिका भी भ्रष्टाचार और अपारदर्शिता में अपनी जड़ें जमा चुकी है। हमारे देश में एक साधारण केस की सुनवाई वर्षों तक चलती रहती है। लंबे चलनेवाले मुकदमे अपने साथ लाते हैं—कोर्ट कचहरी के धक्के, वकीलों के खर्चे और तारीखों के दाँव-पेच। गरीब व्यक्ति या मध्यम वर्ग के व्यक्ति को अब न्याय मिलना बहुत कठिन हो गया है क्योंकि दौलतमंद लोग इनसाफ के तराजू को अपनी तरफ किस बल पर झुका ले जाते हैं, प्राय: सभी लोग जानते हैं। इससे निर्धन और निर्बल की आवाज हमेशा दबी रह जाती है। जेबों के खाली हो जाने के डर से आम आदमी अब न्यायालय की ओर कदम बढ़ाते हुए भी घबराता है। व्यक्ति न्यायालय का चक्कर लगाते-लगाते बूढ़ा हो जाता है। किंतु अदालत नहीं थकती, सुनवाई की रोज एक नई तारीख मिल जाती है। पैरवी अकसर उन्हीं की होती है, जिनकी जेब भारी होती है। मामला आज का होता है, लेकिन दलीलें वही सदियों पुरानी।

न्याय व्यवस्था में आमूल चूल परिवर्तन करने की आवश्यकता है, महँगे होते न्याय

में आम आदमी कैसे न्याय प्राप्त करेगा? हम शायद भूल गए हैं कि न्याय संविधान द्वारा दी गई सेवाओं में से एक है। इस सेवा का पूरा लाभ उठाना हमारा जन्मसिद्ध अधिकार है। न्याय व्यवस्थाओं में पारदर्शिता लाने की जरूरत है। भ्रष्ट वकीलों और जजों पर कठोर काररवाई की जाए, जिससे न्याय के मंदिर में आम जनता को भी न्याय मिलने लगे और जनता का न्यायपालिका के प्रति विश्वास बना रहे।

सर्वोच्च न्यायालय

देश के संप्रभु गणराज्य बनने के दो दिन बाद न्याय की यह सबसे बड़ी संस्था अस्तित्व में आई। इसका उद्घाटन समारोह संसद् भवन के महारानी के कक्ष में किया गया। इसी भवन में देश की संसद् लगा करती थी, तब संसद् के दोनों सदनों को काउंसिल ऑफ स्टेट और हाउस ऑफ द पीपुल कहा जाता था, 1937 से 1950 के बीच फेडरल कोर्ट ऑफ इंडिया इसी महारानी के कक्ष में लगा करती थी।

28 जनवरी, 1950 को उद्घाटन के बाद संसद् के एक हिस्से में सुप्रीम कोर्ट की सिटिंग शुरू हुई। वर्तमान भवन में सुप्रीम कोर्ट परिसर में दो नए खंड (पूर्वी और पश्चिमी खंड) शामिल किए गए। भवन के विभिन्न खंडों में कुल 15 कोर्ट रूम हैं। मध्य खंड में स्थित मुख्य न्यायाधीश का कोर्ट सभी कोर्ट से बड़ा है।

सर्वोच्च न्यायालय के मुख्य ब्लॉक का क्षेत्रफल 22 एकड़ है। भवन के डिजाइनर गणेश भीखाजी देवोलालीकर थे तथा वास्तु कलाकार इंडो-ब्रिटिश था।

भोपाल गैस त्रासदी : 26 हजार मौतें, सजा केवल 2 वर्ष (13 जून, 2010)

विश्व की सबसे बड़ी औद्योगिक त्रासदी में मरे करीब 25 हजार लोगों को 26 साल बाद भी न्याय नहीं मिला। 2 और 3 दिसंबर, 1984 को भोपाल स्थित यूनियन कार्बाइड इंडिया लिमिटेड (UCIL) के संयंत्र से निकली गैस मिथाईल आइसोसाइनेट (MIC) के कारण हुए हादसे पर 19 जजों द्वारा की गई सुनवाई के बाद अंततः अदालत का फैसला आया। तात्कालिक मजिस्ट्रेट मोहन पी. तिवारी ने यूनियन कार्बाइड के भारतीय चेयरमैन केशव महिंद्रा सहित 8 लोगों को दोषी करार देते हुए दो साल की सजा और प्रत्येक को एक-एक लाख रुपए का जुरमाना भरने को कहा। यूनियन कार्बाइड पर भी 5 लाख का जुरमाना किया गया। किंतु घटना के सबसे बड़े दोषी वारेन एंडरसन के बारे में अदालत ने कुछ भी नहीं कहा। एंडरसन

को अदालत ने 1992 ई. में भगोड़ा घोषित कर दिया था। दिसंबर 1984 को मध्य प्रदेश पुलिस ने इसे गिरफ्तार किया था, परंतु वह जमानत पर रिहा हो गया। इसके बाद एंडरसन भारत छोड़कर गया तो कभी भी वापस नहीं लौटा। ज्ञातव्य है कि 3 दिसंबर, 1984 को यूनियन कार्बाइड के प्लांट नंबर सी में हुए रिसाव से 40 हजार टन प्राणघातक गैस निकली थी।

दफन हो गया न्याय : वीरप्पा मोइली (केंद्रीय कानून मंत्री, 14 जून, 2010)

भोपाल गैस त्रासदी पर भोपाल उच्च न्यायालय के आए फैसले पर केंद्रीय कानून मंत्री वीरप्पा मोइली ने टिप्पणी करते हुए कहा कि ''यह एक ऐसा फैसला है, जहाँ न्याय मिलने में देर भी हुई और न्याय मिला भी नहीं। मैं यह कहना चाहता हूँ कि न्याय दफन हो गया।'' मोइली ने बताया कि ऐसे मामले की पुखता जाँच और तेज सुनवाई की जरूरत होती है और आरोपियों को जल्द-से-जल्द गिरफ्तार कर कड़ी-से-कड़ी सजा दी जानी चाहिए।

कानून मंत्री मोइली ने बेंगलुरु में दिए गए अपने एक बयान में कहा कि सी.बी.आई. तो दुनिया की इस सबसे भीषण औद्योगिक त्रासदी की जाँच धारा-304(2) के तहत कर रही थी। इसके तहत आरोपियों को दस साल तक की सजा हो सकती थी। दुर्भाग्य, सुप्रीम कोर्ट (उस वक्त मुख्य न्यायाधीश ए.एम. अहमदी थे) ने एक पुनर्विचार याचिका पर दिए गए अपने फैसले में गैस त्रासदी के आरोपियों पर लगाई गई धारा को बदलकर—304ए कर दिया। यह धारा वास्तव में कार और ट्रैक्टर से हुई दुर्घटना के मामले में लगाई जाती है।

जजों ने रिकॉर्डिंग मशीन की तरह काम किया : के.टी.एस. तुलसी (14 जून, 2010)

जाने-माने वकील के.टी.एस. तुलसी ने भोपाल गैस त्रासदी के मामले में सुनाए गए फैसले पर अपनी प्रतिक्रिया देते हुए कहा कि यह जाँचकर्ता और अभियोजन पक्ष की अयोग्यता का गंभीर प्रदर्शन है। ये दोनों ही बराबर के दोषी हैं। इस तरह के मामले में जजों को भी रिकॉर्डिंग मशीन की तरह काम करने के बजाय आगे जाँच का आदेश देना चाहिए था। उन्हें मामले की खामियों की तरफ ध्यान आकर्षित करना चाहिए था। इन्होंने कहा कि हर उस मामले में, जिसमें अमीर और प्रभावशाली शामिल होते हैं, लीपा-पोती करने का प्रयास

किया जाता है? यहाँ पर सवाल यह उठता है कि यह इतनी आसानी से कैसे हुआ। तुलसी ने माना कि इस मामले में न्याय नहीं हुआ।

राष्ट्रीय न्याय अकादेमी

केंद्र तथा राज्यों के प्रशासित क्षेत्रों के न्यायिक अधिकारियों के अलावा सर्वोच्च न्यायालय और उच्च न्यायालयों के विभागीय अधिकारियों को सेवाकाल के दौरान प्रशिक्षण देने के लिए सरकार ने राष्ट्रीय न्यायिक अकादेमी की स्थापना की है।

राष्ट्रीय न्याय अकादेमी का प्रारंभ 5 सितंबर, 2002 को किया गया। न्यायालयों के प्रशासन एवं प्रबंधन में सुधार इसका उद्देश्य है। साथ ही न्यायिक सुधार और नीति-निर्माण के साथ-साथ बेहतर कुशलता एवं शोध प्रदत्त सेवाएँ भी शामिल हैं।

जनप्रतिनिधि अधिनियम की धारा 8 (4) अवैध

10 जुलाई, 2013 को सर्वोच्च न्यायालय ने जनप्रतिनिधि अधिनियम की धारा-8(4) को अवैध करार दिया।

इस अधिनियम के माध्यम से सांसद एवं विधायक आपराधिक मामलों की सुनवाई को किसी-न-किसी तरह लंबा खींचकर अपनी सदस्यता अधिकाधिक समय तक बनाए रखने का प्रयास करते थे।

सिविल सेवकों का कार्यकाल तय करने का निर्देश (31 अक्तूबर, 2013)—सर्वोच्च न्यायालय ने फैसला दिया कि अधिकारियों के मनमाने तबादलों को गलत बताते हुए सरकार से नौकरशाहों को एक पद पर निश्चित कार्यकाल देने और उनके तबादलों व नियुक्ति के निर्धारण के लिए सिविल सर्विस बोर्ड गठित करने का आदेश दिया।

लिखित आदेश ही माने नौकरशाह : सुप्रीम कोर्ट (1 नवंबर, 2013)—नौकरशाही को सियासी दबाव से मुक्त करने की दिशा में सुप्रीम कोर्ट ने ऐतिहासिक फैसला सुनाया है। कोर्ट ने कहा है कि नौकरशाह मौलिक आदेशों, सुझावों या प्रस्तावों पर काम नहीं करेंगे।

आपराधिक मामलों में लिप्त सांसदों तथा विधायकों के मामले एक वर्ष में निपटाने का निर्देश (मार्च 2014)—सर्वोच्च न्यायालय ने एक महत्त्वपूर्ण निर्णय देते हुए आपराधिक मामलों में सांसदों एवं विधायकों को सजा सुनाए जाने के साथ ही उनकी संसद् एवं विधानमंडलों की सदस्यता समाप्त किए जाने का फैसला सुनाने के कुछ ही माह पश्चात् निचली अदालतों को यह निर्देश दिया कि वे

आपराधिक मामलों में संलिप्त मौजूदा सांसदों एवं विधायकों के विरुद्ध दर्ज मामलों की सुनवाई में तेजी लाएँ, ऐसे सभी मामलों में फैसला सुनाने के लिए एक वर्ष की समय-सीमा सर्वोच्च न्यायालय ने निचली अदालतों के लिए निर्धारित की है।

एक वर्ष के भीतर सुनवाई पूरी न होने की स्थिति में निचली अदालत को इसके कारण अपने प्रदेश के उच्च न्यायालय के मुख्य न्यायाधीश को बताना होगा, सर्वोच्च न्यायालय के फैसले में कहा गया है कि उच्च न्यायालय के मुख्य न्यायाधीश इस कारण से यदि संतुष्ट होते हैं तो वह फैसला सुनाए जाने की इस समय-सीमा को बढ़ा सकते हैं।

नेशनल टैक्स ट्रिब्यूनल कानून (25 सितंबर, 2014)—सर्वोच्च न्यायालय ने एक महत्त्वपूर्ण फैसले के अंतर्गत वर्ष 2005 के नेशनल टैक्स ट्रिब्यूनल ऐक्ट (NTL Act, 2005) को असंवैधानिक करार दिया।

न्यायालय ने कहा कि नेशनल टैक्स ट्रिब्यूनल, 2005 असंवैधानिक है, क्योंकि इससे सरकार ने एक अर्धन्यायिक संस्था गठित की है, जिसके जरिए उच्च न्यायालय का क्षेत्राधिकार समाप्त कर दिया गया था।

सामाजिक न्यायपीठ (दिसंबर 2014)—सर्वोच्च न्यायालय ने सामाजिक मुद्दों से जुड़े मामलों की सुनवाई व इनके त्वरित निस्तारण के लिए एक अलग पीठ का गठन दिसंबर 2014 में किया है। सामाजिक न्यायपीठ (Social Justice Bench) का दायित्व दो न्यायाधीशों को सौंपा गया है। यह पीठ प्रति शुक्रवार सामाजिक समस्याओं से जुड़े मामलों पर सुनवाई करेगी। विशेषत: महिलाओं, बच्चों एवं वंचित वर्ग से जुड़े सामाजिक मामलों का त्वरित निस्तारण सुनिश्चित करेगी। पीठ का कार्य संविधान में उपलब्ध अधिकारों को लोगों तक पहुँचाना तथा सामाजिक न्याय की रक्षा करना भी है।

सर्वोच्च न्यायालय ने सूचना प्रौद्योगिकी अधिनियम की धारा—66ए को अभिव्यक्ति की स्वतंत्रता का हनन करनेवाली मानते हुए असंवैधानिक घोषित किया।

□

10

आदर्श प्रश्न एवं उत्तर

प्रश्न (1) : संविधान द्वारा प्रदान किया गया विधि के समक्ष समानता के अधिकार का वर्णन करें। इसके क्या अपवाद हैं?

उत्तर : भारतीय संविधान के अनुच्छेद-14 के अनुसार, "राज्य भारत के राज्यक्षेत्र में किसी व्यक्ति को विधि के समक्ष समता या विधियों के समान संरक्षण से वंचित नहीं करेगा।" इससे तीन बातें स्पष्ट होती हैं—

(1) विधि के समक्ष समानता

(2) विधि का समान संरक्षण तथा

(3) भारत के राज्य क्षेत्र में रहनेवाले सभी व्यक्तियों, जिसमें विदेशी भी सम्मिलित हैं, पर यह लागू होगा।

(1) **विधि के समक्ष समानता** को ब्रिटेन से लिया गया है, इसका अर्थ यह है कि विधि अर्थात् कानून के समक्ष सभी व्यक्ति चाहे वह अमीर हों, या गरीब, चाहे वह किसी भी धर्म या जाति का हो, स्त्री हो या पुरुष; समान है। कानून किसी के साथ भेदभाव नहीं करेगा। विधि के समक्ष समानता का सिद्धांत डायसी का है।

(2) **विधि का समान संरक्षण**—यह अमरीका के संविधान से अभिप्रेरित है। इसका तात्पर्य यह है कि सभी व्यक्तियों पर समान परिस्थितियों में समान कानून लागू किया जाएगा। अर्थात् समान परिस्थितियों में समान अपराध के लिए समान दंड दिया जाएगा। ऐसा नहीं कि गरीब व्यक्ति को ज्यादा तथा अमीर व्यक्ति को कम दंड दिया जाएगा।

अपवाद

विधि के समक्ष समानता के संबंध में संविधान में निम्नलिखित अपवाद स्वीकार किया गया है—

(1) राष्ट्रपति या राज्यपाल अपने पद पर रहते हुए अपने पद की शक्तियों का प्रयोग करने एवं कर्तव्यों का पालन करने के लिए किए गए कार्यों के लिए न्यायालय के प्रति उत्तरदायी नहीं होंगे।

राष्ट्रपति या किसी राज्य के राज्यपाल के विरुद्ध उसकी पदावधि के समय न्यायालय में किसी भी प्रकार की दांडिक काररवाई नहीं की जाएगी।

राष्ट्रपति या किसी राज्य के राज्यपाल द्वारा व्यक्तिगत रूप से किए गए किसी कार्य के विरुद्ध न्यायालय में काररवाई के लिए कार्य की प्रकृति आदि का विवरण देते हुए दो माह की पूर्व सूचना देना आवश्यक है।

(2) इसके अतिरिक्त मंत्री संसद् तथा विधानसभा सदस्य न्यायाधीश आदि को भी विशेषाधिकार तथा उन्मुक्तियाँ प्रदान की जा सकती हैं।

(3) अंतरराष्ट्रीय कानून आदि के आधार पर विदेशी अतिथियों, राजदूतों, उच्चायुक्तों आदि को भी विशेषाधिकार प्रदान किए जा सकते हैं।

उपर्युक्त अपवादों के अतिरिक्त सरकार कानून बनाते समय व्यक्तियों में उनकी प्रकृति, परिस्थिति एवं योग्यता के आधार पर भेद कर सकती है। लेकिन (1) यह विभेद विवेकपूर्ण होना चाहिए तथा (2) इस विभेद एवं उद्‌देश्य में तर्कसंगत संबंध होना आवश्यक है।

उपरोक्त तथ्यों से स्पष्ट होता है कि अनुच्छेद-14 असामान्य परिस्थितियों तथा समान व्यक्तियों के तर्कसंगत वर्गीकरण की अनुमति राज्य को देता है। यह वर्गीकरण युक्तियुक्त आधार पर आधारित है।

तर्कसंगत विभेद के आधार—

(1) **आयु**—आयु के आधार पर नियम बनाते समय भेदभाव किया जा सकता है, जैसे बालकों तथा वृद्धों की आयु को ध्यान में रखकर नियमों में विभेद हो सकता है।

(2) **लिंग**—राज्य महिला तथा लड़कियों के लिए कानून बनाते समय कुछ न्यायसंगत भेदभाव कर सकता है। महिलाओं को पुरुषों की अपेक्षा ज्यादा सुविधाएँ दी जा सकती हैं।

(3) **भौगोलिक दशाएँ**—क्षेत्र विशेष की परिस्थितियों के अनुरूप कोई तर्कसंगत कानून बनाया जा सकता है। पहाड़ी क्षेत्र के लोगों को विशेष सुविधाएँ दी जाती हैं।

(4) सरकारी प्रतिष्ठानों तथा प्राइवेट संस्थाओं में विभेद न्यायसंगत रूप में किया जा सकता है।

स्पष्ट है कि भेद तर्कसंगत हो, इसका निर्णय न्यायालय करता है।

प्रश्न (2) : पिछड़े वर्गों (Backward Classes) के लिए संविधान में क्या प्रावधान है?

उत्तर : संविधान निर्माताओं की दृष्टि में अनुसूचित जाति और अनुसूचित जनजातियों के अतिरिक्त पिछड़े वर्ग के लोग भी हैं। पिछड़े वर्ग के लोग कौन हैं, इस संबंध में संविधान में विशेष स्पष्टीकरण नहीं मिलता, किंतु अनुच्छेद-300 के अनुसार एक आयोग की नियुक्ति के लिए उपबंध है, जो यह निश्चित करेगा कि

(1) जनता के किसी वर्ग या समूह को पिछड़ा कहे जाने का आधार क्या हो?

(2) भारत के लिए ऐसे पिछड़े वर्गों की सूची तैयार करना तथा

(3) पिछड़े वर्गों की कठिन परिस्थितियों का अध्ययन करना और उनकी उन्नति के लिए सुझाव देना।

संविधान के अनुच्छेद-15(4) के अंतर्गत राज्य किन्हीं सामाजिक तथा शैक्षणिक दृष्टि से पिछड़े वर्गों एवं अनुसूचित जातियों और अनुसूचित जनजातियों की उन्नति के लिए विशेष प्रावधान कर सकता है।

1953 ई. में काका साहेब कालेलकर की अध्यक्षता में नियुक्त आयोग ने 1955 ई. में अपनी रिपोर्ट दी, किंतु इसने जो परीक्षण किए थे, वह उचित नहीं लगे। 20 सितंबर, 1978 को तत्कालीन जनता सरकार ने वी.पी. मंडल की अध्यक्षता में दूसरे पिछड़े वर्ग आयोग का गठन किया। 6 सदस्यीय मंडल आयोग ने 31 दिसंबर, 1980 को अपनी रिपोर्ट सरकार के समक्ष प्रस्तुत की। इसके 10 वर्ष बाद अगस्त 1990 में राष्ट्रीय मोर्चा सरकार ने मंडल आयोग की रिपोर्ट को लागू करने की घोषणा कर दी। आयोग ने सामाजिक और शैक्षणिक दृष्टि से पिछड़े वर्गों के लिए सरकारी नौकरियों में 27 प्रतिशत आरक्षण की संस्तुति की थी।

सरकार द्वारा आरक्षण लागू करने पर राष्ट्रव्यापी विरोध हुआ। सर्वोच्च न्यायालय में उपर्युक्त निर्णय की वैधानिकता को चुनौती देते हुए अनेक याचिकाएँ दाखिल की गईं। 15 नवंबर, 1992 को सर्वोच्च न्यायालय के पाँच न्यायाधीशों की संविधान पीठ ने मंडल आयोग द्वारा संस्तुत आरक्षण को वैध माना, परंतु इस शर्त के साथ कि इन जातियों के अपेक्षाकृत क्रीमिलेयर को आरक्षण का लाभ न दिया जाए।

सर्वोच्च न्यायालय के उपर्युक्त निर्णय को संघ सरकार ने 8 सितंबर, 1993 ई. को जारी अधिसूचना में न्यायालय के उपर्युक्त निर्णय को स्वीकार कर लिया। मोटे तौर पर सरकार ने माना है कि राष्ट्रपति, उपराष्ट्रपति, प्रथम और द्वितीय श्रेणी के अधिकारियों तथा 1 लाख वार्षिक से अधिक आयवालों के आश्रितों को आरक्षण का लाभ नहीं मिलेगा, वर्तमान में यह राशि बढ़ाकर 5 लाख कर दी गई है।

पिछड़ा वर्ग किसे कहा जाए, यह सदैव विवादास्पद रहा है। किंतु अनुच्छेद—15(4) यह स्पष्ट करता है कि वह सामाजिक तथा शैक्षिक रूप से पिछड़ा होना चाहिए। बालाजी बनाम मैसूर राज्य विवाद (1963) में सर्वोच्च न्यायालय ने यह निर्णय दिया कि **केवल 'जाति' को पिछड़ेपन का आधार नहीं बनाया जा सकता। इसके लिए गरीबी, व्यवसाय, जन्म स्थान, शिक्षात्मक आर्थिक प्रगति आदि को ध्यान में रखा जाना चाहिए। यदि किसी विशेष जाति के 90 प्रतिशत लोग सामाजिक, आर्थिक और शैक्षिक रूप से पिछड़े हों तो वह पिछड़े वर्ग में सम्मिलित किए जा सकते हैं।**

अनुच्छेद—16(4) के अनुसार राज्य पिछड़े वर्गों के लिए यदि उसकी राय में राज्य के अधीन नियोजन में उचित प्रतिनिधित्व नहीं मिला है तो नियुक्तियों या पदों के आरक्षण के लिए उपबंध कर सकता है।

अनुच्छेद 164-(1)के परंतुक में यह उपलब्ध है कि पिछड़े वर्गों के कल्याण के लिए एक विभाग, एक मंत्री के अधीन खोला जाए।

प्रश्न (3) : भारतीय संविधान में मार्शल लॉ (Martial Law) से संबंधित क्या उपबंध है? इसके प्रभाव को भी स्पष्ट करें।

उत्तर : साधारणतया मार्शल लॉ का अर्थ होता है—किसी क्षेत्र में सेना का शासन, अर्थात् सेना द्वारा बनाए गए नियमों द्वारा प्रतिबंध तथा उनके न्यायालय या अधिकरणों द्वारा व्यवस्था एवं शांति व्यवस्था के विरोधी तत्त्वों को दंड देना।

अनुच्छेद-34 में यह अंतर्निहित है कि भारत के किसी भी क्षेत्र में मार्शल लॉ लागू किया जा सकता है। इसी प्रकार राष्ट्रपति भी अनुच्छेद-359(1) के तहत मार्शल लॉ लागू करने की घोषणा कर सकता है। अनुच्छेद-34 के तहत मार्शल लॉ केवल एक विशेष क्षेत्र के लिए ही होता है, किंतु राष्ट्रपति की घोषणा व्यापक होती है तथा पूरे देश को प्रभावित करती है। किन्हीं विशेष परिस्थितियों में मार्शल लॉ के तहत मिलिटरी न्यायालय नागरिकों के अपराधों को सुन सकते हैं, किंतु अनुच्छेद-359(1) की घोषणा के तहत यह नहीं हो सकता।

जब भारत के किसी क्षेत्र में अनुच्छेद-34 के अनुसार मार्शल लॉ लागू हो तो संसद् को यह अधिकार दिया गया है कि वह—(1)ऐसे व्यक्ति के द्वारा उस समय दिए गए कार्य, जो कि शांति व्यवस्था स्थापित करने के लिए किए गए थे, उन्हें कानून एवं न्यायालय की परिधि से पूरी तरह मुक्त कर दें। तथा (2)मार्शल लॉ के प्रवर्तन के समय दिए गए दंड, जुर्माने के आदेश तथा दंडादेश को वैध ठहरा सकती है। मार्शल लॉ के प्रवर्तन के समय मौलिक अधिकार प्रायः निलंबित हो जाते हैं।

प्रश्न (4) : संविधान में 'अस्पृश्यता' (Untouchability) से संबंधित क्या प्रावधान है?

उत्तर : समाज में किसी के साथ जाति, धर्म, लिंग के आधार पर भेदभाव नहीं किया जा सकता, इसी प्रकार किसी के साथ अस्पृश्यता का व्यवहार किया जाए तो यह भी गलत है। इन्हीं बातों को ध्यान में रखकर संविधान के अनुच्छेद-17 में 'अस्पृश्यता' का अंत किया गया है, किसी भी रूप में उसका आचरण निषिद्ध किया गया है। अस्पृश्यता को दंडनीय अपराध घोषित किया गया है।

संसद् को अनुच्छेद-35 के तहत यह अधिकार है कि 'अस्पृश्यता' के संबंध में अधिनियम बनाए। संसद् ने अस्पृश्यता (अपराध) अधिनियम, 1955 बनाया था। 1976 ई. में इसे संशोधन कर इसका नामकरण 'सिविल अधिकार संरक्षण अधिनियम' कर दिया गया।

कुछ ऐसे कार्य, जो अस्पृश्यता के आधार पर किए जाते हैं, उसे अपराध माना गया है जैसे—

(1) किसी व्यक्ति को सामाजिक व सार्वजनिक संस्था, जैसे अस्पताल, शिक्षा संस्थान आदि में प्रवेश करने से रोकना।

(2) किसी होटल, दुकान तथा सार्वजनिक मनोरंजन के स्थान पर प्रवेश करने से रोकना एवं अन्य सार्वजनिक सेवाएँ, जैसे जलाशय, पानी का नल, मार्ग, शमशान आदि पर जाने का प्रतिबंध लगाना।

1976 ई. में कुछ और अस्पृश्यता संबंधी अपराध शामिल कर दिए गए—

(1) अनुसूचित जाति के किसी सदस्य का अस्पृश्यता के आधार पर अपमान करना।

(2) प्रत्यक्ष या अप्रत्यक्ष रूप से अस्पृश्यता को उचित ठहराते हुए उपदेश देना।

(3) धर्म अथवा जाति परंपरा इतिहास या दर्शन के आधार पर अस्पृश्यता को न्यायोचित ठहराना।

प्रश्न (5) : झारखंड सरकार की डोमेसाइल नीति को उच्च न्यायालय द्वारा रद्द किया गया, स्पष्ट करें?

उत्तर : झारखंड में 1932 ई. के सर्वे को डोमेसाइल का आधार माननेवाली एवं सितंबर 2001 में सरकार द्वारा घोषित इस नीति के चलते पूरे राज्य में भारी हिंसा-प्रतिहिंसा का दौर राज्य में व्याप्त था, इस नीति के तहत 1932 के खतिमान धारकों के परिजनों को ही तृतीय व चतुर्थ श्रेणी की नौकरियों के लिए पात्र करार दिया गया था।

झारखंड उच्च न्यायालय की पाँच सदस्यीय खंडपीठ ने 27 नवंबर, 2002 को फैसला देते हुए कहा कि सरकार की डोमेसाइल नीति निरंकुश, असंवैधानिक, दुर्भावनापूर्ण है। अतः इसे रद्द किया जाता है। उच्च न्यायालय ने इसे संविधान के अनुच्छेद-14 तथा 16 के प्रावधानों के विपरीत बताया। अनुच्छेद-16(1) में देश के किसी भी हिस्से में रहनेवाले नागरिकों के अधिकारों की सुरक्षा की गारंटी दी गई है। इसके तहत सभी को देश के किसी भी हिस्से में नौकरी पाने का समान अधिकार है। इस अधिकार को जाति, धर्म, लिंग के आधार पर समाप्त नहीं किया जा सकता है। साथ ही नौकरियों में केवल जन्म स्थान और निवास के नाम पर किसी को प्रतिबंधित नहीं किया जा सकता है।

प्रश्न (6) : 97वें संविधान संशोधन विधेयक को स्पष्ट करें?

उत्तर : यह विधेयक दल-बदल से संबंधित है। इस विधेयक ने न केवल व्यक्तिगत, बल्कि सामूहिक दल-बदल को भी असंवैधानिक घोषित कर दिया है। संशोधन के द्वारा 10वीं अनुसूची की धारा तीन को समाप्त कर दिया गया, जिसमें सदन में किसी पार्टी की कुल संख्या के 1/3 सदस्य एक साथ दल-बदल कर सकते थे। इस प्रकार एक बार किसी एक दल के टिकट पर चुनकर आने के बाद यदि कोई सदस्य उस पार्टी को छोड़ता है, तब उसे उस पार्टी की सदस्यता भी छोड़नी होगी। साथ ही जब तक वह दुबारा चुनकर नहीं आ जाता, तब तक वह मंत्री, निगम अध्यक्ष या दूसरे किसी लाभ के पद को ग्रहण नहीं कर सकता।

प्रश्न (7) : भारतीय संविधान के 84वें संशोधन का क्या महत्त्व है?

उत्तर : भारतीय संविधान के 84वें संविधान संशोधन अधिनियम, जो 2000 ई. में पारित किया था, इसके द्वारा भारत के तीन राज्यों—उत्तराखंड, छत्तीसगढ़, झारखंड का सृजन किया गया।

प्रश्न (8) : भारतीय संविधान के 100वें संशोधन का क्या महत्त्व है?

उत्तर : 100वें संविधान संशोधन के द्वारा संविधान की 8वीं अनुसूची में चार क्षेत्रीय भाषाओं—मैथिली, बोडो, संथाली और डोगरी को शामिल कर लिया गया। अब 8वीं अनुसूची में 22 भाषाएँ हो गई हैं।

प्रश्न (9) : संविधान की 8वीं अनुसूची में कितनी भाषाएँ थीं और कब-कब अन्य भाषाओं को शामिल किया गया?

उत्तर : शुरू में संविधान की 8वीं अनुसूची में 14 भाषाएँ थीं। 21वें संविधान संशोधन अधिनियम, 1967 द्वारा सिंधी तथा 71वें संशोधन, 1992 द्वारा कोंकणी, मणिपुरी और नेपाली तथा संविधान के 100वें संशोधन के द्वारा मैथिली, बोडो, संथाली और डोगरी को शामिल कर लिया गया।

प्रश्न (10) : संविधान के अनुच्छेद 31(ख) में क्या प्रावधान है?

उत्तर : संविधान के अनुच्छेद-31(ख) में यह प्रावधान है कि 9वीं अनुसूची में जिन कानूनों और नियमों को शामिल किया जाएगा, उन्हें इस आधार पर गैर-कानूनी नहीं करार दिया जा सकता कि मौलिक अधिकार की धाराओं (अनुच्छेदों) से उनका मेल नहीं खाता।

प्रश्न (11) : भारतीय संविधान में मौलिक कर्तव्यों को कब जोड़ा गया था?

उत्तर : संविधान में 42वें संविधान संशोधन के द्वारा दस मौलिक कर्तव्यों को शामिल किया गया, जिनका पालन करना प्रत्येक नागरिक के लिए आवश्यक है।

प्रश्न (12) : संघीय सरकार संविधान के किस अनुच्छेद के अंतर्गत अंतरराज्यीय जल विवादों को सुलझाने की भूमिका निभाती है?

उत्तर : अंतरराज्यीय नदी-घाटियों के जल के वितरण एवं नियंत्रण से संबंधित विवादों के लिए विधि के अनुसार संविधान के अनुच्छेद-202 के अनुसार संसद् निर्णय कर सकती है।

प्रश्न (13) : संविधान में संशोधन के लिए यदि किसी संशोधन विधेयक पर दोनों सदनों में मतभेद हो जाता है, तब दोनों सदनों की संयुक्त बैठक बुलाई जा सकती है?

उत्तर : नहीं, इस संबंध में संविधान मौन है।

प्रश्न (14) : न्यायिक पुनरावलोकन पर संक्षिप्त टिप्पणी करें?

उत्तर : भारतीय संविधान के अनुच्छेद-137 के अनुसार संसद् द्वारा बनाई गई किसी विधि या अनुच्छेद-145 के अधीन बनाए गए नियमों के अधीन उच्चतम

न्यायालय को अपने द्वारा सुनाए गए निर्णय या दिए गए आदेश के पुनरावलोकन की शक्ति होगी।

प्रश्न (15) : अनुच्छेद-105 के संसदीय विशेषाधिकार को स्पष्ट करें?

उत्तर : अनुच्छेद-105 के अनुसार संसद् के सदस्यों को कुछ विशेषाधिकार प्रदान किए गए हैं—

(1) वाक् स्वतंत्रता का अधिकार।

(2) संसद् या उसकी किसी समिति में संसद् के किसी सदस्य द्वारा की गई किसी बात/बोले गए मत के संबंध में काररवाई न की जाएगी, न प्रकाशित की जाएगी।

(3) संसद् प्रत्येक सदन की शक्ति, समिति के विशेषाधिकार, उन्मुक्तियाँ नियत कर सकेगी।

प्रश्न (16) : 104वें संविधान संशोधन को स्पष्ट करें?

उत्तर : देश में अब सरकारी विद्यालयों के साथ-साथ गैर-सहायता प्राप्त निजी शिक्षण संस्थानों में भी अनुसूचित जाति/जनजाति व अन्य पिछड़े वर्गों के अभ्यर्थियों को आरक्षण उपलब्ध हो सकेगा। इसके लिए 104वाँ संविधान संशोधन दिसंबर 2005 में पारित किया गया। अल्पसंख्यकों की निजी शैक्षणिक संस्थाओं को इससे मुक्त रखा गया है।

प्रश्न (17) : गोलकनाथ बनाम पंजाब राज्य के निर्णय को स्पष्ट करें

उत्तर : गोलकनाथ बनाम पंजाब राज्य (1967 ई.) के निर्णय में यह कहा गया कि संविधान के किसी भी भाग में संशोधन किया जा सकता है, जिसमें अनुच्छेद-368 एवं मूल अधिकार को भी शामिल किया गया था।

प्रश्न (18) : लोकसभा और राज्यों की विधानसभाओं के निर्वाचन संबंधी मामलों में न्यायालयों को क्या अधिकार मिले हुए हैं?

उत्तर : अनुच्छेद-327 तथा अनुच्छेद-328 संघ और राज्य के विधानमंडलों को अपने-अपने स्थानों के लिए राज्य में सुचारु रूप से निर्वाचन कराने के लिए निर्वाचन से संबंधित नियम बनाने के लिए अधिकृत करते हैं। अनुच्छेद-329(क) में यह उपबंध किया गया है कि अनुच्छेद-327 तथा 328 के अधीन बनाई गई विधि, जो कि विशेष रूप से निर्वाचन क्षेत्रों के परिसीमन या ऐसे निर्वाचन क्षेत्रों के स्थानों के आवंटन से संबंधित है, किसी भी न्यायालय में प्रश्नगत नहीं की जा सकती।

अनुच्छेद 329-(ख) के अनुसार मतदान के आरंभ होने से निर्वाचन की

घोषणा के समय अर्थात् निर्वाचन से संबंधित उठनेवाले सभी विवादों में न्यायालय को कोई अधिकार नहीं है। इस प्रकार के विषयों में विधानमंडलों द्वारा बनाई गई विधियों (अनुच्छेद-327 तथा 328) के अधीन हुए निर्वाचन केवल निर्वाचन अरजियों का निर्णय 1966 ई. के पूर्व तक लोक प्रतिनिधित्व अधिनियम के अधीन निर्वाचन अधिकरणों द्वारा होता था, संविधान के 19वें संशोधन अधिनियम, 1966 द्वारा निर्वाचन अधिकरण की अधिकारिता उच्च न्यायालय (High Court) को स्थानांतरित कर दी गई। उच्च न्यायालय कानूनी अधिकरण के रूप में कार्य करते थे तथा अधिनियम की धारा-116(क) के अधीन सर्वोच्च न्यायालय में इसकी अपील की जा सकती थी।

संविधान के 42वें संशोधन अधिनियम, 1976 द्वारा इस संबंध में उच्च न्यायालय की कानूनी अधिकारिता को समाप्त कर दिया गया। इस संशोधन अधिनियम द्वारा अनुच्छेद-323(ख) बनाया गया, जिसके द्वारा निर्वाचन से संबंधित विवादों के निपटारे के लिए समुचित विधानमंडल विधि बनाकर अधिकरण की स्थापना करेगा। ऐसी विधि बन जाने के बाद उच्च न्यायालय की अधिकारिता इस संबंध में समाप्त हो जाएगी।

अनुच्छेद 323(ख) को लागू करने के लिए अभी तक किसी भी विधानमंडल ने कोई भी विधि नहीं बनाई है, इसलिए अभी तक निर्वाचन अरजी सुनने की उच्च न्यायालय की अधिकारिता समाप्त नहीं हुई है।

प्रश्न (19) : लोकनियोजन के विषय में अवसर की समता का क्या तात्पर्य है?

उत्तर : भारतीय संविधान में सभी व्यक्तियों के लिए एक समान अवसर की समानता प्रदान की गई है। अनुच्छेद-16 लोक नियोजन (Public Employment) के विषय में अवसर की समता प्रदान करता है। अर्थात् सभी नागरिकों को सरकारी पदों पर नियुक्ति के समान अवसर प्राप्त होंगे और इस संबंध में धर्म, मूल वंश, जाति, लिंग या जन्म स्थान या इनमें से किसी के भी आधार पर सरकारी नौकरी या पद प्रदान करने में भेदभाव नहीं किया जाएगा।

अनुच्छेद-16 के अंतर्गत की गई व्यवस्था—

(1) राज्य के अधीन किसी पद पर नियोजन या नियुक्ति से संबंधित विषयों में सभी नागरिकों के लिए अवसर की समता होगी।

(2) कोई नागरिक केवल धर्म, मूल वंश जाति, लिंग, उद्भव, जन्मस्थान, निवास अथवा इनमें से किसी एक के आधार पर राज्य के अधीन किसी

नियोजन या पद के संबंध में अपात्र नहीं होगा अथवा उससे विभेद नहीं किया जाएगा।

(3) संसद् किसी राज्य अथवा स्थानीय अधिकारी के अधीन नियुक्ति के लिए किसी वर्ग के लिए निवास की शर्त का उपबंध कर सकती है।

(4) राज्य के पिछड़े हुए नागरिकों के किसी वर्ग विशेष के पक्ष में, जिनका राज्य की दृष्टि में समुचित या पर्याप्त प्रतिनिधित्व नहीं है, पदों में आरक्षण कर सकता है।

(5) किसी धार्मिक या सांप्रदायिक संस्था के कार्य से संबंधित कोई पद उस विशिष्ट धर्म अथवा विशिष्ट संप्रदाय के व्यक्ति के लिए आरक्षित किया जा सकता है, जिससे वह संस्था संबद्ध है।

अनुच्छेद-16 के उपर्युक्त (1) तथा (2) उपबंधों के अनुसार सरकारी नौकरियों में समान अवसर केवल नागरिकों को प्रदान किए गए हैं। किंतु अनुच्छेद-16 के उपबंध 3, 4, 5 के द्वारा इसमें कुछ अपवाद भी जोड़ दिए गए हैं, जिससे 'समान अवसर' को सीमित किया जा सकता है। राज्य नौकरी की प्रकृति के अनुरूप योग्यताओं के आवश्यक मापदंड निर्धारित कर सकता है।

अनुच्छेद-16(4) के अंतर्गत समाज के पिछड़े हुए नागरिकों, जिन्हें राज्य पिछड़ा हुआ मानता है तथा राज्य की दृष्टि में सरकारी नौकरियों में उनका समुचित प्रतिनिधित्व नहीं है, उनके लिए स्थान आरक्षित कर सकता है। आरक्षण के लिए आधार जाति, धर्म आदि नहीं हो सकता, किसी जाति विशेष, जिसमें लगभग 90 प्रतिशत व्यक्ति सामाजिक, आर्थिक तथा शैक्षणिक रूप से पिछड़े हुए हैं, को पिछड़े वर्ग में सम्मिलित किया जा सकता है।

नौकरियों में कितने प्रतिशत आरक्षण हो सकता है, इस विषय में संविधान मौन है। डॉ. चक्रधर पासवान बनाम स्टेट ऑफ बिहार एंड ब्रदर्स 1988 में सर्वोच्च न्यायालय ने यह महत्त्वपूर्ण निर्णय दिया कि यदि केवल एक पद पर नियुक्ति होनी है तो आरक्षण का नियम लागू नहीं हो सकता। यदि एक से अधिक पद हैं तो आरक्षण लागू हो सकता है।

एम.आर. बालाजी बनाम मैसूर राज्य विवाद 1963 में सर्वोच्च न्यायालय ने निर्णय दिया कि कुल आरक्षण रिक्तियों के पचास प्रतिशत से अधिक नहीं होना चाहिए। मंडल आयोग के आरक्षण के विरुद्ध दायर याचिकाओं में सर्वोच्च न्यायालय द्वारा किए गए निर्णय में पुनः कहा गया कि आरक्षण कुल रिक्तियों के पचास प्रतिशत से अधिक नहीं होना चाहिए।

प्रश्न (20) : क्या वकीलों के विरुद्ध काररवाई की जा सकती है?

उत्तर : यदि कोई व्यक्ति यह अनुभव करता है कि वकील ने ऐसा काम किया है, जो कदाचार के अंतर्गत आता है, तो वह व्यक्ति बार काउंसिल की अनुशासन समिति के समक्ष शिकायत कर सकता है, जिसे अधिवक्ता अधिनियम के अधीन इस प्रकार के वकील के विरुद्ध काररवाई करने का अधिकार है।

शिकायत मिलने पर अनुशासन समिति, शिकायतकर्ता और संबंधित वकील को नोटिस भेजती है और दोनों पक्षों को अपनी बात कहने का अवसर देती है। उनकी सुनवाई के बाद समिति निम्नलिखित में से कोई आदेश दे सकती है—

(1) वकील की भर्त्सना या निंदा कर सकती है।

(2) शिकायत को खारिज कर सकती है।

(3) समिति वकील को विधि व्यवसाय करने से निलंबित कर सकती है या कुछ समय के लिए निलंबित कर सकती है।

(4) गंभीर अपराध सिद्ध होने पर वकील का नाम राज्य के अधिवक्ताओं की नामावली से कटवा सकती है।

यदि एक बार वकील निलंबित हो जाता है तो वह तब तक किसी न्यायालय या अधिकरण में विधि व्यवसाय नहीं कर सकता है, जब तक कि उसके निलंबन की समय-सीमा समाप्त नहीं हो जाती है।

प्रश्न (21) : बार काउंसिल के अंतर्गत अधिवक्ता अधिनियम के बारे में बताएँ?

उत्तर : बार काउंसिल ऑफ इंडिया तथा सभी बार काउंसिलों के लिए अधिवक्ता अधिनियम के अधीन यह आवश्यक है कि वे एक या अधिक अनुशासन समितियाँ गठित करें। इनमें से प्रत्येक समिति में तीन सदस्य होते हैं, जिनमें से दो सदस्य काउंसिल द्वारा अपने सदस्यों में से चुने जाते हैं और एक सदस्य अधिवक्ताओं में से लिया जाता है। सदस्य कानूनी विशेषज्ञ हो तथा वह बार काउंसिल का सदस्य न हो। अनुशासन समिति का वरिष्ठतम सदस्य समिति का अध्यक्ष होता है।

प्रश्न (22) : सर्वोच्च न्यायालय की शक्तियों पर प्रकाश डालें?

उत्तर : भारत का उच्चतम न्यायालय अथवा सर्वोच्च न्यायालय देश की संरचना का शीर्ष है। यह एक ही साथ परिसंघ न्यायालय, अपीलीय न्यायालय तथा संविधान का संरक्षक अथवा अभिभावक भी है। इसके आदेश भारत, राज्य तथा उसके निकायों एवं व्यक्तियों के लिए बाध्यकारी हैं।

परिसंघ न्यायालय के रूप में

परिसंघीय संविधान में शक्तियों का विभाजन राष्ट्रीय तथा राज्य सरकारों के बीच होता है। अत: यह आवश्यक हो जाता है कि संघ तथा राज्यों के बीच अथवा विभिन्न राज्यों के बीच उत्पन्न होनेवाले विवाद को निपटाने के लिए तथा संविधान द्वारा स्थापित शक्तियों के वितरण को बनाए रखने के लिए कोई प्राधिकरण हो। यद्यपि हमारा परिसंघ संघटक इकाइयों के बीच किसी संधि की प्रकृति का नहीं है, फिर भी संघ तथा राज्यों के बीच विधायी और प्रशासनिक शक्तियों का विभाजन किया गया है। हमारे संविधान के अनुच्छेद-131 के तहत उच्चतम न्यायालय को संघ तथा राज्यों के बीच या राज्यों में आपस में न्यायाधीश विवादों का अवधारण करने की आरंभिक तथा अनन्य अधिकारिता दी गई है।

अपीलीय न्यायालय के रूप में

इंग्लैंड के हाउस ऑफ लॉर्ड्स के समान ही भारत का उच्चतम न्यायालय भी देश का अंतिम अपीलीय अधिकरण है। अनुच्छेद-133 के अनुसार सिविल मामलों तथा अनुच्छेद-134 के अनुसार दांडिक मामलों में सर्वोच्च न्यायालय अपीलीय न्यायालय है। मृत्युदंड के मामलों में सर्वोच्च न्यायालय में सीधे अपील की जा सकती है कि संबद्ध विनिश्चय में विधि का कोई सांख्ययान प्रश्न अंतर्निहित है और उसका अवलोकन सर्वोच्च न्यायालय द्वारा किया जाना जरूरी है। विशेष परिस्थितियों में सर्वोच्च न्यायालय, उच्च न्यायालयों के प्रमाण-पत्र के अभाव में भी अपील ग्रहण कर सकता है।

मूल अधिकारों के संरक्षक के रूप में

सर्वोच्च न्यायालय मूल अधिकारों का संरक्षक होता है और किसी भी ऐसी विधि को वह शून्य घोषित कर सकता है, जो अनुच्छेद-13 के अनुसार इन अधिकारों का हनन करनेवाली हो। मूल अधिकारों की रक्षा के लिए सर्वोच्च न्यायालय में सीधे याचिका दायर की जा सकती है। ऐसी काररवाई सर्वोच्च न्यायालय की विशिष्ट अधिकारिता में आती है और न्यायालय इस पर तुरंत ही निर्णय देता है। अनुच्छेद-32 के अनुसार मूलाधिकारों की रक्षा के लिए पीड़ित पक्ष को सीधे सर्वोच्च न्यायालय की शरण में जाने का अधिकार है।

संविधान के अभिभावक के रूप में

भारत का सर्वोच्च न्यायालय संविधान का संरक्षण अथवा अभिभावक भी माना जाता है। भारतीय संविधान ने सर्वोच्च न्यायालय को यह जिम्मेदारी सौंपी है कि वह कार्यपालिका एवं विधायिका दोनों को संवैधानिक उपबंधों के अधीन कार्य करने के लिए बाध्य करे। यद्यपि संविधान में ऐसा कोई विशिष्ट उपबंध नहीं है, जिससे कि न्यायालय विधायिका द्वारा निर्मित किसी विधि को शून्य घोषित कर दे, लेकिन सर्वोच्च न्यायालय को अघोषित रूप से ऐसा करने का पूरा अधिकार है और उसने ऐसा कई मौकों पर किया भी है। संविधान ने कार्यपालिका तथा विधायिका पर कुछ निश्चित मर्यादाएँ लगा रखी हैं और उन मर्यादाओं का उल्लंघन करने से संपूर्ण विधि को न्यायालय द्वारा शून्य ठहराया जा सकता है। यह न्यायालय ही सुनिश्चित करेगा कि किसी संवैधानिक मर्यादा का उल्लंघन हुआ है अथवा नहीं। अर्थात् संविधान की व्याख्या करने का एकमात्र अधिकार सर्वोच्च न्यायालय को ही है। विधायिका चूँकि एक संवैधानिक निकाय मात्र ही है, अत: उसे ऐसी किसी विधि को स्थापित करने का अधिकार नहीं है, जो संविधान का अतिक्रमण करके बनाई गई हो। केशवानंद भारती मुकदमे में संविधान के मौलिक ढाँचे की अवधारणा को लाया गया, जिसे संशोधित नहीं किया जा सकता है। यद्यपि 42वें संविधान संशोधन विधेयक (1976) द्वारा सर्वोच्च न्यायालय के इस अधिकार को समाप्त करने की भरसक कोशिश की गई, परंतु अपने निर्णयों द्वारा सर्वोच्च न्यायालय ने विधायिका की इस कोशिश को निरस्त कर दिया। 1980 में मिनरवा मिल्स मुकदमे के निर्णय में सर्वोच्च न्यायालय ने यह अधिकृत कर दिया कि विधायिका किसी भी विधि में संविधान के मूल ढाँचे को बिगाड़ नहीं सकती है और न्यायिक पुनरावलोकन तथा सर्वोच्च न्यायाल्य के व्याख्याकारी अधिकार संविधान के मूल ढाँचे में ही शामिल हैं।

सलाहकार के रूप में

अनुच्छेद-143 के अंतर्गत यदि राष्ट्रपति जरूरी समझते हैं तो किसी भी विषय पर सर्वोच्च न्यायालय से आवश्यक सलाह ले सकते हैं। सर्वोच्च न्यायालय द्वारा दी गई सलाह को मानने के लिए राष्ट्रपति किसी भी रूप में बाध्य नहीं होते हैं और यह पूर्णत: उनके विवेक पर निर्भर करता है कि वे उस सलाह को मानते हैं या नहीं।

इस प्रकार सर्वोच्च न्यायालय के विभिन्न कार्यों तथा उसकी महत्त्वपूर्ण भूमिका को देखते हुए यह कहना उचित ही होगा कि भारतीय संविधान को कार्यशील एवं प्रभावी बनाए रखने का उत्तरदायित्व भारतीय सर्वोच्च न्यायालय का ही है।

प्रश्न (23) : सर्वोच्च न्यायालय मौलिक अधिकारों का अभिरक्षक है, स्पष्ट करें।

उत्तर : संविधान द्वारा नागरिकों को मौलिक अधिकार प्रदान किए गए हैं और संविधान में मौलिक अधिकार को अर्थपूर्ण बनाया गया है। संविधान द्वारा केवल अधिकार ही प्रदान नहीं किए गए हैं, बल्कि प्रवर्तन की भी व्यवस्था की गई है।

मौलिक अधिकारों के आदर्शों और मूल्यों की स्थापना न्यायालय का एक संवैधानिक दायित्व है।

संविधान के कई उपबंध मौलिक अधिकार के अभिरक्षक के रूप में स्थापित हैं। कई उपबंध प्रत्यक्ष और कई अप्रत्यक्ष तौर पर इस भूमिका को स्थापित करते हैं।

अनुच्छेद-13(1) और 13(2) का इस संदर्भ में विशेष महत्त्व है। इसके अंतर्गत संविधान के लागू होने के पूर्व की विधि और बाद की विधि दोनों की सीमाओं को निर्धारित करने की बात की गई, ताकि इनसे मौलिक अधिकार का हनन न हो। इस संदर्भ में सर्वोच्च न्यायालय की भूमिका महत्त्वपूर्ण हो जाती है।

अनुच्छेद-32 से संविधान के अभिरक्षक के रूप में न्यायालय की भूमिका स्थापित होती है।

मौलिक अधिकारों की सुरक्षा से विस्तृत आधार पर निर्माण जनहित याचिका के अंतर्गत भी समझा जा सकता है।

मौलिक अधिकारों की नई व्याख्या से मौलिक अधिकारों के अभिरक्षक के रूप में सर्वोच्च न्यायालय की भूमिका स्थापित होती है। अनुच्छेद-21 की नई व्याख्या और प्रक्रिया तथा विधि को न्यायसंगत होने पर बल दिया जाता है।

रिटों की नई व्याख्या, अर्थात् प्रगतिशील व्याख्या के अंतर्गत भी सर्वोच्च न्यायालय की भूमिका महत्त्वपूर्ण है।

विधि के शासन की स्थापना के अंतर्गत भी सर्वोच्च न्यायालय की भूमिका महत्त्वपूर्ण है। समानता के अधिकार की नई व्याख्या की गई है। निरंकुशता को समानता का विरोधी बताया गया है।

मौलिक अधिकारों के कार्यक्षेत्र का विस्तार और इसे बृहत्तर अर्थ प्रदान किया जाना। मौलिक अधिकारों का आपस में अंतर्संबंधित होने की बात कही गई है।

प्रश्न (24) : न्यायिक सक्रियता पर प्रकाश डालें।

उत्तर : यह न्यायपालिका की सक्रिय भूमिका तथा दृष्टिकोण को बतलाता है। यह न्याय के विस्तार को बतलाता है।

इसका केंद्र बिंदु निर्णय लेने के साथ-साथ उसका क्रियान्वयन है। यह न्यायपालिका की तरफ से सकारात्मक काररवाई एवं प्रगतिशील दृष्टिकोण का प्रतीक है।

यह मुख्य तौर पर उच्च स्तरीय न्यायालयों, सर्वोच्च न्यायालय तथा उच्च न्यायालय की गतिविधियों से संबद्ध है।

न्यायिक सक्रियता का आधार

(i) न्यायिक पुनरावलोकन की शक्ति।
(ii) अनुच्छेद-32 संवैधानिक उपचारों का अधिकार।
(iii) अनुच्छेद-226 के अधीन उच्च न्यायालय को प्रदान की गई शक्तियाँ पूर्णतया स्वविवेकाधिकार संबंधी प्रकृति की हैं, इनका प्रयोग मूल अधिकारों के प्रवर्तन के लिए किया जा सकता है।
(iv) अनुच्छेद-129 उच्चतम न्यायालय का अभिलेख न्यायालय होना।
(v) अनुच्छेद-215 उच्च न्यायालयों का अभिलेख न्यायालय होना।
(vi) अनुच्छेद-142 निर्णयों के क्रियान्वयन के लिए जनहित याचिका।

वस्तुत: न्यायिक सक्रियता न्यायपालिका की शक्तियों के विस्तार को नहीं बतलाती है। यह नई शक्तियों के माध्यम से सक्रिय काररवाइयों की द्योतक नहीं है, बल्कि उन्हीं शक्तियों के आधार पर सकारात्मक सक्रियता का दृष्टिकोण है।

महत्त्व/सकारात्मक पक्ष

(i) कार्यपालिका की निष्क्रियता को दूर करने के अंतर्गत।
(ii) विधायिका के कार्यों की वैधता की स्थापना।
(iii) संविधान की प्रगतिशील व्याख्या।
(iv) संघीय संतुलन की स्थापना।
(v) शक्ति के पृथक्करण की संकल्पना को बल।
(vi) विधि के शासन की स्थापना।
(vii) संवैधानिक मूल्यों एवं आदर्शों की स्थापना।
(viii) न्याय तक पहुँच को स्थापित करना।
(ix) व्यक्ति के सार्वजनिक एवं व्यक्तिगत अधिकारों की रक्षा।

नकारात्मक पक्ष (अति सक्रियता की स्थिति में)

(i) शक्ति के पृथक्करण सिद्धांत का हनन।
(ii) सरकार के विभिन्न अंगों के अधिकार क्षेत्र का अतिक्रमण।
(iii) संवैधानिक संकट की स्थिति उत्पन्न होने की संभावना।
(iv) न्यायपालिका का उन क्षेत्रों में प्रवेश, जहाँ उसे विशेषज्ञ ज्ञान प्राप्त नहीं है।
(v) इससे न्यायपालिका पर काम का बोझ और बढ़ गया है, जिससे सामान्य न्यायिक गतिविधियों का प्रभावित होना।
(vi) जनहित याचिका का दुरुपयोग। सभी क्षेत्रों में विशेषज्ञता प्राप्त नहीं होने के कारण कई बार न्यायपालिका द्वारा अनुचित निर्णय, जिससे न्यायपालिका की गरिमा का प्रतिकूल रूप से प्रभावित होना।

प्रश्न (25) : न्यायिक पुनरावलोकन पर प्रकाश डालें।

उत्तर : भारतीय राज व्यवस्था में संविधान की सर्वोच्चता है। शासन व्यवस्था की शक्तियों का स्रोत संविधान है।

इस संदर्भ में संविधान के संरक्षण की आवश्यकता सुस्पष्ट है।

अत: किसी भी विधि या कानून को संवैधानिक आदर्शों के अनुरूप ही होना चाहिए।

इस प्रकार विधि निर्माण की वैधता तथा विधि की संवैधानिकता को स्थापित करने की आवश्यकता है। इन्हीं आवश्यकताओं के संदर्भ में न्यायिक पुनरावलोकन का मूलाधार तैयार होता है।

न्यायिक पुनरावलोकन न्यायपालिका की वह शक्ति है, जिसके माध्यम से वह विधि की संवैधानिकता की जाँच करती है।

संवैधानिक आधार

संविधान में इसका कोई उल्लेख नहीं है, किंतु विभिन्न प्रावधानों में ध्येय अंतर्निहित है।

अनुच्छेद-13(1) तथा 13(2)—मूल अधिकारों से उनका अल्पीकरण करनेवाली विधियाँ।

अनुच्छेद-32—सांविधानिक उपचारों का अधिकार।

अनुच्छेद-226 के अधीन उच्च न्यायालय को प्रदान की गई शक्तियाँ पूर्णतया स्वविवेकाधिकार संबंधी प्रकृति की हैं, इनका प्रयोग मूल अधिकारों के प्रवर्तन के

लिए किया जा सकता है।

अनुच्छेद-245—संघ व राज्य विधायिका के कार्य संविधान के प्रावधानों के अनुरूप होने चाहिए।

अनुच्छेद-251—समवर्ती सूची में संघर्ष की स्थिति में संघ का कानून मान्य होगा।

अनुच्छेद-254—संसद् तथा राज्य विधानमंडलों द्वारा बनाई गई विधियों में असंगति होने पर।

महत्त्व

(i) संविधान की रक्षा।
(ii) विधि की संवैधानिकता की समस्या।
(iii) विधायिका की काररवाइयों की वैधता की स्थापना।
(iv) कार्यपालिका के कार्यों की वैधता की स्थापना।
(v) नागरिक अधिकारों की सुरक्षा।

विधि को निरस्त करने का दृष्टिकोण

(i) ऐसी विधि को निरस्त करना, जो कि विधायिका के संवैधानिक दायरे से बाहर हो।
(ii) ऐसी विधि को निरस्त करना, जिससे मौलिक अधिकारों का हनन हो।
(iii) ऐसी विधि को निरस्त करना, जो संविधान के प्रावधानों के अनुरूप न हो।

न्यायिक पुनरावलोकन के अंतर्गत प्रतिपादित सिद्धांत

पृथक्करण का सिद्धांत—इसके अनुसार विधि के उस हिस्से को जो मौलिक अधिकारों का हनन करता हो, यदि संपूर्ण विधि से अलग किया जा सके तो उसे अलग किया जाना चाहिए तथा शेष विधि वैध बनी रहेगी।

प्रगतिशीलपरक निर्वाचन सिद्धांत—इसके अंतर्गत संविधान का निर्वचन बदलते हुए परिस्थितियों के संदर्भ में किया जाना चाहिए।

छद्म विधायन का सिद्धांत—इसके अंतर्गत यदि विधि निर्माण विधायिका के संवैधानिक शक्तियों के बाहर हो, लेकिन ऐसा प्रतीत न होता है और ऐसा प्रतीत होता हो कि विधि निर्माण विधायिका के संवैधानिक शक्तियों के अंतर्गत है तो ऐसी

विधि का भी न्यायिक पुनरावलोकन किया जा सकता है।

आच्छादन सिद्धांत—यदि पूर्व विधि मौलिक अधिकार का हनन करती है तो उसका अस्तित्व समाप्त नहीं होता, बल्कि वह, मौलिक अधिकार से आच्छादित हो जाती है अर्थात् पूर्व की विधि निष्क्रिय हो जाती है।

तार एवं सार सिद्धांत—अगर कोई विधि किसी दूसरी विधायिका के कार्यक्षेत्र का अतिक्रमण करती है तो उसके सार के केंद्रीय विचार की परिरक्षण की आवश्यकता है। इस संदर्भ में यदि विधि अतिक्रमण नहीं करती है तो वह वैध है। उस स्थिति में जब यह बाह्य रूप से किसी अन्य विधायिका के कार्यक्षेत्र का अतिक्रमण करती है।

प्रश्न (26) : न्यायपालिका की स्वतंत्रता की स्थापना के गैर-संवैधानिक आधार प्रस्तुत करें।

उत्तर : न्यायपालिका की स्वतंत्रता की स्थापना के गैर-संवैधानिक आधार का निर्माण विभिन्न मुकदमों में दिए गए उच्चतम न्यायालय के निर्णयों के अंतर्गत समझा जा सकता है।

1982 में एस.पी. गुप्ता बनाम भारत संघ मुकदमे में सर्वोच्च न्यायालय के न्यायाधीशों की नियुक्ति में राष्ट्रपति द्वारा सर्वोच्च न्यायालय के मुख्य न्यायाधीश से परामर्श को प्रभावी बनाने की बात की गई और कहा गया है कि यह औपचारिकता मात्र न होकर प्रभावी होनी चाहिए।

1993 में उच्चतम न्यायालय एडवोकेट ऑन रिकॉर्ड एसोसिएशन बनाम भारत का संघ मुकदमे में यह निर्णय दिया गया कि राष्ट्रपति का परामर्श वस्तुतः स्वीकृति को बतलाता है, अर्थात् न्यायाधीशों की नियुक्तियाँ मुख्य न्यायाधीश के विचार के अनुरूप होनी चाहिए।

1995 में प्रतिभा बनर्जी बनाम भारत संघ मुकदमे में यह बात कही गई है कि सर्वोच्च न्यायालय के न्यायाधीश सरकारी सेवक नहीं हैं, वरन् संवैधानिक पदों पर आसीन हैं और उनके विशेष संवैधानिक दायित्व हैं।

1999 में राष्ट्रपति के द्वारा अनुच्छेद-143 के अनुसार माँगी गई सलाह के अंतर्गत उच्चतम न्यायालय के द्वारा उच्च न्यायालय और सर्वोच्च न्यायालय के न्यायाधीशों के तबादले और नियुक्ति के मुद्दों पर न्यायपालिका की विशेष भूमिका को स्थापित किया गया है।

विधि आयोग की रिपोर्ट के अंतर्गत भी न्यायपालिका की स्वतंत्रता को स्थापित

करने की बात की गई है। आयोग की रिपोर्ट में राष्ट्रीय न्यायिक सेवा आयोग के गठन की बात की गई है, ताकि न्यायपालिका की स्वतंत्रता को अक्षुण्ण रखा जा सके।

प्रश्न (27) : न्यायपालिका की स्वतंत्रता के महत्त्व पर प्रकाश डालें।

उत्तर :

(i) संघीय संतुलन की स्थापना।
(ii) शक्ति के पृथक्करण की संकल्पना को बल प्रदान।
(iii) संवैधानिक मूल्यों एवं आदर्शों की रक्षा।
(iv) संविधान की प्रगतिशील व्याख्या के अंतर्गत।
(v) विधि के शासन की स्थापना के अंतर्गत।
(vi) न्याय तक पहुँच के विस्तार के लिए।
(vii) व्यक्ति के अधिकारों की रक्षा के संदर्भ में।
(viii) विधायिका के कार्यों की वैधता की स्थापना।
(ix) कार्यपालिका की निष्क्रियता को दूर करने के अंतर्गत।

प्रश्न (28) : न्यायपालिका की स्वतंत्रता का संवैधानिक आधार स्पष्ट करें।

उत्तर : लोकतंत्र की रक्षा यदि स्वतंत्र अधिकरणों से न की गई तो इसके अंतर्गत जनता को दिए गए अधिकार निरर्थक हो जाएँगे। यदि सरकार ही विवादित हो जाए तो सरकार का कोई भी अधिकारी निष्पक्षता और स्वतंत्रता से न्याय-कार्य का निष्पादन नहीं कर सकता। इसी प्रकार संघ और राज्यों के बीच उठनेवाले विवादों को निपटाने के लिए संघ अथवा राज्यों के अधीनस्थ न्यायपालिका का विश्वास नहीं किया जा सकता है। इन्हीं कारणों से स्वतंत्र न्यायपालिका की संरचना को संविधान का अभिन्न अंग तथा न्यायिक स्वतंत्रता को इसका एक मूलभूत सिद्धांत मान लिया गया।

न्यायपालिका की पूर्ण स्वतंत्रता की संस्थापना के लिए संविधान ने पहले कार्यपालिका तथा न्यायपालिका का पृथक्करण किया और तब ऐसी स्थितियों का सृजन किया, जो न्यायपालिका की स्वतंत्रता बनाए रखने में सहायक हो। इस प्रकार न्यायाधीशों की नियुक्ति के लिए कठोर और नियमनिष्ठ परिगुण अनिवार्य हो गए।

उच्चतम न्यायालय और उच्च न्यायालयों के न्यायाधीशों की नियुक्ति के समय उच्चतम न्यायालय के मुख्य न्यायाधीश का परामर्श अनिवार्य है। न्यायाधीशों को नियुक्ति के उपरांत सेवा की शर्तों में उनके हितों के विपरीत परिवर्तन नहीं

किया जा सकता। उनको उच्च वेतन दिया जाता है। विधानमंडलों में उनके कार्य की चर्चा नहीं की जाती, केवल प्रमाणित दुराचार के आधार पर ही उन्हें पदच्युत किया जा सकता है और इसके लिए संसद् के दोनों सदनों में उपस्थिति एवं मतदान करनेवाले सदस्यों का दो-तिहाई और कुल सदस्यों का पूर्ण बहुमत आवश्यक है।

संविधान के अनुच्छेद-50 के तहत राज्य की सार्वजनिक सेवाओं में न्यायपालिका को कार्यपालिका से अलग किया गया है, जिससे न्यायपालिका को कार्यपालिका के प्रभाव से बचाया जा सके। उच्चतम न्यायालय एवं उच्च न्यायालयों के वेतन तथा अन्य भत्ते सीधे तौर पर संचित निधि से दिए जाते हैं तथा इसमें संसद् की स्वीकृति आवश्यक नहीं होती।

इसी प्रकार उच्चतम न्यायालय व उच्च न्यायालयों के न्यायाधीशों के वेतन एवं सेवा-शर्तों में उनकी पदावधि के दौरान फेर-बदल नहीं किया जा सकता।

उच्चतम न्यायालय एवं उच्च न्यायालयों के न्यायाधीशों को संसद् में विशेष प्रक्रिया के द्वारा ही हटाया जा सकता है, जिसका आधार साबित कदाचार असमर्थता होता है।

संविधान के अनुच्छेद-138 के अंतर्गत संसद् उच्चतम न्यायालय एवं उच्च न्यायालयों के अधिकार क्षेत्रों एवं शक्तियों को कम नहीं कर सकती।

संविधान के अनुच्छेद-121 के अंतर्गत उच्चतम न्यायालय के कार्यों से संबंधित कोई बहस संसद् में नहीं हो सकती। उच्चतम न्यायालय के किसी न्यायाधीश को हटाने से संबंधित बहस की जा सकती है।

संविधान के अनुच्छेद-129 के अंतर्गत उच्चतम न्यायालय एवं अनुच्छेद-215 के अंतर्गत उच्च न्यायालय को अपने निर्देशों व आदेशों की अवमानना के लिए दंड देने की शक्ति प्राप्त है। इस संदर्भ में किसी ऐसे क्रियाकलाप, जिससे न्यायालय का अपमान हुआ हो या आदेशों का उल्लंघन हुआ हो या न्यायालय की प्रतिष्ठा को कम करने की कोशिश की गई हो, के विरुद्ध न्यायालय काररवाई कर सकता है।

संविधान के अनुच्छेद-146 के अंतर्गत उच्चतम न्यायालय की कर्मचारी व्यवस्था और अनुच्छेद-229 के अंतर्गत उच्च न्यायालय की कर्मचारी व्यवस्था को उसके ही अधिकार क्षेत्र में रखा गया है। उच्चतम न्यायालय द्वारा अपने कर्मचारियों का चयन या किसी अन्य प्राधिकारी के समक्ष अभिवचन या कार्य नहीं करेगा।

अभिलेख न्यायालय (Court of Record) के रूप में सर्वोच्च न्यायालय अनुच्छेद-129 तथा उच्च न्यायालय अनुच्छेद-215।

प्रश्न (29) : उच्च न्यायालय की शक्तियों का वर्णन करें।

उत्तर : अनुच्छेद-214 के अंतर्गत प्रत्येक राज्य में एक उच्च न्यायालय की व्यवस्था की गई है। किंतु संसद् दो या दो से अधिक राज्यों के लिए एक ही उच्च न्यायालय की स्थापना भी कर सकती है।

उच्च न्यायालय राज्य की न्यायपालिका के शीर्ष पर स्थित होता है। प्रत्येक उच्च न्यायालय मुख्य न्यायाधीश तथा ऐसे अन्य न्यायाधीशों से मिलकर बना होता है, जिन्हें राष्ट्रपति समय-समय पर नियुक्त करता है।

जहाँ संसद् दो या दो से अधिक राज्यों के लिए एक उच्च न्यायालय की स्थापना का उपबंध करती है (अनुच्छेद-231) या किसी उच्च न्यायालय को अधिकारिता का किसी संघ राज्यक्षेत्र पर विस्तार करती है, उसे छोड़कर राज्य के उच्च न्यायालय की अधिकारिता राज्य की राज्य क्षेत्रीय सीमाओं तक होती है।

प्रत्येक उच्च न्यायालय एक अभिलेख न्यायालय है, अर्थात् उसे अपनी अधिकारिता से संबंधित प्रश्नों का अवधारण करने तथा अपनी अवमानना के लिए दंड का प्रावधान करने की शक्ति प्राप्त है। संविधान उच्च न्यायालय की साधारण अधिकारिता के संबंध में कोई उपबंध नहीं करता है। लेकिन इसमें यह कहा गया है कि संविधान के प्रारंभ होने के बाद उनकी सभी अधिकारिताएँ बनी रहेंगी।

उच्च न्यायालय के अपीलीय अधिकारों में सिविल तथा दांडिक दोनों ही प्रकार के विषय आते हैं। जिला न्यायाधीशों तथा अन्य अधीनस्थ न्यायाधीशों से ऊँचे मूल्यवाले मामले में तथ्य तथा विधि दोनों प्रश्नों पर अपील सीधे उच्च न्यायालय में ही की जा सकती है। जहाँ उच्च न्यायालय के अधीनस्थ कोई न्यायालय किसी निचले न्यायालय के विनिश्चय से अपील सुनकर उसका अवधारण करता है, तो वहाँ ऐसे किसी निचली अदालत के विनिश्चय से उच्च न्यायालय में अपील की जाती है। लेकिन यह अपील सिर्फ विधि एवं प्रक्रिया के प्रश्न पर ही की जाएगी, तथ्यों के प्रश्न पर नहीं। दांडिक अपीलीय अधिकारिता के अंतर्गत सेशन न्यायाधीश या अपर सेशन न्यायाधीश के विनिश्चय से अपील होती है, जहाँ कारावास का विधान सात वर्ष से अधिक का है।

प्रत्येक उच्च न्यायालय को उन राज्यक्षेत्रों में सभी न्यायालयों तथा अधिकरणों पर अधीक्षण की शक्ति प्रदान की गई है, जिनके संबंध में वह अपनी अधिकारिता का प्रयोग करता है। इसका एकमात्र अपवाद सैन्य अधिकरण है। इसका विस्तार राज्य के भीतर सभी न्यायालयों पर है, चाहे ऐसे न्यायालय अथवा अधिकरण उच्च न्यायालय की अपीलीय अधिकारिता के अधीन हों अथवा नहीं।

मूल अधिकारों के हनन के मामले में कोई व्यक्ति अनुच्छेद-226 के अंतर्गत उच्च न्यायालय में अथवा अनुच्छेद-32 के अंतर्गत सीधे सर्वोच्च न्यायालय में अपील कर सकता है। मूल अधिकार का उल्लंघन नहीं होने पर भी उच्च न्यायालय उत्प्रेषण रिट प्रदान करने के लिए सक्षम है, बशर्ते कि अधिकरण अथवा न्यायालय अपनी अधिकारिता से बाहर जाकर कार्य करने की कोशिश करता है। जहाँ उत्प्रेरण की रिट उपलब्ध है, किंतु स्पष्ट रूप से अन्याय हुआ है अथवा होनेवाला है, वहाँ उच्च न्यायालय अनुच्छेद-227 के अंतर्गत हस्तक्षेप कर सकता है तथा अधिकरण के आदेश को निरस्त कर सकता है।

अनुच्छेद-226 के अंतर्गत उच्च न्यायालयों को रिट अधिकारिता प्रदान की गई है। इस अधिकारिता का विस्तार निचली अदालतों तथा अधिकरणों के अतिरिक्त राज्य या ऐसे प्राधिकारी या व्यक्ति पर है, जिसे राज्य का प्राधिकार सौंपा गया है। उच्च न्यायालय मूल अधिकार के मामलों में तो रिट निकाल सकता है, वह सामान्य विधिक अधिकार के उल्लंघन के मामले में भी रिट निकाल सकता है।

उच्च न्यायालय को राज्य की न्यायपालिका के शीर्ष पर होने के कुछ विषयों में राज्य की अधीनस्थ न्यायपालिका पर प्रशासनिक नियंत्रण भी प्रदान किया गया है, जो अपीलीय तथा अधीक्षण अधिकारिता के अतिरिक्त है, इस प्रकार राज्य की कार्यपालिका शक्ति के ऊपर नियंत्रण और संतुलन की स्थिति बनाए रखने के लिए उच्च न्यायालयों को कई तरह के आरंभिक, अपीलीय, प्रशासनिक तथा विशिष्ट अधिकार भारतीय संविधान द्वारा प्रदान किए गए हैं।

प्रश्न (30) : सर्वोच्च न्यायालय तथा उच्च न्यायालय के न्यायाधीशों की नियुक्ति और तबादले के संदर्भ में की गई नई व्याख्या स्पष्ट करें।

उत्तर : यह मूलतः सर्वोच्च न्यायालय तथा उच्च न्यायालय के न्यायाधीशों की नियुक्ति और तबादले के लिए राष्ट्रपति द्वारा अनुच्छेद-124(2) के अंतर्गत सर्वोच्च न्यायालय तथा उच्च न्यायालय के न्यायाधीशों के लिए की जानेवाली प्रथम व्याख्या शंकर सेन बनाम भारत संघ मुकदमा 1977 में सर्वोच्च न्यायालय द्वारा की गई और कहा गया कि 'परामर्श' औपचारिक नहीं है। परामर्श को प्रभावी होना चाहिए, किंतु इसे मानने के लिए राष्ट्रपति बाध्य नहीं है।

पुनः 1982 में एस.पी. गुप्ता बनाम भारत का राष्ट्रपति मुकदमे में इसी विचार को दोहराया गया।

सन् 1993 में सर्वोच्च न्यायालय ने अपने नए निर्णय से इसकी नई व्याख्या की, जिससे सरकार के बीच विवाद उत्पन्न हो गया था।

सन् 1999 में अनुच्छेद-143 के अंतर्गत राष्ट्रपति द्वारा सलाह माँगी गई। इस सलाह के अंतर्गत 1993 के निर्णय का स्पष्टीकरण प्रस्तुत किया गया। इस सलाह को राष्ट्रपति द्वारा स्वीकार कर लिया गया।

वस्तुतः 1993 में सर्वोच्च न्यायालय ने निर्णय दिया कि राष्ट्रपति का परामर्श वस्तुतः स्वीकृति को बतलाता है, अर्थात् न्यायाधीशों की नियुक्ति मुख्य न्यायाधीश के विचार के अनुरूप होनी चाहिए।

अपनी सलाह के अंतर्गत सर्वोच्च न्यायालय ने न्यायाधीशों की नियुक्ति व तबादले की प्रक्रिया को अधिक प्रजातांत्रिक बनाया।

अब सर्वोच्च न्यायालय के न्यायाधीशों की नियुक्ति तथा उच्च न्यायालय के मुख्य-न्यायाधीश और न्यायाधीशों के तबादले में सर्वोच्च न्यायालय के मुख्य न्यायाधीश द्वारा चार वरिष्ठतम न्यायाधीशों से सलाह किया जाना और उसके आधार पर सरकार को अनुशंसा यदि अनुशंसा सही है तो इसे मानने के लिए सरकार बाध्य है।

उच्च न्यायालय के मुख्य न्यायाधीश तथा अन्य न्यायाधीशों की नियुक्ति में दो वरिष्ठतम न्यायाधीशों का सलाह किया जाना है।

सर्वोच्च न्यायालय के मुख्य न्यायाधीश की नियुक्ति वरिष्ठतम के आधार पर होगी।

उच्च न्यायालय के न्यायाधीश की नियुक्ति की प्रक्रिया की शुरुआत उच्च न्यायालय के मुख्य न्यायाधीश द्वारा और अन्य प्रक्रियाओं में इसकी शुरुआत सर्वोच्च न्यायालय के मुख्य न्यायाधीश के द्वारा की जाएगी।

प्रश्न (31) : सर्वोच्च न्यायालय की सलाहकारी भूमिका स्पष्ट करें।

उत्तर : अनुच्छेद-143 में उच्चतम न्यायालय की सलाहकारी भूमिका का उल्लेख है।

अनुच्छेद-143 के दो पहलू हैं—143(1), 143(2)।

(a) अनुच्छेद-143(1)के अंतर्गत विधि का कोई तथ्य या प्रश्न जो उभरा है या उभरने की संभावना है।

(b) जिसकी प्रकृति ऐसी है कि उच्चतम न्यायालय से सलाह माँगा जाना अनिवार्य है।

(c) उसका सार्वजनिक महत्त्व ऐसा है कि जिसके अंतर्गत सलाह माँगा जाना आवश्यक है।

अनुच्छेद-143(2) के अंतर्गत अनुच्छेद-131(1) से जुड़े कोई विवाद या

प्रश्न, जो संघ-राज्य या राज्य-राज्य से जुड़ा है।

सलाह माँगे जाने की शक्ति भारत के राष्ट्रपति में निहित है। उच्चतम न्यायालय से जिन मुद्दों पर सलाह माँगी जाती है, वे वैसे मुद्दे नहीं होने चाहिए, जिस पर उच्चतम न्यायालय के निर्णय दिए जा चुके हैं।

जिन मुद्दों पर सलाह माँगी जानी है, वे मुद्दे सामान्य न होकर विशेष होने चाहिए।

उच्चतम न्यायालय की सलाहकारी भूमिका के अंतर्गत जो न्यायिक काररवाई है, वह उच्चतम न्यायालय के प्रारंभिक अधिकारिता के समान है, ताकि इसके अंतर्गत संविधान पीठों की स्थापना की जाती है और बहुमत निर्णय को सलाह के रूप में स्वीकार किया जाता है।

सलाहकारी भूमिका के अंतर्गत अनुच्छेद-143(1) के मुद्दों पर माँगी गई सलाह को उच्चतम न्यायालय के द्वारा नकारा जा सकता है, लेकिन अनुच्छेद-143(2) के अंतर्गत जो सलाह माँगी जाए, उच्चतम न्यायालय का संवैधानिक दायित्व बनता है कि वह सलाह दे।

उच्चतम न्यायालय की सलाह को मानने के लिए राष्ट्रपति बाध्य नहीं है।

सर्वोच्च न्यायालय की सलाहकारी भूमिका का विशेष महत्त्व है—

- संवैधानिक आदर्शों की सुरक्षा।
- संवैधानिक संघर्षों की समाप्ति।
- संवैधानिक प्रावधानों का क्रियान्वयन।
- सरकार के विभिन्न अंगों के बीच विवादों की समाप्ति।

143(1) के अंतर्गत विधि के जिस प्रश्न पर सर्वोच्च न्यायालय का निर्णय दिया जा चुका है, उस पर सलाह नहीं दी जा सकती।

प्रश्न (32) : निःशुल्क कानूनी सहायता की संकल्पना प्रस्तुत करें।

उत्तर : निःशुल्क कानूनी सहायता की संकल्पना अनुच्छेद-39(ए) से संबंधित है।

निःशुल्क कानूनी सहायता की संकल्पना की बेहतर व्याख्या सर्वोच्च न्यायालय द्वारा की गई है और इसे विधि के शासन तथा विधि द्वारा स्थापित प्रक्रिया के अंतर्गत एक महत्त्वपूर्ण पहलू माना गया है। सर्वोच्च न्यायालय की व्याख्या के अंतर्गत इसे मौलिक अधिकार के रूप में स्थापित किया गया है।

1987 में कानूनी सेवा प्राधिकरण अधिनियम के द्वारा इसे बल प्रदान किया गया है

इस अधिनियम के अंतर्गत 1995 में राष्ट्रीय कानूनी सेवा प्राधिकरण (National Legal Service Authority) की स्थापना की गई है। इससे निःशुल्क कानूनी सहायता की संकल्पना को बल मिला है।

निःशुल्क कानूनी सहायता के अंतर्गत जो मापदंड रखा गया है, उसमें सर्वोच्च न्यायालय के संदर्भ में वार्षिक आय 50,000 रुपए, उच्च न्यायालय के संदर्भ में 25000 रुपए है। इस मापदंड के आधार पर व्यक्ति को निःशुल्क कानूनी सहायता का प्रावधान बनाया गया है।

मापदंड के प्रावधानों के अंतर्गत अनुसूचित जाति/अनुसूचित जनजाति, महिलाओं और बच्चों को छूट प्रदान की गई है।

निःशुल्क कानूनी सहायता की संकल्पना को विशेष तौर पर सर्वोच्च न्यायालय के न्यायाधीश पी.एन. भगवती द्वारा प्रोत्साहित किया गया। 1980 के दशक में निःशुल्क कानूनी सहायता समितियों का गठन हुआ। इन समितियों ने निःशुल्क कानूनी सहायता प्रदान करने के कई महत्त्वपूर्ण प्रयास किए। पी.एन. भगवती काफी समय तक फ्री लीगल ऐक्ट कमेटी के चेयरमैन रहे।

सर्वोच्च न्यायालय ने अपने न्यायिक निर्णयों के अंतर्गत निःशुल्क कानूनी सहायता को अनुच्छेद-21 का एक महत्त्वपूर्ण पहलू माना है।

निःशुल्क कानूनी सहायता की संकल्पना को हाल के दिनों में बल दिया गया है। इसे विधि के शासन की स्थापना के अंतर्गत महत्त्वपूर्ण माना गया है।

सर्वोच्च न्यायालय ने एक स्वतंत्र कानूनी सहायता समिति का गठन किया है। राज्यों के कई सर्वोच्च न्यायालय के माध्यम से इस दिशा में प्रयास किए जा रहे हैं।

प्रश्न (33) : लोकहितवाद की अवधारणा पर प्रकाश डालें।

उत्तर : जनहित याचिका एक नए प्रकार की न्यायिक काररवाई का प्रतिनिधित्व करती है, जिसके अंतर्गत जनहित को सुरक्षा प्रदान की जाती है, इसके साथ-साथ गरीब, कमजोर व शोषितों के हितों को सुरक्षा प्रदान की जाती है। यह संकल्पना 1982 में एस.पी. गुप्ता बनाम भारत का राष्ट्रपति मुकदमा में लाई गई।

जनहित याचिका एक विशेष प्रकार के परिवर्तन का प्रतिनिधित्व करती है, जो कि परंपरागत न्यायिक काररवाइयों के परिवर्तन को बताती है। यह एक नए न्यायिक दृष्टिकोण का प्रतिनिधित्व करती है। यह वर्ग लोकहित में काररवाई एवं प्रतिनिधिवाद का प्रतिनिधित्व करती है। इस संकल्पना के अंतर्गत पीड़ित व्यक्ति की संकुचित धारणा और आंग्ल विधि की संकल्पना को नकारा गया। किसी पीड़ित व्यक्ति या वर्ग के हितों की सुरक्षा के अंतर्गत एवं याचिका दायर करने के अंतर्गत

किसी अन्य व्यक्ति के अधिकार को भी स्थापित किया गया है।

इसके अंतर्गत अनुच्छेद-32 की अधिकारिता का विस्तार एवं न्यायपालिका की अधिकारिता का विस्तार हुआ है।

इस संकल्पना से व्यक्ति के अधिकारों की सुरक्षा का मजबूत आधार तैयार हुआ है। लोकहित याचिकाएँ मौलिक अधिकार की अवधारणा को बल प्रदान करती हैं और हाल के दिनों में इससे नागरिकों के अधिकारों की सुरक्षा को बढ़ावा मिला है।

पी.आई.एन. के विस्तार के अंतर्गत पत्रों, टेलीग्राम, किसी न्यायाधीश के पते पर पत्र को याचिका के रूप में स्वीकार किया गया है, इससे नागरिक अधिकारों की सुरक्षा को अधिक बल मिला है।

इस संकल्पना से लोगों तक न्याय की पहुँच का भी विस्तार हुआ है और विधि के शासन की संकल्पना की स्थापना एवं सामाजिक न्याय की अवधारणा की स्थापना भी हुई है।

हाल में कई महत्त्वपूर्ण मुद्दों पर जनहित याचिका के अंतर्गत उच्चतम न्यायालय के निर्णय आए हैं, जैसे बंधुआ मजदूरी, पर्यावरण, बालश्रम, जेलबंदी का मुद्दा इत्यादि।

यह संकल्पना अनुच्छेद 32 के न्यायपालिका के द्वारा व्याख्या के अंतर्गत प्रतिपादित की गई है।

प्रश्न (34) : लोक अदालत (Public Court) पर प्रकाश डालें।

उत्तर : इसकी शुरुआत सर्वोच्च न्यायालय के न्यायाधीशों द्वारा की गई। लोक अदालत को वैधानिक स्तर प्राप्त है। कानूनी सेवा प्राधिकरण अधिनियम, 1987 द्वारा इसे वैधानिक दर्जा दिया गया है।

राज्य एवं जिले स्तर पर इसका संगठन किया जाता है और इसके अधिकार क्षेत्र राज्य या जिले के प्राधिकरण के द्वारा निर्धारित किए जाते हैं।

इसके संगठन में उस क्षेत्र के न्यायिक अधिकारी और वैसे सदस्य होते हैं, जो निर्धारित योग्यता और अनुभव प्राप्त किए हों।

इसकी व्यवस्था के अंतर्गत विभिन्न विवादों में समझौतावादी दृष्टिकोण अपनाया जाता है। इसका अधिकार क्षेत्र विस्तृत है। यह दीवानी, फौजदारी, राजस्व संबंधी है। लोक अदालत के द्वारा विवादों का निपटारा वैज्ञानिक सिद्धांत के आधार पर होता है।

लोक अदालत द्वारा दिए गए निर्णय का वैज्ञानिक आधार होता है, इसे न्यायालय के आदेश के रूप में स्वीकार किया जाता है।

दीवानी कानून संहिता के अंतर्गत लोक अदालत को दीवानी न्यायालय का दर्जा और शक्तियाँ प्राप्त हैं।

लोक अदालत के द्वारा जो न्यायिक जाँच है, वह जाँच भारतीय दंड संहिता (आई.पी.सी.) के अंतर्गत की जाती है और उसे किसी कोर्ट के द्वारा की गई जाँच, जो कि भारतीय दंड संहिता (आई.पी.सी.) के अंतर्गत होती है, समतुल्य माना जाता है।

लोक अदालत साधारण न्यायालय के विकल्प के रूप में न होकर पूरक के रूप में है। इसके महत्त्व को निम्न बिंदुओं के अंतर्गत समझा जा सकता है— (1) न्यायिक जाँच, (2) सरल प्रक्रिया, (3) कम खर्चीली, (4) जटिल विधि प्रक्रियाओं की समाप्ति, (5) विवादों के निपटारे में समन्वय और समझौते पर बल।

मई 2002 में कानूनी सेवा प्राधिकरण अधिनियम में संशोधन किया गया है।

इस संशोधन के अंतर्गत 'स्थायी लोक अदालत' व्यवस्था का प्रावधान है।

तीन स्तरीय लोक अदालत व्यवस्था लाई जाती है।

इसके अंतर्गत सार्वजनिक सेवाओं से संबद्ध विवादों को निपटाए जाने का प्रावधान भी किया जाता है, जैसे परिवहन, टेलीफोन, विद्युत्, बीमा आदि।

इस विधेयक के अंतर्गत लोक अदालत का अधिकार क्षेत्र 10 लाख तक की राशि से संबद्ध मुकदमों का निपटारा इस सीमा को बढ़ाए जाने का भी प्रावधान, विवाद निपटान मंच के रूप में भी है।

इस विधेयक के अनुसार लोक अदालत का प्रमुख न्यायिक अधिकारी कार्यरत अथवा सेवानिवृत्त होगा।

लोक अदालत के निर्णय को न्यायालय के निर्णय के समकक्ष दर्जा दिया जाएगा।

लोक अदालत का महत्त्व

(i) विवाद निपटान का समझौतावादी दृष्टिकोण
(ii) कम खर्चीली एवं सरल न्यायिक व्यवस्था
(iii) मध्यस्थता के द्वारा विवादों को निपटाने का प्रयास
(iv) न्याय की पहुँच का विस्तार
(v) तीव्र न्यायिक निपटान
(vi) उच्च स्तरीय न्यायालयों में कार्य बोझ कम करना।

प्रश्न (35) : परिवार न्यायालय को स्पष्ट करें।

उत्तर : हाल के दिनों में न्यायपालिका व्यवस्था को सुदृढ़ बनाने के अंतर्गत कई प्रयास किए गए हैं। इसी के अंतर्गत 1984 में 'परिवार न्यायालय अधिनियम' लाया गया और इसके माध्यम से परिवार न्यायालयों की स्थापना की गई।

परिवार न्यायालय जिला व सत्र न्यायालय का ही एक अंग है।

इस न्यायालय को परिवार व विवाह से संबद्ध विवादों को निपटाने का अधिकार है।

परिवार न्यायालय का दृष्टिकोण समझौतावादी एवं समन्वयकारी होता है।

इसका अधिकार क्षेत्र

(i) विवाह-विच्छेद
(ii) व्यक्ति की वैवाहिक स्थिति
(iii) विवाहों की वैधता
(iv) व्यक्ति की वैधता
(v) अल्पवयस्क का संरक्षण
(vi) इसके अंतर्गत सामाजिक कल्याण एजेंसियों को भी सम्मिलित किया जाता है।
(vii) इसके निर्णय के विरुद्ध सर्वोच्च न्यायालय तथा उच्च न्यायालय में अपील की जा सकती है।
(viii) पारिवारिक संबंधों के सुदृढ़ीकरण, पारिवारिक समन्वय एवं सामाजिक संघर्षों तथा तनावों को दूर करने के अंतर्गत इसकी महत्त्वपूर्ण भूमिका है।
(ix) पुनः विवादों का तीव्र निपटान, कम व्ययशील न्याय की स्थापना तथा उच्च स्तरीय न्यायालय के कार्य के बोझ को कम करने में भी उपयोगी भूमिका।

प्रश्न (36) : भारत के कुछ उच्च न्यायालयों का क्षेत्राधिकार एक से अधिक राज्यों तक है, स्पष्ट करें।

उत्तर : भारत में कुल 21 उच्च न्यायालय हैं। तीन ऐसे उच्च न्यायालय हैं, जिनका अधिकार क्षेत्र एक से अधिक राज्य हैं। केंद्र शासित संघ क्षेत्रों में केवल दिल्ली का अपना उच्च न्यायालय है।

देश के 6 संघ क्षेत्र विभिन्न राज्यों के उच्च न्यायालयों के अधिकार क्षेत्र में हैं। मुंबई उच्च न्यायालय का अधिकार क्षेत्र महाराष्ट्र, गोवा, दादर और नगर हवेली,

दमन और दीव तक है। गुवाहाटी उच्च न्यायालय के क्षेत्राधिकार में असम, मणिपुर, मेघालय, नागालैंड, त्रिपुरा, मिजोरम और अरुणाचल प्रदेश हैं।

पंजाब और हरियाणा के उच्च न्यायालय के क्षेत्राधिकार में पंजाब, हरियाणा और चंडीगढ़ शामिल हैं। चेन्नई उच्च न्यायालय के क्षेत्राधिकार में तमिलनाडु और पांडिचेरी, केरल उच्च न्यायालय के क्षेत्राधिकार में केरल और लक्षद्वीप सम्मिलित हैं। अन्य राज्यों में केवल अपने क्षेत्राधिकार वाले उच्च न्यायालय हैं।

प्रश्न (37) : 110वें संविधान संशोधन का वर्णन करें?

उत्तर : संविधान के 110वें संशोधन विधेयक के द्वारा महिलाओं के लिए 50 फीसदी आरक्षण की व्यवस्था की गई है।

पंचायती राज संस्थाओं में सभी स्तर पर महिलाओं की भागीदारी एक-तिहाई से बढ़ाकर 50 फीसदी करने के लिए संविधान के अनुच्छेद-243 डी में संशोधन हेतु 110वाँ संविधान संशोधन पारित कर दिया गया।

प्रश्न (38) : संविधान में हिंदी अनुवाद को मान्यता कब मिली?

उत्तर : संविधान के 58वें संशोधन के द्वारा संविधान में हिंदी अनुवाद को मान्यता दी गई।

□

वस्तुनिष्ठ प्रश्न-उत्तर

1. संविधान के किस अनुच्छेद में कार्यपालिका से न्यायपालिका का पृथक्करण किया गया है—

   (क) अनुच्छेद-48 (ख) अनुच्छेद-49

   (ग) अनुच्छेद-50 (घ) अनुच्छेद-51

2. भारतवर्ष के लिए न्यायपालिका के सर्वोच्च शिखर पर है—

   (क) सर्वोच्च न्यायालय (ख) उच्च न्यायालय

   (ग) जिला न्यायालय (घ) तहसील न्यायालय

3. संघ की न्यायपालिका का वर्णन मिलता है—

   (क) अनुच्छेद-124 से 145 तक

   (ख) अनुच्छेद-120 से 147 तक

   (ग) अनुच्छेद-124 से 147 तक

   (घ) उपरोक्त में से कोई नहीं

4. मूल संविधान में कितने न्यायाधीशों की व्यवस्था की गई थी—

   (क) एक मुख्य न्यायाधीश के अलावा सात अन्य न्यायाधीश

   (ख) एक मुख्य न्यायाधीश के अलावा दस अन्य न्यायाधीश

   (ग) एक मुख्य न्यायाधीश के अलावा पच्चीस अन्य न्यायाधीश

   (घ) उपरोक्त में से कोई नहीं

5. न्यायाधीशों की संख्या बढ़ाने का अधिकार किसको है—

   (क) सर्वोच्च न्यायालय (ख) राष्ट्रपति

   (ग) संसद् (घ) लोकसभा के अध्यक्ष

6. वर्तमान समय में मुख्य न्यायाधीश के अलावा कितने न्यायाधीश हैं—

   (क) 20 (ख) 25

   (ग) 27 (घ) 31

7. अनुच्छेद-124 के अनुसार—
   (क) भारत का मुख्य न्यायाधीश होगा।
   (ख) भारत का एक उच्चतम न्यायालय होगा।
   (ग) भारत का एक उच्च न्यायालय होगा।
   (घ) उपरोक्त सभी।
8. भारत के सभी न्यायालय किसके अधीन होते हैं—
   (क) राष्ट्रपति (ख) सर्वोच्च न्यायालय
   (ग) उच्च न्यायालय (घ) प्रधानमंत्री
9. क्या किसी अवकाश-प्राप्त न्यायाधीश को सर्वोच्च न्यायालय की सेवा के लिए बुलाया जा सकता है—
   (क) हाँ
   (ख) नहीं
   (ग) प्रधानमंत्री की स्वीकृति मिलने पर बुलाया जा सकता है।
   (घ) उपरोक्त में से कोई नहीं।
10. सर्वोच्च न्यायालय के न्यायाधीशों के लिए कौन-कौन सी योग्यताएँ होनी चाहिए—
   (क) भारत का नागरिक हो।
   (ख) कम-से-कम 5 वर्ष तक किसी एक उच्च न्यायालय या लगातार दो या दो से अधिक ऐसे न्यायालयों का न्यायाधीश रह चुका हो।
   (ग) कम-से-कम 10 वर्षों तक किसी एक उच्च न्यायालय या लगातार दो या दो से अधिक ऐसे न्यायालयों का अधिवक्ता रह चुका हो।
   (घ) राष्ट्रपति की नजर से वह पारंगत विधिवेत्ता हो।
   (ङ) उपरोक्त सभी।
11. अनुच्छेद-124(2) के अनुसार सर्वोच्च न्यायालय के न्यायाधीशों की नियुक्ति की जाती है—
   (क) राष्ट्रपति (ख) सर्वोच्च न्यायालय
   (ग) प्रधानमंत्री (घ) लोकसभा अध्यक्ष
12. सर्वोच्च न्यायालय के न्यायाधीशों का कार्यकाल है—
   (क) 60 वर्ष (ख) 62 वर्ष
   (ग) 65 वर्ष (घ) 70 वर्ष

13. भारत के सर्वोच्च न्यायालय के मुख्य न्यायाधीश का वेतन है—
    (क) 1 लाख (ख) 2 लाख
    (ग) 2 लाख 50 हजार (घ) 2 लाख 80 हजार
14. भारत में सर्वोच्च न्यायालय को स्वतंत्र और निष्पक्ष बनाए रखने का प्रयास किया गया है, क्योंकि—
    (क) भारत में संघात्मक शासन व्यवस्था को अपनाया गया है।
    (ख) भारत में एकात्मक शासन व्यवस्था को अपनाया है।
    (ग) भारत ने लोकतंत्र को अपनाया है।
    (घ) उपरोक्त सभी।
15. उच्च न्यायालय के मुख्य न्यायाधीश की नियुक्ति कौन करता है—
    (क) राष्ट्रपति
    (ख) सर्वोच्च न्यायालय का मुख्य न्यायाधीश
    (ग) प्रधानमंत्री
    (घ) उपरोक्त में से कोई नहीं
16. रिट निकालने की शक्ति प्राप्त नहीं है—
    (क) जिला एवं सत्र न्यायालय को
    (ख) उच्च न्यायालय को
    (ग) उच्चतम न्यायालय को
    (घ) उपरोक्त में से कोई नहीं
17. अपीलीय क्षेत्राधिकार के अंतर्गत आता है—
    (क) संवैधानिक मामले
    (ख) फौजदारी मामले
    (ग) दीवानी मामले
    (घ) उपरोक्त सभी
18. संविधान द्वारा प्राप्त मौलिक अधिकारों की व्याख्या और रक्षा करने का अधिकार है—
    (1) सर्वोच्च न्यायालय (2) उच्च न्यायालय
    (3) जिला न्यायालय (4) तहसील न्यायालय
    सही कथन का अध्ययन करें—
    (क) 1 और 3 (ख) 2 और 4
    (ग) 3 और 4 (घ) 1 और 2

19. प्रारंभिक क्षेत्राधिकार से तात्पर्य है कि—
    (क) ऐसे मुकदमे, जो किसी दूसरे न्यायालय में न जाकर सीधे सर्वोच्च न्यायालय में आते हैं।
    (ख) ऐसे मुकदमे, जो उच्च न्यायालय तथा जिला न्यायालय में आते हैं।
    (ग) क और ख।
    (घ) उपरोक्त में से कोई नहीं।
20. न्यायपालिका का मुख्य कार्य है—
    (क) कानूनों की व्याख्या करना
    (ख) कानूनों को बनाना
    (ग) कानूनों को लागू करवाना
    (घ) उपरोक्त सभी
21. सर्वोच्च न्यायालय के मुख्य न्यायाधीश की नियुक्ति करते समय राष्ट्रपति परामर्श करते हैं—
    (क) विधि मंत्री से।
    (ख) एक चयन समिति से, जिसमें मुख्य न्यायाधीश के अतिरिक्त सर्वोच्च न्यायालय के चार वरिष्ठतम न्यायाधीश होते हैं।
    (ग) एक चयन समिति से, जिसमें प्रधानमंत्री तथा मुख्य न्यायाधीश होते हैं।
    (घ) एक चयन समिति से, जिसमें विपक्षी दल के नेता प्रधानमंत्री तथा उपराष्ट्रपति होते हैं।
22. राष्ट्रपति उच्चतम न्यायालय से सार्वजनिक महत्त्व के प्रश्नों पर परामर्श ले सकते हैं, किस अनुच्छेद के अंतर्गत—
    (क) अनुच्छेद-140 (ख) अनुच्छेद-141
    (ग) अनुच्छेद-142 (घ) अनुच्छेद-143
23. उच्चतम न्यायालय ने किस मुकदमे में यह कहा है कि अनुच्छेद में 368 के अंतर्गत मूल अधिकारों के सिद्धांत को बदला नहीं जा सकता है—
    (क) केशवानंद बनाम केरल राज्य
    (ख) गोलकनाथ बनाम पंजाब राज्य
    (ग) गोपालन बनाम मद्रास राज्य
    (घ) उपरोक्त सभी

24. भारत के सर्वोच्च न्यायालय के अपीलीय अधिकार क्षेत्र से संबंधित है—
    (क) सिविल मुकदमे
    (ख) फौजदारी मुकदमे
    (ग) संवैधानिक मुकदमे
    (घ) उपरोक्त सभी
25. भारत के सर्वोच्च न्यायालय को संविधान का संरक्षक कहा गया है, क्योंकि—
    (क) सर्वोच्च न्यायालय को संविधान की व्याख्या करके, अंतिम निर्णय देने का अधिकार है।
    (ख) उच्च न्यायालयों को संविधान की व्याख्या करने के अंतिम निर्णय देने का अधिकार है।
    (ग) जिला न्यायालयों को संविधान की व्याख्या करने के संबंध में अंतिम निर्णय देने का अधिकार है।
    (घ) उपरोक्त सभी।
26. सही कथन है—
    (क) अनुच्छेद-141—उच्चतम न्यायालय द्वारा घोषित विधि न्यायालयों पर लागू होना।
    (ख) अनुच्छेद-143—उच्चतम न्यायालय द्वारा परामर्श करने की राष्ट्रपति की शक्ति।
    (ग) अनुच्छेद-145—न्यायालय के नियम।
    (घ) अनुच्छेद-146—उच्चतम न्यायालय के अधिकारी और सेवक।
    (ङ) उपरोक्त सभी।
27. किसी उच्च न्यायालय के न्यायाधीश को उसके कार्यकाल में उसके पद से हटाया जा सकता है—
    (क) संसद् द्वारा एक-तिहाई बहुमत से पारित संकल्प के आधार पर राष्ट्रपति द्वारा।
    (ख) संसद् द्वारा बहुमत से पारित संकल्प के आधार पर।
    (ग) संसद् द्वारा दो-तिहाई बहुमत से पारित संकल्प के आधार पर राष्ट्रपति द्वारा।
    (घ) उपरोक्त में से कोई नहीं।

28. राज्यों में उच्च न्यायालय की स्थापना या इससे संबंधित व्यवस्था में परिवर्तन करने का अधिकार है—
    (क) सर्वोच्च न्यायालय
    (ख) संसद्
    (ग) राज्य विधानमंडल
    (घ) राज्यपाल
29. भारत के संविधान में सर्वोच्च न्यायालय के न्यायाधीशों की संख्या—
    (क) निश्चित नहीं है।
    (ख) निश्चित की गई है।
    (ग) न्यूनतम संख्या निश्चित है।
    (घ) उपरोक्त में से कोई नहीं।
30. सर्वोच्च न्यायालय के अन्य न्यायाधीशों की नियुक्ति करते समय राष्ट्रपति द्वारा परामर्श किया जाता है—
    (क) एक चयन समिति से, जिसमें दस न्यायाधीश होते हैं।
    (ख) एक चयन समिति से, जिसमें मुख्य न्यायाधीश के अतिरिक्त आठ वरिष्ठतम न्यायाधीश होते हैं।
    (ग) एक चयन समिति से, जिसमें मुख्य न्यायाधीश के अतिरिक्त सात वरिष्ठतम न्यायाधीश होते हैं।
    (घ) उपरोक्त में से कोई नहीं।
31. उच्चतम न्यायालय के बारे में सही कथन है—
    (क) न्यायिक पुनरावलोकन की शक्ति प्राप्त है।
    (ख) न्यायिक सक्रियता।
    (ग) लोकहित संबंधी मुकदमे सुनना।
    (घ) उपरोक्त सभी।
32. भारत के उच्चतम न्यायालय ने संविधान के बुनियादी ढाँचे का सिद्धांत प्रतिपादित किया—
    (क) 1973, केशवानंद भारती के मामले में
    (ख) 1967, गोलकनाथ के मामले में
    (ग) 1965, सज्जन सिंह के मामले में
    (घ) उपरोक्त में से कोई नहीं

33. अनुच्छेद-144 के अनुसार—
   (क) भारत के राज्य क्षेत्रों के सभी सिविल न्यायिक प्राधिकारी उच्चतम न्यायालय की सहायता से कार्य करेंगे।
   (ख) भारत के राज्य क्षेत्रों के सभी न्यायिक प्राधिकारी उच्च न्यायालय की सहायता से कार्य करेंगे।
   (ग) भारत के राज्य क्षेत्रों के सभी सिविल एवं न्यायिक प्राधिकारी विधि मंत्री की सहायता से कार्य करेंगे।
   (घ) उपरोक्त सभी।
34. सर्वोच्च न्यायालय के अन्य न्यायाधीशों को कितना वेतन मिलता है—
   (क) 1 लाख (ख) 1 लाख 50 हजार
   (ग) 2 लाख (घ) 2 लाख 50 हजार
35. उच्चतम न्यायालय का कोई भी न्यायाधीश अवकाश ग्रहण कर लेने के बाद—
   (क) देश के किसी भी न्यायालय में या न्यायिक अधिकरण के समक्ष वकालत नहीं कर सकता है।
   (ख) देश के किसी भी न्यायालय में वकालत कर सकता है।
   (ग) केवल कभी-कभी वकालत कर सकता है।
   (घ) उपरोक्त में से कोई नहीं।
36. किसी भी न्यायाधीश को राष्ट्रपति तभी पद मुक्त कर सकता है, जब—
   (क) सर्वोच्च न्यायालय उसे ऐसा करने को कहे।
   (ख) जब संसद् के दोनों सदन दो-तिहाई बहुमत से प्रस्ताव पास करके राष्ट्रपति को ऐसा करने को कहे।
   (ग) (क) और (ख)
   (घ) उपरोक्त में से कोई नहीं।
37. सर्वोच्च न्यायालय का कोई न्यायाधीश यदि त्याग-पत्र देना चाहे तो किसे देगा—
   (क) लोकसभा अध्यक्ष को (ख) प्रधानमंत्री को
   (ग) राष्ट्रपति को (घ) उपरोक्त में से कोई नहीं
38. भारत में सविधान की रक्षा का दायित्व किस पर है—
   (क) राष्ट्रपति (ख) सर्वोच्च न्यायालय
   (ग) प्रधानमंत्री (घ) संसद्

39. उच्च न्यायालय के न्यायाधीशों का कार्यकाल है—
    (क) 60 वर्ष (ख) 61 वर्ष
    (ग) 62 वर्ष (घ) 65 वर्ष
40. भारत के सर्वोच्च न्यायालय का प्रमुख कार्य है—
    (क) देश की सुरक्षा
    (ख) देश में शांति बनाए रखना
    (ग) संविधान की व्याख्या
    (घ) उपरोक्त सभी
41. सर्वोच्च न्यायालय के बारे में सही कथन है—
    (क) सर्वोच्च न्यायालय अभिलेख न्यायालय है।
    (ख) इसकी अधिकारिता भारत के भीतर सब न्यायालयों के लिए बाध्यकारी है।
    (ग) इसे न्यायिक पुनरावलोकन की शक्ति प्राप्त है।
    (घ) उपरोक्त सभी।
42. भारत में न्यायिक पुनर्विचार की अवधारणा आधारित है—
    (क) विधि के शासन पर
    (ख) लोकतंत्रीय व्यवस्था के आधार पर
    (ग) संसदीय शासन के आधार पर
    (घ) विधि की समुचित प्रक्रिया पर
43. वर्तमान समय में कितने उच्च न्यायालय कार्यरत हैं—
    (क) 16 (ख) 17
    (ग) 18 (घ) 21
44. उच्च न्यायालय के मुख्य न्यायाधीश की नियुक्ति राष्ट्रपति किसके परामर्श से करते हैं—
    (क) एक चयन समिति के माध्यम से, जिसमें प्रधानमंत्री तथा राज्यपाल शामिल होते हैं।
    (ख) एक चयन समिति के माध्यम से, जिसमें भारत के मुख्य न्यायाधीश और उनके दो सबसे वरिष्ठ सहयोगी होते हैं।
    (ग) राज्य के राज्यपाल तथा मुख्यमंत्री के परामर्श से।
    (घ) उपरोक्त में से कोई नहीं।

45. भारत में बंदी प्रत्यक्षीकरण आदेश जारी करने का अधिकार है—
    (क) उच्चतम एवं उच्च न्यायालय को
    (ख) जिला एवं सत्र न्यायाधीश को
    (ग) जिला कलेक्टर को
    (घ) उपरोक्त में से कोई नहीं
46. उच्च न्यायालय के मुख्य न्यायाधीश का वेतन प्रतिमाह है—
    (क) 1 लाख (ख) 1 लाख 50 हजार
    (ग) 2 लाख (घ) 2 लाख 50 हजार
47. उच्च न्यायालय के अन्य न्यायाधीशों का वेतन प्रतिमाह है—
    (क) 1 लाख (ख) 1 लाख 50 हजार
    (ग) 2 लाख (घ) 2 लाख 25 हजार
48. उच्च न्यायालय के न्यायाधीश का पद प्राप्त करने के लिए कौन सी योग्यताएँ होनी आवश्यक हैं—
    (क) वह भारत का नागरिक हो।
    (ख) वह कम-से-कम 10 वर्ष तक भारत के किसी क्षेत्र में न्याय संबंधी पद पर कार्य कर चुका हो।
    (ग) एक या एक से अधिक उच्च न्यायालय का लगातार 10 वर्ष तक अधिवक्ता (Advocate) रह चुका है।
    (घ) उपरोक्त सभी।
49. कोई व्यक्ति गैर-कानूनी रूप से किसी पद या अधिकार का प्रयोग करता है तो न्यायालय उसे ऐसा करने से रोकने के लिए कौन सा आदेश देगा—
    (क) अधिकार पृच्छा (ख) उत्प्रेषण
    (ग) परमादेश (घ) बंदी प्रत्यक्षीकरण
50. सही कथन है—
    (क) सर्वोच्च न्यायालय के अधीन राज्यों के उच्च न्यायालय हैं।
    (ख) उच्च न्यायालय के अधीन न्यायालय जिला एवं सत्र न्यायालय हैं।
    (ग) भारत में एक सर्वोच्च न्यायालय है।
    (घ) उपरोक्त सभी।
51. उच्च न्यायालय के न्यायाधीशों के वेतन, भत्ते, पेंशन तथा छुट्टी के संबंध में नियम बनाने का अधिकार किसको है—
    (क) सर्वोच्च न्यायालय (ख) संसद्
    (ग) लोकसभा (घ) विधानसभा

52. उच्च न्यायालय के किसी न्यायाधीश का दूसरे न्यायालय में स्थानांतरण करने का अधिकार है—
    (क) राष्ट्रपति को है, किंतु राष्ट्रपति ऐसा करते समय प्रधानमंत्री से सलाह लेगा।
    (ख) राज्यों के राज्यपाल को है, किंतु राज्यपाल ऐसा करते समय मुख्यमंत्री से परामर्श लेगा।
    (ग) सर्वोच्च न्यायालय के मुख्य न्यायाधीश को है, किंतु ऐसा करते समय वह राज्यपाल से परामर्श लेगा।
    (घ) **राष्ट्रपति को, किंतु ऐसा करते समय यह सर्वोच्च न्यायालय के मुख्य न्यायाधीश की सलाह लेगा।**
53. किस आदेश द्वारा उच्च न्यायालय निम्न न्यायालय को ऐसा करने से रोक सकता है, जो उसके अधिकार क्षेत्र में नहीं है—
    (क) परमादेश (ख) बंदी प्रत्यक्षीकरण
    (ग) प्रतिषेध (घ) उपरोक्त सभी
54. राज्यों में उच्च न्यायालय की स्थापना या इससे संबंधित व्यवस्था में परिवर्तन का अधिकार है—
    (क) संसद् को (ख) सर्वोच्च न्यायालय को
    (ग) राज्य की विधानमंडल को (घ) राष्ट्रपति को
55. संविधान के अनुच्छेद-214 के अनुसार—
    (क) देश में एक सर्वोच्च न्यायालय होगा।
    (ख) प्रत्येक राज्य में एक उच्च न्यायालय की व्यवस्था की गई है।
    (ग) प्रत्येक जिले में जिला न्यायालय की व्यवस्था की गई है।
    (घ) उपरोक्त सभी।
56. केरल उच्च न्यायालय का अधिकार क्षेत्र कहाँ तक विस्तृत है—
    (क) केरल (ख) लक्षद्वीप
    (ग) (क) और (ख) (घ) उपरोक्त सभी
57. संवैधानिक विषय पर निर्णय देने के लिए कम-से-कम सर्वोच्च न्यायालय के कितने न्यायाधीशों की बेंच होनी चाहिए—
    (क) 5 (ख) 6
    (ग) 7 (घ) 10

58. मूल अधिकारों के उल्लंघन से संबंधित विवाद सर्वोच्च न्यायालय के—
    (क) अपीलीय क्षेत्राधिकार के अंतर्गत आता है।
    (ख) परामर्शीय क्षेत्राधिकार के अंतर्गत आता है।
    (ग) प्रारंभिक क्षेत्राधिकार के अंतर्गत आता है।
    (घ) उपरोक्त सभी।
59. राष्ट्रपति किन मामलों में उच्चतम न्यायालय की राय माँग चुके हैं—
    (क) बेरुबारी के मामले में (1956)
    (ख) केशव सिंह के मामले में (1965)
    (ग) राम जन्मभूमि-बाबरी मसजिद विवाद के मामले में (1993)
    (घ) उपरोक्त सभी
60. सर्वोच्च न्यायालय का कौन सा निर्णय मौलिक अधिकारों से संबंधित है—
    (क) गोलकनाथ बनाम पंजाब राज्य
    (ख) ब्रजभूषण बनाम दिल्ली राज्य
    (ग) गोपालन बनाम मद्रास राज्य
    (घ) केशवानंद भारती बनाम केरल राज्य
    (ङ) उपरोक्त सभी
61. सर्वोच्च न्यायालय द्वारा अपने पूर्व के निर्णयों को बदला गया—
    (क) गोपालन बनाम मद्रास राज्य के मामले में
    (ख) शंकरी प्रसाद व सज्जन सिंह के मामले में
    (ग) गोलकनाथ मामले में
    (घ) उपरोक्त सभी
62. न्यायिक पुनर्निरीक्षण की शक्ति प्राप्त है—
    (क) उच्चतम न्यायालय
    (ख) उच्च न्यायालय
    (ग) (क) और (ख)
    (घ) उपरोक्त में से कोई नहीं
63. उच्चतम न्यायालय का मुख्य न्यायाधीश, जिसे कार्यकारी राष्ट्रपति के रूप में कार्य करने का अवसर मिला—
    (क) एम. हिदायतुल्लाह (ख) पी.एन. भगवती
    (ग) हीरालाल जे. कानिया (घ) अजीत नाथ रे

64. उच्चतम न्यायालय के प्रारंभिक क्षेत्राधिकार के अंतर्गत आता है—
    (क) भारत सरकार तथा एक या एक से अधिक राज्यों के बीच विवाद।
    (ख) भारत सरकार, राज्य या कई राज्यों तथा एक या अधिक राज्यों के बीच विवाद।
    (ग) दो से अधिक राज्यों के बीच विवाद।
    (घ) उपरोक्त सभी।
65. फौजदारी (Criminal) विवादों में उच्च न्यायालय के निर्णय की अपील सर्वोच्च न्यायालय में की जा सकती है—
    (क) उच्च न्यायालय ने नीचे के न्यायालय के किसी निर्णय को रद्द करके अभियुक्त को मृत्युदंड दे दिया हो।
    (ख) उच्च न्यायालय ने नीचे के न्यायालय में चल रहे किसी विवाद को अपने यहाँ मँगवाकर अभियुक्त को मृत्युदंड दे दिया हो।
    (ग) उच्च न्यायालय यह प्रमाणित कर दे कि मामला सर्वोच्च न्यायालय में अपील के योग्य है।
    (घ) उपरोक्त सभी
66. हाई कोर्ट के अधिकार और क्षेत्र बढ़ाने की शक्ति है—
    (क) संसद् के पास। (ख) लोकसभा के पास।
    (ग) राष्ट्रपति के पास। (घ) सर्वोच्च न्यायालय के पास।
67. अनुच्छेद-231 के अंतर्गत व्यवस्था है—
    (क) एक ही उच्च न्यायालय का अधिकार क्षेत्र दो या दो से अधिक राज्यों या संघीय क्षेत्र तक विस्तृत हो सकता है।
    (ख) एक ही उच्च न्यायालय का अधिकार एक से अधिक राज्य तक विस्तृत नहीं हो सकता है।
    (ग) एक उच्च न्यायालय का अधिकार क्षेत्र बहुत सीमित है।
    (घ) उपरोक्त में से कोई नहीं।
68. कोलकाता उच्च न्यायालय का क्षेत्राधिकार है—
    (क) पश्चिमी बंगाल के अलावा उड़ीसा तक।
    (ख) पश्चिमी बंगाल के अलावा मध्य प्रदेश तक।
    (ग) पश्चिमी बंगाल के अलावा अंडमान और निकोबार द्वीप समूह तक।
    (घ) पश्चिमी बंगाल के अलावा गोवा तक।

69. उच्चतम न्यायालय के न्यायाधीश शपथ ग्रहण करते हैं—
   (क) भारत की प्रभुता तथा अखंडता को अक्षुण्ण रखने के लिए।
   (ख) विधि द्वारा स्थापित भारत के संविधान के प्रति सच्ची श्रद्धा और निष्ठा रखने के लिए।
   (ग) अपनी पूरी योग्यता, ज्ञान और विवेक से अपने पद के कर्तव्यों का भय या पक्षपात, अनुराग या द्वेष के बिना पालन करने के लिए।
   (घ) उपरोक्त सभी।

70. 1862 ई. में उच्च न्यायालय की स्थापना की गई थी—
   (क) बंबई उच्च न्यायालय (ख) कलकत्ता उच्च न्यायालय
   (ग) मद्रास उच्च न्यायालय (घ) उपरोक्त सभी

71. कौन सा अनुच्छेद सर्वोच्च न्यायालय को अभिलेख न्यायालय का स्थान प्रदान करता है—
   (क) अनुच्छेद-125 (ख) अनुच्छेद-127
   (ग) अनुच्छेद-129 (घ) अनुच्छेद-130

72. अप्रैल 1973 ई. में वरिष्ठता क्रम की उपेक्षा करके सर्वोच्च न्यायालय का मुख्य न्यायाधीश किसे बनाया गया था—
   (क) न्यायमूर्ति जे.एम. शेलट (ख) न्यायमूर्ति के.एस. हेगड़े
   (ग) न्यायमूर्ति एस.एन. ग्रोवर (घ) न्यायमूर्ति अजित नाथ रे

73. उच्चतम न्यायालय के प्रथम मुख्य न्यायाधीश कौन थे—
   (क) न्यायमूर्ति एम. पंतजलि शास्त्री।
   (ख) न्यायमूर्ति मेहर चंद महाजन।
   (ग) न्यायमूर्ति हीरालाल जे. कानिया।
   (घ) उपरोक्त में से कोई नहीं।

74. अनुच्छेद-32 के अधीन उच्चतम न्यायालय रिट जारी कर सकता है—
   (क) बंदी प्रत्यक्षीकरण
   (ख) परमादेश
   (ग) प्रतिषेध
   (घ) अधिकार पृच्छा तथा उत्प्रेषण
   (ङ) उपरोक्त सभी

75. सर्वोच्च न्यायालय को अभिलेख न्यायालय का स्थान प्रदान किया गया है, इसका तात्पर्य है—
   (क) न्यायालय के अभिलेख सभी जगह साक्षी के रूप में स्वीकार किए जाएँगे, इसे किसी भी न्यायालय में प्रस्तुत किए जाने पर उनकी प्रामाणिकता के विषय में किसी प्रकार का संदेह नहीं किया जा सकता।
   (ख) न्यायालय के द्वारा न्यायालय अवमान (Contempt of Court) के लिए दंड दिया जा सकता है।
   (ग) (क) और (ख)
   (घ) उपरोक्त में से कोई नहीं।
76. भारत में सबसे बड़ी न्यायिक अदालत है—
   (क) सर्वोच्च न्यायालय (ख) उच्च न्यायालय
   (ग) जिला न्यायालय (घ) उपरोक्त सभी
77. सही कथन है—
   (क) सर्वोच्च न्यायालय के न्यायाधीशों के अवकाश ग्रहण करने की उम्र 65 वर्ष है।
   (ख) सर्वोच्च न्यायालय का कोई न्यायाधीश अपना त्याग-पत्र देना चाहे तो राष्ट्रपति को देगा।
   (ग) भारत का सर्वोच्च न्यायालय बंबई में है।
   (घ) सर्वोच्च न्यायालय के न्यायाधीशों को लोकसभा का अध्यक्ष शपथ दिलाता है।
   (ङ) (क) और (ख)
78. कोई न्यायाधीश राष्ट्रपति को संबोधित अपने हस्ताक्षर सहित लेख द्वारा अपना पद त्याग कर सकेगा, किस अनुच्छेद में यह व्यवस्था है—
   (क) अनुच्छेद-120 (ख) अनुच्छेद-122
   (ग) अनुच्छेद-123 (घ) अनुच्छेद-124
79. उच्चतम न्यायालय को अपने द्वारा सुनाए गए निर्णय या दिए गए आदेश का पुनरावलोकन करने की शक्ति होगी किस अनुच्छेद के अनुसार—
   (क) अनुच्छेद-135 (ख) अनुच्छेद-136
   (ग) अनुच्छेद-137 (घ) अनुच्छे-138

80. भारत का उच्चतम न्यायालय कहाँ स्थित है—

(क) चेन्नई (ख) कोलकाता

(ग) मुंबई (घ) दिल्ली

81. उच्चतम न्यायालय द्वारा भारत के राष्ट्रपति को दिया जानेवाला परामर्श—

(क) राष्ट्रपति मानने के लिए बाध्य नहीं है।

(ख) राष्ट्रपति मानने के लिए बाध्य है।

(ग) राष्ट्रपति निश्चित अवधि के लिए मानने के लिए बाध्य है।

(घ) उपरोक्त में से कोई नहीं।

82. न्यायाधीशों के अपने कर्तव्य-पालन में किए गए आचरण के लिए—

(क) संसद् में चर्चा होगी (ख) संसद् में चर्चा नहीं होगी

(ग) केवल लोकसभा में होगी (घ) केवल राज्यसभा में होगी

83. किस संवैधानिक संशोधन द्वारा संसदीय कानून के आधार पर प्रशासनिक न्यायाधिकरणों की स्थापना की व्यवस्था की गई है—

(क) 40वें संविधान संशोधन (ख) 41वें संविधान संशोधन

(ग) 42वें संविधान संशोधन (घ) उपरोक्त में से कोई नहीं

84. न्यायिक पुनर्निरीक्षण का विचार भारतीय संविधान में कहाँ से लिया गया है—

(क) संयुक्त राज्य अमरीका (ख) कनाडा

(ग) फ्रांस (घ) स्विट्जरलैंड

85. 42वें संविधान संशोधन के द्वारा उच्चतम न्यायालय से केंद्रीय सरकार के कानून की वैधता के संबंध में निर्णय देने के अधिकार को छीन लिया गया था, वह केवल राज्य के कानून की वैधता के संबंध में निर्णय दे सकता था, किंतु किस संशोधन के बाद उच्च न्यायालय को उपरोक्त शक्ति पुनः मिल गई—

(क) 43वें संशोधन के द्वारा (ख) 44वें संशोधन के द्वारा

(ग) 45वें संशोधन के द्वारा (घ) 46वें संशोधन के द्वारा

86. राज्य की सर्वोच्च न्यायिक अदालत होती है—

(क) सर्वोच्च न्यायालय (ख) जिला न्यायालय

(ग) जिला न्यायालय (घ) सत्र न्यायालय

87. उच्च न्यायालय का न्यायाधीश अपना त्याग-पत्र किसे सौंपता है—

(क) राज्यपाल (ख) मुख्यमंत्री

(ग) प्रधानमंत्री (घ) उपरोक्त में से कोई नहीं

88. उच्च न्यायालय के अधिकारियों और अन्य कर्मचारियों की नियुक्ति करता है—
    (क) राज्यपाल
    (ख) मुख्यमंत्री
    (ग) उच्च न्यायालय का मुख्य न्यायाधीश
    (घ) राष्ट्रपति
89. दो राज्य अथवा केंद्र शासित प्रदेशों के लिए संयुक्त उच्च न्यायालय की व्यवस्था की जा सकती है—
    (क) भारत के मुख्य न्यायाधीश के द्वारा
    (ख) राज्य के राज्यपाल के द्वारा
    (ग) संसद् के द्वारा कानून बनाकर
    (घ) उपरोक्त में से कोई नहीं
90. सही कथन है—
    (क) अनुच्छेद-229, उच्च न्यायालयों के अधिकारी और सेवक।
    (ख) अनुच्छेद-231 दो या अधिक राज्यों के लिए एक ही उच्च न्यायालय की स्थापना।
    (ग) अनुच्छेद-227 प्रत्येक उच्च न्यायालय उन राज्य क्षेत्रों में सर्वत्र, जिनके संबंध में वह अपनी अधिकारिता का प्रयोग करता है, सभी न्यायालयों और अधिकरणों का अधीक्षण करेगा।
    (घ) उपरोक्त सभी।
91. निम्नलिखित कथनों पर विचार कीजिए—
    (1) भारतीय संविधान के भाग-5 के अध्याय-4 में सर्वोच्च न्यायालय का वर्णन मिलता है।
    (2) संविधान के अनुच्छेद-124 से लेकर 147 तक में संघ की न्यायपालिका का वर्णन मिलता है।
    उपर्युक्त कथनों में से सही कथन का चुनाव करें—
    (क) केवल 1
    (ख) केवल 2
    (ग) दोनों 1 और 2
    (घ) नं. 1 और नं. 2

92. सूची-I का सूची-II के साथ सुमेल करें—

सूची-I	सूची-II
A. अनुच्छेद, 124(1)	(1) राष्ट्रपति सर्वोच्च न्यायालय के न्यायाधीशों की नियुक्ति करेगा।
B. अनुच्छेद, 124(2)	(2) भारत का एक उच्चतम न्यायालय होगा।
C. अनुच्छेद, 124(3)	(3) सर्वोच्च न्यायालय के न्यायाधीशों के लिए योग्यता।
D. अनुच्छेद-124(4)	(4) सर्वोच्च न्यायालय के किसी न्यायाधीश को उसके पद से तब तक नहीं हटाया जाएगा, जब तक कि कदाचार सिद्ध न हो जाए।

कूट—

	A	B	C	D
(क)	1	2	3	4
(ख)	2	3	4	1
(ग)	2	1	3	4
(घ)	3	4	2	1

93. निम्नलिखित कथनों पर विचार कीजिए—

(1) अनुच्छेद-124(7) कोई व्यक्ति, जिसने उच्चतम न्यायालय के न्यायाधीश के रूप में पद धारण किया है, भारत के राज्य क्षेत्र के भीतर किसी न्यायालय में या किसी प्राधिकारी के समक्ष अभिवचन या कार्य नहीं करेगा।

(2) अनुच्छेद-124(6) उच्चतम न्यायालय के न्यायाधीशों को पद ग्रहण करने से पूर्व राष्ट्रपति शपथ दिलाता है।

उपर्युक्त कथनों में से सही कथन का चुनाव करें—

(क) केवल 1

(ख) केवल 2

(ग) 1 और 2

(घ) उपरोक्त में से कोई नहीं।

94. न्यायपालिका के कार्यों के संबंध में विचार करें—

(1) कानून की व्याख्या करना।

(2) कानून का निर्माण करना।

(3) केंद्र और राज्यों के बीच उत्पन्न समस्याओं को दूर करना।

(4) नागरिकों के मौलिक अधिकारों की रक्षा करना।

उपरोक्त में से सही कथनों पर विचार करें—

(क) 1, 2 और 3

(ख) 2, 3 और 4

(ग) 1, 3 और 4

(घ) 1, 2, 3 और 4

95. सर्वोच्च न्यायालय के न्यायाधीशों के लिए योग्यताओं पर ध्यान दे—

(1) भारत का नागरिक हो।

(2) प्रधानमंत्री की नजर में वह पारंगत विधि वेत्ता या कानून का विशेषज्ञ हो।

(3) कम-से-कम 3 वर्ष तक किसी एक उच्च न्यायालय या लगातार दो या दो से अधिक ऐसे न्यायालयों का न्यायाधीश रह चुका हो।

उपरोक्त कथनों में से सही कथन का चुनाव करें—

(क) 1 और 2 (ख) 2 और 3

(ग) 1 और 3 (घ) केवल 3

96. निम्नलिखित कथनों पर विचार करें—

(1) सर्वोच्च न्यायालय का कोई भी न्यायाधीश अवकाश ग्रहण कर लेने के बाद देश के किसी भी न्यायालय या न्यायिक अधिकरण के समक्ष वकालत नहीं कर सकता।

(2) न्यायिक अधिकरण के अंतर्गत श्रम न्यायालय, आयकर अधिकरण आदि आता है।

उपरोक्त में से सही कथन है—

(क) केवल 1

(ख) केवल 2

(ग) 1 और 2

(घ) दोनों में से कोई नहीं

97. सूची-I का सूची-II के साथ मेल करें—

सूची-I	सूची-II
A. सर्वोच्च न्यायालय को भारत के संपूर्ण न्यायालयों के निर्णयों पर अपील करने का अधिकार प्रदान करता है।	(1) अनुच्छेद 143
B. सर्वोच्च न्यायालय अभिलेख न्यायालय होगा और उसको अपने अपमान के लिए दंड देने की शक्ति सहित ऐसे न्यायालय की सभी शक्तियाँ प्राप्त होंगी।	(2) अनुच्छेद 136
C. राष्ट्रपति सार्वजनिक महत्त्व के विषयों पर सर्वोच्च न्यायालय से परामर्श माँग सकता है। न्यायालय के परामर्श को स्वीकार या अस्वीकार करना राष्ट्रपति के विवेक पर निर्भर करता है।	(3) अनुच्छेद 129
D. सर्वोच्च न्यायालय को यह अधिकार दिया गया है कि सैनिक न्यायालय को छोड़कर वह भारत के अन्य किसी भी न्यायालय अथवा न्यायमंडल के निर्णय के विरुद्ध सर्वोच्च न्यायालय में अपील करने की अनुमति प्रदान कर दें।	(4) अनुच्छेद 132

कूट—

	A	B	C	D
(a)	4	3	1	2
(b)	4	2	3	1
(c)	3	2	1	4
(d)	1	2	3	4

98. निम्नलिखित कथनों पर ध्यान दें—

(1) सर्वोच्च न्यायालय के न्यायाधीशों का कार्यकाल 60 वर्ष है।

(2) सर्वोच्च न्यायालय के न्यायाधीश प्रधानमंत्री को अपना त्याग-पत्र देते हैं।

उपरोक्त कथन में से सही कथन का चुनाव करें—

(क) केवल 1 (ख) केवल 2

(ग) 1 और 2 (घ) उपरोक्त में से कोई नहीं

99. सर्वोच्च न्यायालय के न्यायाधीशों के संबंध में विचार करें—

(1) किसी भी सर्वोच्च न्यायालय के न्यायाधीश को राष्ट्रपति तभी पद मुक्त कर सकता है, जब संसद् के दोनों सदन दो-तिहाई बहुमत से प्रस्ताव पास करके उनसे ऐसा करने को कहे।

(2) सर्वोच्च न्यायालय के न्यायाधीश 65 वर्ष में अवकाश ग्रहण करते हैं।

(3) भारत के मुख्य न्यायाधीश को दो लाख रुपए एवं अन्य न्यायाधीशों को 1 लख 50 हजार रुपए मासिक वेतन मिलता है।

उपरोक्त में से गलत कथन का चुनाव करें—

(क) केवल 1 और 2 (ख) केवल 2 और 3

(ग) केवल 3 (घ) उपरोक्त में से कोई नहीं

100. सर्वोच्च न्यायालय के प्रारंभिक क्षेत्राधिकार से तात्पर्य है—

(1) वैसे मुकदमे, जो किसी दूसरे न्यायालय में न जाकर सीधे सर्वोच्च में आते हैं।

(2) वैसे मुकदमे, जो जिला न्यायालय, उच्च न्यायालय से होते हुए सर्वोच्च न्यायालय में आते हैं।

(3) वैसे मुकदमे, जो सर्वोच्च न्यायालय में आते ही नहीं हैं।

उपरोक्त कथनों में से सही कथन का चयन करें—

(क) केवल 1 (ख) केवल 2

(ग) केवल 2 और 3 (घ) उपरोक्त में से कोई नहीं

101. सर्वोच्च न्यायालय के प्रारंभिक क्षेत्राधिकार के अंतर्गत आता है—

(1) भारत सरकार तथा एक या एक से अधिक राज्यों के बीच उत्पन्न विवाद।

(2) जब एक ओर भारत सरकार तथा एक या एक से अधिक राज्य हों तो दूसरी ओर एक या अधिक राज्य हों।

(3) जब कोई विवाद दो या दो से अधिक राज्यों के मध्य हो।

उपरोक्त में से सही कथनों का चुनाव करें—

(क) 1 और 2 (ख) 2 और 3

(ग) 1, 2 और 3 (घ) उपरोक्त में से कोई नहीं

102. सूची-I का सूची-II के साथ सुमेल करें—

सूची-I	सूची-II
A. अनुच्छेद-130	(1) उच्च न्यायालय के निर्णयों की अपील सर्वोच्च न्यायालय में की जा सकती है।
B. अनुच्छेद-131	(2) उच्चतम न्यायालय का स्थान दिल्ली है।
C. अनुच्छेद-132	(3) उच्चतम न्यायालय की आरंभिक अधिकारिता
D. अनुच्छेद-133	(4) उच्च न्यायालयों से सिविल विषयों से संबंधित अपीलों में उच्चतम न्यायालय की अपील अधिकारिता

कूट—

	A	B	C	D
(क)	1	2	3	4
(ख)	2	3	1	4
(ग)	3	4	2	1
(घ)	2	3	4	1

103. निम्नलिखित कथनों पर ध्यान दें—

(1) सर्वोच्च न्यायालय की स्थापना और गठन, संविधान का अनुच्छेद-124

(2) सर्वोच्च न्यायालय में तदर्थ न्यायालयों की नियुक्ति, अनुच्छेद-127

उपरोक्त में से सही कथन का चुनाव करें—

(क) केवल 1 (ख) केवल 2

(ग) 1 और 2 (घ) न ही 1 और न ही 2

104. संविधान द्वारा प्राप्त मौलिक अधिकारों की व्याख्या और रक्षा करने का अधिकार प्राप्त है—

(1) भारत के सर्वोच्च न्यायालय को

(2) भारत के उच्च न्यायालयों को

(3) जिला न्यायालयों को

उपरोक्त में से सही कथन है—

(क) केवल 1 (ख) केवल 2

(ग) दोनों 1 और 2 (घ) 1, 2 और 3

105. फौजदारी मामलों के उन विवादों में उच्च न्यायालयों के निर्णय के विरुद्ध सर्वोच्च न्यायालय में अपील की जा सकती है, जिसमें—

(1) उच्च न्यायालय ने नीचे के न्यायालय के किसी निर्णय को रद्द करके अभियुक्त को मृत्युदंड दे दिया हो।

(2) उच्च न्यायालय ने नीचे के न्यायालय में चल रहे किसी विवाद को अपने यहाँ मँगवाकर अभियुक्त को मृत्युदंड दे दिया हो।

(3) उच्च न्यायालय यह प्रमाणित कर दे कि मामला सर्वोच्च न्यायालय में अपील के योग्य है।

उपरोक्त कथनों में से सही कथन का चुनाव करें—

(क) 1 और 2 (ख) 2 और 3

(ग) 1, 2 और 3 (घ) 1 और 3

106. निम्नलिखित अनुच्छेदों पर ध्यान दें—

(1) सर्वोच्च न्यायालय का अभिलेख न्यायालय होना, अनुच्छेद-129

(2) सर्वोच्च न्यायालय से परामर्श करने की राष्ट्रपति की शक्ति, अनुच्छेद-143

उपरोक्त में से सही कथन का चयन करें—

(क) केवल 1

(ख) केवल 2

(ग) केवल 1 और 2

(घ) न ही केवल 1 और न ही केवल 2

107. सर्वोच्च न्यायालय मौलिक अधिकारों की रक्षा के लिए लेख जारी कर सकता है—

(1) बंदी प्रत्यक्षीकरण

(2) परमादेश

(3) प्रतिषेध

(4) अधिकार पृच्छा

उपरोक्त कथन में से सही कथन का चुनाव करें—

(क) 1 और 2

(ख) 2 और 3

(ग) 1, 2 और 3

(घ) 1, 2, 3 और 4

108. निम्नलिखित कथनों पर ध्यान दें—

(1) किसी व्यक्ति के मौलिक अधिकारों का हनन होने पर वह सीधे सर्वोच्च न्यायालय की शरण ले सकता है।

(2) यदि विधायिका द्वारा पारित कोई कानून मौलिक अधिकारों पर अतिक्रमण करता है तो न्यायालय उस कानून को अवैध घोषित कर सकता है।

उपरोक्त कथन में से सही कथन का चुनाव करें—

(क) केवल 1 (ख) केवल 2

(ग) 1 और 2 दोनों (घ) न ही 1 और न ही 2

109. निम्नलिखित अनुच्छेदों पर विचार करें—

(1) अनुच्छेद-129 घोषित करता है कि सर्वोच्च न्यायालय अभिलेख न्यायालय होगा और उसको अपने अपमान के लिए दंड देने की शक्ति सहित ऐसे न्यायालय की सभी शक्तियाँ प्राप्त होंगी।

(2) अनुच्छेद-142 के अनुसार राष्ट्रपति सार्वजनिक महत्त्व के प्रश्नों पर सर्वोच्च न्यायालय से परामर्श माँग सकता है।

उपरोक्त में से सही कथन का चुनाव करें—

(क) केवल 1 (ख) केवल 2

(ग) 1 और 2 (घ) न ही 1 और न ही 2

110. निम्नलिखित अनुच्छेदों पर ध्यान दें—

(1) अनुच्छेद-141 उच्चतम न्यायालय द्वारा घोषित विधि भारत के राज्यक्षेत्र के भीतर सभी न्यायालयों पर बाध्यकारी होगी।

(2) अनुच्छेद-148 उच्चतम न्यायालय के अधिकारी और सेवक।

उपरोक्त में से सही कथन है—

(क) केवल 1 (ख) केवल 2

(ग) 1 और 2 (घ) न ही 1 और न ही 2

111. सर्वोच्च न्यायालय के प्रशासकीय अधिकारों के संबंध में विचार करें—

(1) सर्वोच्च न्यायालय के निर्णय सभी न्यायालयों पर लागू होते हैं।

(2) सर्वोच्च न्यायालय अपने अधीनस्थ न्यायालयों की जाँच कर सकता है।

(3) सर्वोच्च न्यायालय उन व्यक्तियों को दंडित कर सकता है, जिन्होंने न्यायालय की मानहानि की हो।

(4) न्यायालय किसी भी व्यक्ति या संस्था को अपने समक्ष उपस्थित होने और उपयुक्त दस्तावेज प्रस्तुत करने के लिए बाध्य कर सकता है।

उपरोक्त कथनों में से सही कथन का चयन करें—

(क) 1, 2 और 3 (ख) 2, 3 और 4

(ग) 1, 3 और 4 (घ) 1, 2, 3 और 4

112. सर्वोच्च न्यायालय के न्यायाधीशों के वेतन भत्ते में कटौती पर ध्यान दें—

(1) न्यायाधीशों के कार्यकाल के दौरान वेतन भत्ते में कटौती नहीं की जा सकती है।

(2) वित्तीय आपातकाल के समय में वेतन भत्तों में कटौती की सकती है।

(3) न्यायाधीशों को वेतन भारत की संचित निधि (Consolidated Fund of India) से दिए जा सकते हैं।

उपरोक्त में से सही कथन का चयन करें—

(क) केवल 1 (ख) केवल 2 और 3

(ग) केवल 1 और 3 (घ) 1, 2 और 3

113. भारतीय न्याय प्रणाली के प्रमुख दोष हैं—

(1) मुकदमों का लंबा खिंचना

(2) खर्चीला न्याय

उपरोक्त में से सही कथन है—

(क) केवल 1 (ख) केवल 2

(ग) 1 और 2 दोनों (घ) न ही 1 और न ही 2

114. भारत के मुख्य न्यायाधीश थे—

(1) मेहर चंद महाजन (2) हरिलाल

(3) एम. पतंजलि शास्त्री (4) बी.के. मुखर्जी

उपरोक्त मुख्य न्यायाधीशों को सर्वप्रथम के क्रम से सजाएँ अर्थात् पहले के न्यायाधीश फिर बाद के न्यायाधीश।

सही क्रम

(क) 1 2 3 4

(ख) 2 3 1 4

(ग) 2 3 4 1

(घ) 4 2 3 1

115. भारत के सर्वोच्च न्यायालय के मुख्य न्यायधीश हैं—
(क) न्यायमूर्ति श्री वाई.के. सभरवाल
(ख) न्यायमूर्ति रंजन गोगाई
(ग) न्यायमूर्ति आर.एस. लोढा
(घ) उपरोक्त में से कोई नहीं

116. उच्च न्यायालय के संबंध में सही कथन है—
(1) उच्च न्यायालय राज्यों के शीर्ष न्यायालय हैं।
(2) संसद् दो या दो से अधिक राज्यों के लिए एक उच्च न्यायालय की व्यवस्था कर सकती है।
(3) उच्च न्यायालयों को भी संविधान तथा नागरिक अधिकारों का संरक्षक बनाया गया है।

उपरोक्त में से सही कथन का चुनाव करें—
(क) 1 और 2 (ख) 2 और 3
(ग) 1, 2 और 3 (घ) 1 और 3

117. उच्च न्यायालय के संबंध में ध्यान दें—
(1) भारतीय संविधान के भाग-6 के अध्याय-5 में राज्यों के उच्च न्यायालयों के बारे में वर्णन मिलता है।
(2) अनुच्छेद-214 से लेकर 232 तक राज्यों के उच्च न्यायालयों के बारे में वर्णन मिलता है।

उपरोक्त में से सही कथन का चुनाव करें—
(क) केवल 1 (ख) केवल 2
(ग) 1 और 2 दोनों (घ) न ही 1, न ही 2

118. सूची-I के साथ सूची-II का सुमेल करें—

सूची-I	सूची-II
A. अनुच्छेद-214	(1) प्रत्येक राज्य के लिए एक उच्च न्यायालय होगा।
B. अनुच्छेद-215	(2) उच्च न्यायालयों का अभिलेख न्यायालय होना।
C. अनुच्छेद-216	(3) उच्च न्यायालयों का गठन।
D. अनुच्छेद-217	(4) उच्च न्यायालय के न्यायाधीश की नियुक्ति और उसके पद की शर्तें

उपरोक्त में से सही कथन का चुनाव कीजिए—

(क) 1 और 2 (ख) 2 और 3

(ग) 1, 2 और 3 (घ) 1, 2, 3 और 4

119. निम्नलिखित कथनों पर ध्यान दें—

(1) प्रत्येक उच्च न्यायालय में एक मुख्य न्यायाधीश और अन्य न्यायाधीश होंगे।

(2) न्यायाधीशों की नियुक्ति प्रधानमंत्री करता है।

उपरोक्त में सही कथन का चुनाव करें—

(क) केवल 1 (ख) केवल 2

(ग) 1 और 2 (घ) न है 1, न ही 2

120. उच्च न्यायालय के न्यायाधीश होने के लिए आवश्यक योग्यताएँ हैं।

(1) वह भारत का नागरिक हो।

(2) वह भारतीय न्याय क्षेत्र में कम-से-कम 10 वर्ष का अनुभव रखता हो।

(3) वह कम-से-कम किसी न्यायालय में दस वर्ष तक अधिवक्ता रह चुका हो।

उपरोक्त में से गलत कथन का चुनाव करें—

(क) 1 और 2 (ख) 2 और 3

(ग) 1, 2 और 3 (घ) उपरोक्त में से कोई नहीं

121. उच्च न्यायालय के न्यायाधीशों के संबंध में विचार करें—

(1) उच्च न्यायालय के न्यायाधीश 65 वर्ष तक अपने पद पर कार्य कर सकते हैं।

(2) उच्च न्यायालय के मुख्य न्यायाधीश को 2 लाख रु. मासिक वेतन मिलता है।

(3) वेतन एवं भत्ते राज्यों के संचित निधि में से दिए जाते हैं।

उपरोक्त कथनों में से सही कथन का चयन करें—

(क) केवल 1 (ख) केवल 2

(ग) 1 और 3 (घ) 2 और 3

122. उच्च न्यायालय के न्यायाधीश के संबंध में विचार करें—

(1) न्यायाधीश राष्ट्रपति को अपना त्याग-पत्र देकर पद-मुक्त हो सकते हैं।

(2) राष्ट्रपति किसी भी न्यायाधीश को सिद्ध दुराचार या अक्षमता के आरोप से हटा सकता है, बशर्ते कि संसद् के दो-तिहाई बहुमत से इस संबंध में प्रस्ताव पास हो।

उपरोक्त कथन में से गलत कथन का चुनाव करें—

(क) केवल 1 (ख) केवल 2

(ग) 1 और 2 दोनों (घ) न ही 1 और न ही 2

123. सूची-I का सूची-II के साथ सुमेल करें—

सूची-I	सूची-II
A. उच्च न्यायालयों के न्यायाधीशों द्वारा शपथ।	(1) अनुच्छेद-222
B. राष्ट्रपति भारत के मुख्य न्यायमूर्ति से परामर्श करने के बाद एक उच्च न्यायालय से दूसरे उच्च न्यायालय को हस्तांतरण कर सकेगा।	(2) अनुच्छेद-219
C. उच्च न्यायालयों के अधिकारी और सेवक	(3) अनुच्छेद-229
D. प्रत्येक उच्च न्यायालय उन राज्य क्षेत्रों में सर्वत्र, जिनके संबंध में वह अपनी अधिकारिता का प्रयोग करता है, सभी न्यायालयों और अधिकरणों का अधीक्षण करेगा।	(4) अनुच्छेद-227

कूट—

	A	B	C	D
(क)	1	2	3	4
(ख)	2	1	3	4
(ग)	3	2	1	4
(घ)	4	3	2	1

124. उच्च न्यायालय की शक्तियों के संबंध में विचार करें—

(1) भारत के सभी उच्च न्यायालयों को अब प्रारंभिक क्षेत्राधिकार प्राप्त हो गया है।

(2) यदि उच्च न्यायालय यह समझता है कि कोई विधि संविधान के विपरीत है तो वह उसे अवैध घोषित कर सकता है।

(3) उच्च न्यायालय अपने निर्णय का पुनर्निरीक्षण कर सकता है।

उपरोक्त में से सही कथन का चुनाव करें-

(क) 1 और 2 (ख) 2 और 3
(ग) केवल 3 (घ) 1, 2 और 3

125. उच्च न्यायालय अपने क्षेत्राधिकारवाले प्रदेश में मूल अभिलेख जारी कर सकता है—

(1) बंदी प्रत्यक्षीकरण (2) परमादेश
(3) प्रतिषेध (4) अधिकार पृच्छा

उपरोक्त में से सही कथन का चुनाव करें—

(क) 1, 2, 3 और 4
(ख) 2, 3 और 4
(ग) 2, 3 और 4
(घ) 1, 3 और 4

126. उच्च न्यायालय के अधिकार के संबंध में सही है—

(1) उच्च न्यायालय अधीनस्थ न्यायालय के किसी भी मुकदमे की सुनवाई स्थगित करने का आदेश दे सकता है।
(2) उच्च न्यायालय अधीनस्थ न्यायालय के कार्य का विवरण मँगा सकता है।
(3) उच्च न्यायालय अपने अधीनस्थ न्यायालयों की काररवाई के संबंध में नियम बना सकता है।

उपरोक्त में से सही कथन का चुनाव करें—

(क) 1 और 2
(ख) 2 और 3
(ग) 1 और 3
(घ) 1, 2 और 3

127. सूची-I का सूची-II के साथ सुमेल करें—

सूची-I (उच्च न्यायालय)	**सूची-II** (स्थापित होनेवाले वर्ष)
A. मुंबई उच्च न्यायालय	(1) 1802 ई.
B. इलाहाबाद उच्च न्यायालय	(2) 1866 ई.
C. पटना उच्च न्यायालय	(3) 1916 ई.
D. दिल्ली उच्च न्यायालय	(4) 1966 ई.

कूट—

	A	B	C	D
(a)	1	2	4	3
(b)	2	3	1	4
(c)	1	2	3	4
(d)	3	2	1	4

128. निम्नलिखित उच्च न्यायालय के राज्य क्षेत्रीय अधिकारिता के संबंध में विचार करें—

(1) कोलकाता उच्च न्यायालय—पश्चिमी बंगाल, अंडमान और निकोबार द्वीप समूह।

(2) चेन्नई उच्च न्यायालय—तमिलनाडु, पांडिचेरी।

(3) गुवाहाटी उच्च न्यायालय—उत्तर-पूर्वी राज्य

(4) केरल उच्च न्यायालय—केरल, लक्षद्वीप

उपरोक्त में से गलत कथन का चुनाव करें—

(क) 1 और 2

(ख) 2 और 3

(ग) 3 और 4

(घ) उपरोक्त में से कोई नहीं।

129. उच्च न्यायालय के खंडपीठ के संबंध में विचार करें—

उच्च न्यायालय	खंडपीठ
(1) मुंबई उच्च न्यायालय	नागपुर, पणजी तथा औरंगाबाद
(2) कोलकाता उच्च न्यायालय	पोर्ट ब्लेयर
(3) इलाहाबाद उच्च न्यायालय	लखनऊ
(4) मध्य प्रदेश उच्च न्यायालय	ग्वालियर, इंदौर

उपरोक्त में से सही कथन का चुनाव करें—

(क) 1, 2 और 3

(ख) 2, 3 और 4

(ग) 1, 3 और 4

(घ) 1, 2, 3 और 4

130. सूची-I का सूची-II के साथ सुमेल करें—

सूची-I (उच्च न्यायालय)	सूची-II (स्थापित होनेवाले क्षेत्र)
A. मध्य प्रदेश उच्च न्यायालय	(1) राँची
B. झारखंड उच्च न्यायालय	(2) जबलपुर
C. आंध्र प्रदेश उच्च न्यायालय	(3) बेंगलुरु
D. कर्नाटक उच्च न्यायालय	(4) हैदराबाद

कूट—

	A	B	C	D
(क)	1	2	3	4
(ख)	2	1	4	3
(ग)	2	1	3	4
(घ)	1	2	4	3

131. निम्नलिखित कथनों पर ध्यान दें—

(1) 40वें संविधान संशोधन द्वारा संविधान ने भाग-14 क तथा अनुच्छेद 323 क और 323 ख जोड़कर प्रशासनिक अधिकरणों के गठन तथा उसकी अधिकारिता के संबंध में प्रावधान किया गया है।

(2) संविधान के अनुच्छेद-323 क के अधीन संसद् को विधि द्वारा संघ एवं राज्य सरकार के सेवकों की सेवा-शर्तों से संबंधित विवादों के निपटारे के लिए प्रशासनिक अधिकरणों की स्थापना करने की शक्ति प्रदान की गई है।

(3) 1 नवंबर, 1985 को विभिन्न राज्यों में प्रशासनिक अधिकरणों की स्थापना की गई।

उपरोक्त में से सही कथन का चुनाव करें—

(क) केवल 1

(ख) केवल 2

(ग) केवल 3

(घ) 1, 2 और 3

132. निम्नलिखित कथनों पर ध्यान दें—

(1) राष्ट्रपति प्रशासनिक अधिकरण के अध्यक्ष, उपाध्यक्ष, न्यायिक सदस्य तथा प्रशासनिक सदस्य की नियुक्ति भारत के मुख्य न्यायाधीश से परामर्श लेकर करेगा।

(2) राज्यों के प्रशासनिक अधिकरण के अध्यक्ष, उपाध्यक्ष और अन्य सदस्यों की नियुक्ति संबंधी राज्य के राज्यपाल की सलाह से की जाएगी।

उपरोक्त कथन में सही कथन का चुनाव करें—

(क) केवल 1 (ख) केवल 2

(ग) 1 और 2 दोनों (घ) न ही 1 और न ही 2

133. निम्नलिखित कथनों पर विचार करें—

(1) केंद्रीय प्रशासनिक अधिकरण नई दिल्ली में स्थित है, राज्यों में इसकी शाखाएँ कार्यरत हैं।

(2) संसद् कानून बनाकर अधिकरणों की अधिकारिता, शक्तियाँ तथा उनके द्वारा अनुसरण की जानेवाली प्रक्रिया आदि निश्चित करेगी।

उपरोक्त कथन में से सही कथन का चुनाव करें—

(क) केवल 1 (ख) केवल 2

(ग) 1 और 2 दोनों (घ) न ही 1 और न ही 2

134. किसने कहा है, ''किसी शासन की श्रेष्ठता जाँचने के लिए उसकी न्याय व्यवस्था की कुशलता से बढ़कर और कोई अच्छी कसौटी नहीं है।''

(क) लॉर्ड ब्राइस (ख) डी.डी. बसु

(ग) लॉर्ड कर्जन (घ) लॉर्ड डफरिन

135. किसके माध्यम से सभी वर्गों का न्याय सुलभ हो सका है—

(क) जनता अदालत (ख) जनहित याचिका

(ग) न्याय अदालत (घ) संसद्

136. जनहित याचिका सामाजिक न्याय का एक साधन है, जिसका उद्देश्य—

(क) समाज के अमीर लोगों के हितों की सुरक्षा करना है।

(ख) समाज के गरीब, कमजोर व पिछड़े हुए लोगों को अन्याय व उत्पीड़न से बचाना तथा उन्हें न्याय दिलाना है।

(ग) प्रशासनिक अधिकारियों को सुरक्षा प्रदान करना है।

(घ) वकीलों के हितों के लिए कार्य करना है।

137. जनहित याचिका को लोकप्रिय बनाने का श्रेय है—

(क) जस्टिस पी.एन. भगवती

(ख) न्यायमूर्ति कृष्णा अय्यर

(ग) (क) और (ख)

(घ) उपरोक्त में से कोई नहीं

138. किस अनुच्छेद के अंतर्गत कोई संस्था या सार्वजनिक हित से उत्प्रेरित कोई नागरिक किसी ऐसे व्यक्ति के संवैधानिक अधिकारों के प्रवर्तन के लिए रिट फाइल कर सकता है, जो निर्धनता अथवा किसी अन्य कारण से न्यायालय में रिट फाइल करने में सक्षम नहीं हैं—

(क) अनुच्छेद-19 (ख) अनुच्छेद-22

(ग) अनुच्छेद-32 (घ) अनुच्छेद-33

139. जनहितवाद के उदय के कारणों पर विचार करें—

(1) न्याय मिलने में देरी।

(2) व्यक्ति मुकदमा दायर कर सकता है, जिसका विवाद के साथ प्रत्यक्ष संबंध है।

(3) खर्चीली न्याय व्यवस्था।

(4) देश में बढ़ता हुआ भ्रष्टाचार, जनसामान्य के हितों की उपेक्षा, गरीबों का शोषण आदि।

सही कथनों का चुनाव करें—

(क) 1, 2 और 3

(ख) 2, 3 और 4

(ग) 1 ,2 , 3 और 4

(ख) 3 और 4

140. सही कथन है—

(क) जनहितवाद में याचिका किसी वर्ग या समूह द्वारा दायर की जाती है।

(ख) जनहित याचिका के माध्यम से सरकार के गैर-जिम्मेदार पूर्ण कार्यों के विरुद्ध कार्यवाही तथा क्षतिपूर्ति दिलाए जाने की योजना की जाती है।

(ग) यह न्यायधीशों द्वारा प्रतिपादित विधि शास्त्र की नई अवधारणा है।

(घ) उपरोक्त सभी।

141. अनुच्छेद–38 के अंतर्गत व्यवस्था है—
(क) जनता के आर्थिक, सामाजिक और राजनैतिक न्याय को सुनिश्चित किए जाने का आदेश राज्यों को दिया गया है।
(ख) सामाजिक न्याय दिलाने की बात कही गई है।
(ग) शैक्षणिक अधिकार राज्य प्रत्येक नागरिक को उपलब्ध कराएगा।
(घ) सांसदों के माध्यम से।

142. निर्धन, पीड़ित वादकारियों की प्रार्थना को न्यायालय में किसके माध्यम से पहुँचाया जाता है—
(क) जनहित याचिका के माध्यम से
(ख) शिक्षकों के माध्यम से
(ग) नेताओं के माध्यम से
(घ) सांसदों के माध्यम से

143. जनहितकारीवादों के माध्यम से न्याय को—
(क) लचीला बनाया गया है (ख) कठिन बनाया गया है
(ग) (क) और (ख) (घ) उपरोक्त में से कोई नहीं।

144. जनहित याचिका से जनसाधारण में न्यायपालिका के प्रति—
(क) विश्वास कम हुआ है। (ख) विश्वास समाप्त हुआ है।
(ग) विश्वास बढ़ा है। (घ) उपरोक्त सभी

वस्तुनिष्ठ उत्तर

1. (ग) 2. (क) 3. (ग) 4. (क) 5. (ग) 6. (घ) 7. (ख) 8. (ख) 9. (क) 10. (ङ) 11. (क) 12. (ग) 13. (घ) 14. (क) 15. (क) 16. (क) 17. (घ) 18. (घ) 19. (क) 20. (क) 21. (ख) 22. (घ) 23. (ख) 24. (घ) 25. (क) 26. (ङ) 27. (ग) 28. (ख) 29. (क) 30. (घ) 31. (घ) 32. (क) 33. (क) 34. (घ) 35. (क) 36. (ख) 37. (ग) 38. (ख) 39. (घ) 40. (ग) 41. (घ) 42. (क) 43. (घ) 44. (ख) 45. (क) 46. (घ) 47. (घ) 48. (घ) 49. (क) 50. (घ) 51. (ख) 52. (घ) 53. (ग) 54. (क) 55. (ख) 56. (ग) 57. (क) 58. (ग) 59. (घ) 60. (ङ) 61. (ग) 62. (ग) 63. (क) 64. (घ) 65. (घ) 66. (क) 67. (क) 68. (ग) 69. (घ) 70. (घ) 71. (ग) 72. (घ) 73. (ग) 74. (ङ) 75. (ग) 76. (क) 77. (ङ) 78. (घ) 79. (ग) 80. (घ) 81. (क) 82. (ख) 83. (ग) 84. (क) 85. (क)

86. (ख) 87. (घ) 88. (ग) 89. (ग) 90. (घ) 91. (ग) 92. (ग) 93. (ग) 94. (ग) 95. (ग) 96. (ग) 97. (क) 98. (घ) 99. (ग) 100. (क) 101. (ग) 102. (ख) 103. (ग) 104. (ग) 105. (ग) 106. (ग) 107. (घ) 108. (ग) 109. (क) 110. (क) 111. (घ) 112. (घ) 113. (ग) 114. (ख) 115. (ख) 116. (ग) 117. (ग) 118. (घ) 119. (क) 120. (ग) 121. (ग) 122. (घ) 123. (ख) 124. (घ) 125. (क) 126. (घ) 127. (ग) 128. (घ) 129. (घ) 130. (ख) 131. (घ) 132. (ग) 133. (ग) 134. (क) 135. (ख) 136. (ख) 137. (ग) 138. (ग) 139. (ग) 140. (घ) 141. (क) 142. (क) 143. (क) 144. (ग)

□

विगत वस्तुनिष्ठ प्रश्न-उत्तर

1. विधायी शक्तियों की संघीय सूची में समाविष्ट किसी विषय के संबंध में भारत में उच्चतम न्यायालय के अधिकार क्षेत्र बढ़ाने का अधिकार दिया गया है। IAS (2003)

(क) भारत के राष्ट्रपति को

(ख) भारत के मुख्य न्यायमूर्ति को

(ग) संसद् को

(घ) विधि, न्याय और कंपनी कार्य मंत्रालय को

उत्तर : (ग) संसद् को

व्याख्या—संविधान के अनुच्छेद-138(1) के अनुसार विधायी शक्तियों की संघीय सूची में समाविष्ट किसी विषय के संबंध में भारत के उच्चतम न्यायालय के अधिकार क्षेत्र को बढ़ाने का अधिकार संसद् को दिया गया है।

2. निम्नलिखित में से किसके मामले उच्च न्यायालय और उच्चतम न्यायालय दोनों की अधिकारिता में आते हैं ? IAS (1993)

(क) केंद्र और राज्यों के बीच के विवाद

(ख) राज्यों के परस्पर विवाद

(ग) मूल अधिकारों के संरक्षण

(घ) संविधान के उल्लंघन से संरक्षण

उत्तर : (ग) मौलिक अधिकारों के संरक्षण

व्याख्या—अनुच्छेद-32 और अनुच्छेद-226 के तहत क्रमशः उच्चतम न्यायालय और उच्च न्यायालय मौलिक अधिकारों के संरक्षक बनाए गए हैं।

3. निम्नलिखित कथनों पर विचार कीजिए—IAS (2005)
1. संसद् भारत के उच्चतम न्यायालय की अधिकारिता को विस्तारित नहीं कर सकती, क्योंकि उसकी अधिकारिता वही है, जो संविधान ने प्रदान की है।
2. उच्चतम न्यायालय और उच्च न्यायालयों के अधिकारी और सेवक संबद्ध मुख्य न्यायमूर्ति द्वारा नियुक्त किए जाते हैं और न्यायालय का प्रशासनिक व्यय भारत की संचित निधि पर भारित होता है।

उपरोक्त कथनों में से कौन सा/से सही है/हैं ?

(क) केवल 1 (ख) केवल 2

(ग) दोनों 1 व 2 (घ) न ही 1 और न ही 2

उत्तर : (ख)

व्याख्या—भारत के संविधान के अनुच्छेद-124 के अनुसार संसद् को उच्चतम न्यायालय की स्थापना, गठन, अधिकारिता और शक्तियों का विनियमन करने के लिए विधि बनाने की शक्ति है। इस प्रावधान के अनुसार संसद् भारत के उच्चतम न्यायालय की अधिकारिता को विस्तारित कर सकता है।

4. राष्ट्रीय मानव अधिकार आयोग (National Human Right Commision) के अधिनियम, 1993 के अनुसार निम्नलिखित में से कौन इस आयोग का अध्यक्ष बन सकता है ? (2004)

(क) उच्चतम न्यायालय का कोई सेवारत न्यायाधीश

(ख) उच्च न्यायालय का कोई सेवारत न्यायाधीश

(ग) केवल भारत के सेवानिवृत्त मुख्य न्यायमूर्ति

(घ) केवल उच्च न्यायालय के सेवानिवृत्त मुख्य न्यायमूर्ति

उत्तर : (ग)

व्याख्या—राष्ट्रीय मानवाधिकार आयोग का गठन अक्तूबर 1993 ई. में राष्ट्रपति द्वारा एक अध्यादेश जारी करके हुआ था। भारतीय संसद् द्वारा इस अध्यादेश के स्थान पर 8 जनवरी, 1994 को एक अधिनियम बनाकर उसे लागू किया गया। इसका मुख्यालय नई दिल्ली में है। इस आयोग की अध्यक्षता उच्चतम न्यायालय का सेवानिवृत्त मुख्य न्यायाधीश करता है। अध्यक्ष 5 वर्ष तक एवं 70 वर्ष की आयु तक जो भी पहले हो, पद धारण किए रहता है।

5. भारत का उच्चतम न्यायालय कानून या तथ्य के मामले में राष्ट्रपति को परामर्श देता है— IAS (2001)
   (क) अपनी पहल पर।
   (ख) तभी जब वह ऐसे परामर्श के लिए कहता है।
   (ग) तभी जब मामला नागरिकों के मूलभूत अधिकारों से संबंधित हो।
   (घ) तभी जब मामला देश की एकता और अखंडता के लिए खतरा पैदा करता हो।

उत्तर : (ख)

व्याख्या—संविधान के अनुच्छेद-143 के अनुसार यदि किसी समय राष्ट्रपति को प्रतीत होता है कि विधि या तथ्य का कोई ऐसा प्रश्न उत्पन्न हुआ है या उत्पन्न होने की संभावना है, जो ऐसी प्रकृति और व्यापक महत्त्व का है कि उस पर उच्चतम न्यायालय की राय प्राप्त करना समीचीन तो वह उस प्रश्न पर विचार करने के लिए उच्चतम न्यायालय को निर्देशित कर सकेगा तथा न्यायालय ऐसी ही सुनवाई के पश्चात्, जो वह ठीक समझता है, राष्ट्रपति को उस पर अपनी राय प्रतिवेदित कर सकेगा। लेकिन राष्ट्रपति इस सुझाव को मानने के लिए बाध्य नहीं है।

6. भारत के राष्ट्रीय मानवाधिकार आयोग के विषय में निम्नलिखित कथनों पर विचार कीजिए—(1999)
   1. इसका अध्यक्ष अनिवार्य रूप से भारत का सेवानिवृत्त मुख्य न्यायमूर्ति होना चाहिए।
   2. इसकी प्रत्येक राज्य में राज्य मानवाधिकार आयोग के नाम से संस्थाएँ हैं।
   3. इसकी शक्तियाँ केवल सिफारिशी प्रकृति की हैं।
   4. आयोग के एक सदस्य के रूप में एक महिला की नियुक्ति करना आज्ञापरक है।

   उपरोक्त कथनों में से कौन-कौन से सही हैं ?

   (क) 1, 2, 3 और 4 (ख) 2 और 4
   (ग) 2 और 3 (घ) 1 और 3

उत्तर : (घ)

व्याख्या—राष्ट्रीय मानवाधिकार आयोग का अध्यक्ष कोई सेवानिवृत्त मुख्य न्यायाधीश ही हो सकता है। इसकी शक्तियाँ केवल सिफारिशी प्रकृति की हैं, अनिवार्य नहीं।

7. उच्चतम न्यायालय की परामर्शी अधिकारिता के विषय में निम्नलिखित में से कौन से कथन सही हैं ? IAS (1994)
   1. उच्चतम न्यायालय के लिए यह बाध्यकारी है कि वह राष्ट्रपति द्वारा निर्देशित किसी भी मामले में अपना मत व्यक्त करे।
   2. परामर्शी अधिकारिता की शक्ति के अधीन प्राप्त किसी निर्देश पर उच्चतम न्यायालय की पूर्ण पीठ सुनवाई करती है।
   3. परामर्शी अधिकारिता के अधीन प्राप्त निर्देश पर व्यक्त किया उच्चतम न्यायालय का मत सरकार पर बाध्यकारी नहीं होता।
   4. उच्चतम न्यायालय की उसकी परामर्शी अधिकारिता की शक्ति के अधीन एक बार में केवल एक ही निर्देश भेजा जा सकता है।

   नीचे दिए गए कूटों की सहायता से उत्तर का चयन कीजिए—

   (क) 1 और 2 (ख) 1 और 3

   (ग) 2 और 3 (घ) 2 और 4

उत्तर : (ग)

व्याख्या—राष्ट्रपति को यह अधिकार है कि वह सार्वजनिक महत्त्व के विवादों पर उच्चतम न्यायालय का परामर्श माँग सकता है (अनुच्छेद-143), न्यायालय के परामर्श को स्वीकार या अस्वीकार करना राष्ट्रपति के विवेक पर निर्भर करता है। परामर्शी अधिकारिता की शक्ति के अधीन प्राप्त किसी निर्देश पर उच्चतम न्यायालय की 5 न्यायाधीशों की पीठ ही सुनवाई करती है। इसके अतिरिक्त परामर्शी अधिकारिता के अधीन प्राप्त निर्देश पर व्यक्त किया हुआ उच्चतम न्यायालय का मत सरकार पर बाध्यकारी नहीं होता है।

8. उच्च न्यायालय के न्यायाधीशों के वेतन और भत्ते दिए जाते हैं—
   (क) भारत की समेकित निधि से
   (ख) राज्य की समेकित निधि से
   (ग) भारत की आकस्मिकता निधि से
   (घ) राज्य की आकस्मिकता निधि से

उत्तर : (ख) राज्य की समेकित निधि संचित निधि से।

व्याख्या—उच्च न्यायालय के न्यायाधीश के वेतन-भत्ते आदि राज्य की समेकित निधि पर भारित होते हैं और तत्संबंधी चर्चा अनुच्छेद-202(3) में की गई है।

9. निम्नलिखित कथनों पर विचार कीजिए—(2005)
   1. भारत में 25 उच्च न्यायालय हैं।
   2. पंजाब, हरियाणा और केंद्रशासित प्रदेश चंडीगढ़ का एक ही सामूहिक उच्च न्यायालय है।
   3. राष्ट्रीय राजधानी क्षेत्र दिल्ली का स्वयं का उच्च न्यायालय है।

   उपरोक्त कथनों में से कौन सा/से सही है/हैं ?

   (क) 2 व 3 (ख) 1 व 2

   (ग) 1, 2 व 3 (घ) केवल 3

उत्तर : (क)

व्याख्या—भारत में उच्च न्यायालयों की संख्या 25 है, जिसमें न्यायाधीशों के 517 पद स्वीकृत हैं। दिल्ली उच्च न्यायालय की स्थापना सन् 1966 में ही हुई। संघ शासित प्रदेश में केवल 'राष्ट्रीय राजधानी क्षेत्र दिल्ली' का ही स्वयं का उच्च न्यायालय है।

10. यदि सेशन न्यायाधीश मृत्युदंड का निर्णय दे, तब मृत्युदंड से पूर्व उच्च न्यायालय द्वारा उसका पुष्टिकरण अनिवार्य होता है।

    उपरोक्त कथनों में कौन से सही हैं ?

    (क) 1 और 2 (ख) 2, 3 और 4

    (ग) 3 और 4 (घ) 1, 2, 3 और 4

उत्तर : (घ)

व्याख्या—जिले में जिला न्यायाधीश सर्वोपरि न्यायिक प्राधिकारी (सिविल और दांडिक) होता है, वह वरिष्ठ मजिस्ट्रेटों के विनिश्चय से अपील सुनता है और कुछ गंभीर दांडिक मामलों का विचारण करता है। इन मामलों को सेशन मामले कहते हैं। जिला न्यायाधीशों की नियुक्ति, पदस्थापना और प्रोन्नति के मामले में राज्यपाल उच्च न्यायालय से परामर्श करेगा (अनुच्छेद-223)। जिला न्यायाधीश की पात्रता के लिए किसी व्यक्ति को 7 वर्ष या उससे अधिक अवधि का अधिवक्ता या प्लीडर अथवा संघ या राज्य की न्यायिक सेवा में सेवारत पदाधिकारी होना अनिवार्य है। मृत्युदंड के संदर्भ में उच्च न्यायालय की संपुष्टि अनिवार्य होती है।

11. अंडमान व निकोबार द्वीप पर निम्नलिखित उच्च न्यायालयों में से किए एक का क्षेत्राधिकार है ? (2003)

(क) आंध्र प्रदेश (ख) कोलकाता

(ग) मद्रास (घ) उड़ीसा

उत्तर : (ख)

व्याख्या—संविधान के अनुच्छेद-214 के अनुसार प्रत्येक राज्य के लिए एक उच्च न्यायालय होगा, लेकिन संसद् विधि द्वारा दो या अधिक राज्यों के लिए अथवा दो या अधिक राज्यों और किसी संघ राज्य क्षेत्र के लिए एक ही उच्च न्यायालय स्थापित कर सकती है। वर्तमान समय में पंजाब तथा हरियाणा के लिए ही उच्च न्यायालय है और असम, नागालैंड, मेघालय, मणिपुर, त्रिपुरा, मिजोरम तथा अरुणाचल प्रदेश के लिए एक उच्च न्यायालय है। मुंबई उच्च न्यायालय का क्षेत्राधिकार महाराष्ट्र और गोवा राज्यों तथा दमन, दीव एवं दादरा और नगर हवेली संघ राज्य क्षेत्रों पर है। इसी प्रकार कोलकाता उच्च न्यायालय का क्षेत्राधिकार अंडमान तथा निकोबार द्वीप समूह, मद्रास उच्च न्यायालय को क्षेत्राधिकार पांडिचेरी तथा केरल उच्च न्यायालय का क्षेत्राधिकार लक्षद्वीप संघ राज्य क्षेत्र पर है। सात संघशासित राज्यों में केवल राष्ट्रीय राजधानी के क्षेत्र, दिल्ली में ही उच्च न्यायालय है। इस समय भारत में कुल 21 उच्च न्यायालय हैं।

12. भारत में अल्पसंख्यकों के विषय में निम्नलिखित कथनों पर विचार कीजिए— (2001)

1. भारतीय सरकार ने पाँच समुदायों यथा मुसलमानों, सिखों, ईसाइयों, बौद्धों और पारसियों को अल्पसंख्यकों के रूप में अनुसूचित किया है।
2. राष्ट्रीय अल्पसंख्यक आयोग को वर्ष 1993 में संवैधानिक दर्जा दिया गया।
3. भारत में सबसे छोटा धार्मिक समुदाय पारसी समुदाय है।
4. भारत का संविधान धार्मिक एवं भाषाई अल्पसंख्यकों को मान्यता और संरक्षण देता है।

इनमें से कौन-कौन से कथन सही हैं ?

(क) 2 और 3 (ख) 1 और 4

(ग) 2, 3 और 4 (घ) 1, 2 और 4

उत्तर : (घ)

व्याख्या—भारत की सरकार ने राष्ट्रीय स्तर पर पाँच समुदायों, यथा मुसलमान, सिखों, ईसाइयों, बौद्धों और पारसियों को अल्पसंख्यकों के रूप में अनुसूचित किया है। इसी के तहत भारत सरकार ने 1993 ई. में राष्ट्रीय अल्पसंख्यक आयोग को 1993 ई. में संवैधानिक दर्जा दिया। भारतीय संविधान धार्मिक और भाषाई अल्पसंख्यकों को मान्यता और संरक्षण देता है।

13. वर्तमान भारत में उच्च न्यायालयों के संबंध में निम्नलिखित कथनों पर विचार कीजिए— (2001)

1. देश में 21 उच्च न्यायालय हैं।
2. उनमें से तीन का क्षेत्राधिकार एक राज्य से अधिक पर है।
3. किसी भी संघ राज्य क्षेत्र का अपना उच्च न्यायालय नहीं है।
4. उच्च न्यायालय के न्यायाधीश 62 की उम्र तक पद धारण करते हैं।

इनमें से कौन सा/से वक्तव्य सही है/हैं ?

(क) 1, 2 और 4 (ख) 2 और 3

(ग) 1 और 4 (घ) केवल 4

उत्तर : (क)

व्याख्या—संविधान के अनुच्छेद-214 के अनुसार प्रत्येक राज्य के लिए एक उच्च न्यायालय होगा, लेकिन संसद् विधि द्वारा दो या अधिक राज्यों के लिए अथवा दो या अधिक राज्यों और किसी संघ राज्य क्षेत्र के लिए एक ही उच्च न्यायालय स्थापित कर सकती है। वर्तमान समय में पंजाब तथा हरियाणा के लिए एक ही उच्च न्यायालय है और असम, नागालैंड, मेघालय, मणिपुर, त्रिपुरा, मिजोरम तथा अरुणाचल प्रदेश के लिए एक ही उच्च न्यायालय है। मुंबई उच्च न्यायालय का क्षेत्राधिकार महाराष्ट्र और गोवा राज्यों तथा दमन, दीव एवं दादरा और नगर हवेली संघ राज्य क्षेत्रों पर है। इसी प्रकार कोलकाता उच्च न्यायालय का क्षेत्राधिकार अंडमान तथा निकोबार द्वीप समूह, मद्रास उच्च न्यायालय का क्षेत्राधिकार पांडिचेरी तथा केरल उच्च न्यायालय का क्षेत्राधिकार लक्षद्वीप संघ राज्य पर हैं। सात संघ शासित राज्यों में से केवल दिल्ली ही एक ऐसा संघ राज्य क्षेत्र है, जिसका अपना उच्च न्यायालय है। इस समय भारत में कुल 21 उच्च न्यायालय हैं। उच्च न्यायालय के न्यायाधीश 62 वर्ष की उम्र तक पद धारित करते हैं।

14. भारत के संविधान के अनुसार जिला न्यायाधीश अभिव्यक्ति के अंतर्गत सम्मिलित नहीं होगा—(IAS 1996)

(क) मुख्य प्रेसीडेंसी मजिस्ट्रेट
(ख) सेशन न्यायाधीश
(ग) अधिकरण न्यायाधीश
(घ) लघुवाद न्यायालय का मुख्य न्यायाधीश

उत्तर : (ग)

व्याख्या—संविधान के अनुच्छेद-236(क) के अंतर्गत 'जिला न्यायाधीश' शब्द को परिभाषित किया गया है, जिसके अनुसार जिला न्यायाधीश पद के अंतर्गत नगर सिविल न्यायालय का न्यायाधीश, अपर जिला न्यायाधीश, संयुक्त जिला न्यायाधीश, सहायक जिला न्यायाधीश, लघुवाद-न्यायालय का मुख्य न्यायाधीश, मुख्य प्रेसीडेंसी मजिस्ट्रेट, अपर मुख्य प्रेसीडेंसी मजिस्ट्रेट, सेशन न्यायाधीश, अपर सेशन न्यायाधीश और जिला न्यायाधीश अभिव्यक्ति के अंतर्गत सम्मिलित नहीं होता है।

15. केंद्र और राज्य के बीच होनेवाले विवादों का निर्णय करने की भारत के उच्चतम न्यायालय की शक्ति आती है— IAS (1996)

(क) इसकी परामर्शी अधिकारिता के अंतर्गत
(ख) इसकी अपीली अधिकारिता के अंतर्गत
(ग) इसकी मूल अधिकारिता के अंतर्गत
(घ) इसकी संवैधानिक अधिकारिता के अंतर्गत

उत्तर : (ग)

व्याख्या—केंद्र तथा राज्यों के बीच विवाद या राज्यों के मध्य होनेवाले विवाद उच्चतम न्यायालय की मूल अधिकारिता के अंतर्गत आते हैं। मूल अधिकारिता का अर्थ है—प्रथमतया किसी विवाद को सुनने तथा उस पर निर्णय देने की शक्ति। उच्चतम न्यायालय को अनन्य मूल अधिकारिता दी गई है। वह ऐसे विवादों पर लागू होती है, यथा (क) जो भारत सरकार तथा एक या उससे अधिक राज्यों के बीच हों; (ख) जहाँ एक ओर भारत सरकार तथा एक या उससे अधिक राज्य हों और दूसरी ओर एक या उससे अधिक राज्य हों; (ग) जो दो या उससे अधिक राज्यों के बीच हो।

16. जब किसी उच्च न्यायालय का मुख्य न्यायाधीश प्रशासनिक हैसियत से काम करता है तो वह अधीन होता है—IAS (1996)
   (क) उच्च न्यायालय के अन्य न्यायाधीशों में से किसी रिट अधिकारिता के
   (ख) भारत के मुख्य न्यायाधीश द्वारा प्रयुक्त विशेष निमंत्रण के
   (ग) राज्य के राज्यपाल की विवेकशील शक्तियों के
   (घ) इस विषय में मुख्यमंत्री को प्रदत्त विशेष शक्तियों के

उत्तर : (क)

व्याख्या—जब किसी उच्च न्यायालय का मुख्य न्यायाधीश प्रशासनिक हैसियत से काम करता है तो वह सभी न्यायाधीशों की रिट अधिकारिता के अंतर्गत आएगा। कारण कि प्रशासनिक कार्य करते समय वह न्यायिक व्यक्ति नहीं होता, बल्कि एक सामान्य प्रशासक होता है।

17. **कथन :** भारत में प्रत्येक राज्य के राज्यक्षेत्र में एक उच्च न्यायालय विद्यमान है।
   कारण : भारत के संविधान में प्रावधान है कि प्रत्येक राज्य में एक उच्च न्यायालय है। (2006)
   (क) कथन व कारण दोनों सही व कारण कथन की व्याख्या करता है।
   (ख) कथन व कारण दोनों सही हैं, परंतु कारण कथन की व्याख्या नहीं करता है।
   (ग) कथन सही, कारण गलत।
   (घ) कथन गलत, कारण सही।

उत्तर : (घ)

18. कथनों पर विचार करें—IAS (2006)
   1. कोई व्यक्ति, जो किसी उच्च न्यायालय के स्थायी न्यायाधीश के रूप में पद धारण करता है, उच्चम न्यायालय के सिवाय भारत में किसी न्यायालय या किसी प्राधिकारी के समक्ष अभिवचन या कार्य नहीं कर सकता।
   2. कोई व्यक्ति भारत के किसी उच्च न्यायालय के न्यायाधीश के रूप में नियुक्ति के लिए अर्हित नहीं है, यदि उसने भारत के राज्यक्षेत्र में

कम-से-कम पाँच वर्ष तक न्यायिक पद धारण नहीं किया।

सही कथन—

(क) केवल 1 (ख) केवल 2

(ग) दोनों 1 व 2 (घ) न ही 1 व न ही 2

उत्तर : (क)

19. निम्नलिखित पर विचार कीजिए—IAS (2005)

1. चल कोष्ठिकीय (मोबाइल सेल्युलर) कंपनियों के साथ विवाद
2. वाहन-दुर्घटना मामले
3. पेंशन मामले

उपरोक्त में से किसके/किनके लिए लोक अदालतें होती हैं।

(क) केवल 1 (ख) 1 और 2

(ग) केवल 2 (घ) 1, 2 और 3

उत्तर : (घ)

20. **निर्देश**—नीचे दो वक्तव्य दिए गए हैं, एक को कथन (A) और दूसरे को कारण (R) कहा गया है—IAS (1997)

कथन (A)—न्यायालय के आदेशों की जान-बूझकर अवज्ञा करना या उनका पालन न करना तथा न्यायिक व्यवहार के बारे में अनादर समचक भाषा का प्रयोग करना न्यायालय की अवमानना की कोटि में आता है।

कारण (R)—न्यायिक सक्रियतावाद न्यायपालिका को अवमाननापूर्ण व्यवहार को दंडित करने के दंडात्मक अधिकार दिए बिना कार्यान्वित नहीं किया जा सकता है।

ऊपर के दोनों वक्तव्यों के संदर्भ में निम्नलिखित में से कौन सा एक सही है।

कूट—

(क) A और R दोनों सही हैं तथा R A की सही व्याख्या करता है।

(ख) A और R दोनों सही हैं तथा R A की सही व्याख्या नहीं करता है।

(ग) A सही है, परंतु R गलत है।

(घ) A गलत है, परंतु R सही है।

उत्तर : (क)

21. लोकहित मुकदमे की संकल्पना का प्रारंभ हुआ था—IAS (1997)

(क) यूनाइटेड किंगडम (ख) ऑस्ट्रेलिया

(ग) यूनाइटेड स्टेट्स (USA) (घ) कनाडा

उत्तर : (ग)

व्याख्या—लोकहित मुकदमे की संकल्पना यूनाइटेड स्टेट्स से उद्धृत है। भारत में लोकहित मुकदमे प्रारंभ करवाने का श्रेय न्यायाधीश पी.एन. भगवती को है।

22. गुजरात में विधानसभा के चुनाव (वर्ष 2002 में) को स्थगित करने के चुनाव आयोग के निर्णय की अधिमान्यता पर उच्चतम न्यायालय की राय जानने के लिए राष्ट्रपति ने उच्चतम न्यायालय से अनुरोध भारतीय संविधान के कौन से अनुच्छेद के अंतर्गत किया था—IAS (2003)

(क) अनुच्छेद-142 (ख) अनुच्छेद-143

(ग) अनुच्छेद-144 (घ) अनुच्छेद-145

उत्तर : (ख)

व्याख्या—गुजरात में विधानसभा के चुनाव (2002) को स्थगित करने के चुनाव आयोग के निर्णय की अधिमान्यता पर उच्चतम न्यायालय की राय जानने के लिए राष्ट्रपति ने अनुच्छेद-143 के अंतर्गत उच्चतम न्यायालय से अनुरोध किया था। यह अनुच्छेद उच्चतम न्यायालय की परामर्शी अधिकारिता का उल्लेख करता है।

23. निम्नलिखित कथनों पर विचार करें—

1. न्यायमूर्ति बी.आर. कृष्णा अय्यर भारत के मुख्य न्यायमूर्ति थे।
2. न्यायमूर्ति बी.आर. कृष्णा अय्यर भारतीय न्यायिक सेवा में लोकहित याचिका (PIL) के प्रजनकों में से एक माने जाते हैं।

उपर्युक्त कथनों में से कौन से सही हैं—IAS (2008)

(क) केवल 1 (ख) केवल 2

(ग) 1 और 2 (घ) न तो 1 और न ही 2

उत्तर : (ख)

व्याख्या—न्यायमूर्ति कृष्णा अय्यर 1973 में सर्वोच्च न्यायालय के न्यायाधीश नियुक्त हुए थे। वे भारत के न्यायाधीश नहीं रहे थे। न्यायमूर्ति पी.एन. भगवती एवं न्यायमूर्ति अय्यर लोकहित याचिका (PIL) को प्रारंभ करने के लिए जाने जाते हैं।

24. सर्वोच्च न्यायालय में तदर्थ न्यायाधीशों की नियुक्ति होती है, जब—IAS (2000)
    (क) कतिपय न्यायाधीश दीर्घकालीन अवकाश पर जाते हैं।
    (ख) स्थायी नियुक्ति के लिए कोई उपलब्ध नहीं होता।
    (ग) न्यायालय के समक्ष लंबित वादों में असाधारण वृद्धि होती है।
    (घ) न्यायालय के किसी सत्र के लिए न्यायाधीशों का कोरम नहीं होता।

उत्तर : (घ)

व्याख्या—संविधान के अनुच्छेद-127(1) के अनुसार यदि किसी समय सर्वोच्च न्यायालय के सत्र को आयोजित करने या चालू रखने के लिए उस न्यायालय के न्यायाधीशों की गणपूर्ति पर्याप्त न हो तो भारत का मुख्य न्यायाधीश उच्च न्यायालय के न्यायाधीशों से सर्वोच्च न्यायालय के तदर्थ न्यायाधीशों की नियुक्ति करता है। वह ऐसा राष्ट्रपति की पूर्व सहमति एवं संबंधित उच्च न्यायालय के मुख्य न्यायाधीश के परामर्श के बाद करता है।

तदर्थ न्यायाधीशों की नियुक्ति के संबंधी प्रावधान केवल सर्वोच्च न्यायालय के संदर्भ में है, अन्य न्यायालयों के लिए नहीं है।

25. भारत के उच्चतम न्यायालय की स्वायत्तता की रक्षा हेतु क्या प्रावधान है? IAS (2012)
    1. उच्चतम न्यायालय के न्यायाधीशों की नियुक्ति करते समय भारत के राष्ट्रपति को भारत के मुख्य न्यायाधीश से विचार-विमर्श करना पड़ता है।
    2. उच्चतम न्यायालय के न्यायाधीशों को केवल भारत के मुख्य न्यायाधीश द्वारा हटाया जा सकता है।
    3. न्यायाधीशों का वेतन भारत की संचित निधि पर आरोपित होता है, जिस पर विधानमंडल को अपना मत नहीं देना होता है।
    4. भारत के उच्चतम न्यायालय के अफसरों और कर्मचारियों की सभी नियुक्तियाँ सरकार द्वारा भारत के मुख्य न्यायाधीश से विचार-विमर्श के पश्चात् ही की जाती हैं।

    उपर्युक्त में से कौन सा कथन सही है—
    (क) केवल 1 और 2 (ख) केवल 3 और 4
    (ग) केवल 4 (घ) 1, 2, 3 और 4

उत्तर : (क)

व्याख्या—उच्चतम न्यायालय संविधान की रक्षा करता है, उच्चतम न्यायालय की स्वायत्तता बनाए रखने के लिए संविधान में कई उपबंध हैं, जैसे उच्चतम न्यायालय के न्यायाधीश की नियुक्ति कराते समय राष्ट्रपति को सर्वोच्च न्यायालय के मुख्य न्यायाधीश से परामर्श करना आवश्यक है। न्यायाधीशों को राजनीति से दूर रखने के लिए उनका वेतन भारत की संचित निधि पर भारित होता है, जिसके लिए संसद् में मतदान नहीं होता।

26. निम्नलिखित में से कौन से उच्चतम न्यायालय की आरंभिक अधिकारिता में आते हैं—IAS (2012)।
   1. भारत सरकार तथा एक या अधिक राज्यों के बीच का विवाद।
   2. संसद् के किसी भी सदन या राज्य विंधानमंडल में हुए चुनाव पर विवाद।
   3. भारत सरकार तथा किसी संघ राज्य क्षेत्र के बीच का विवाद।
   4. दो या अधिक राज्यों के बीच का विवाद।

   निम्नलिखित कूटों के आधार पर सही उत्तर चुनिए—

   (क) 1 और 2 (ख) 2 और 3

   (ग) 1 और 4 (घ) 3 और 4

उत्तर : (ग)

व्याख्या—उच्च न्यायालय की आरंभिक अधिकारिता में निम्न विवाद आते हैं—

(i) भारत सरकार और एक या एक से अधिक राज्य

(ii) एक ओर भारत सरकार और किसी राज्य या राज्यों और दूसरी ओर एक या अधिक अन्य राज्यों के बीच या

(iii) दो या अधिक राज्यों के बीच विवाद।

27. कोई भी संविधान संशोधन कानून भारतीय सर्वोच्च न्यायालय द्वारा असंवैधानिक घोषित किया जा सकता है, यदि वह—IAS (2009)

   (क) वर्तमान द्विस्तरीय संघीय व्यवस्था के स्थान पर तीन स्तरीय व्यवस्था स्थापित करता है।

   (ख) विधि के समक्ष समानता के अधिकार को भाग-3 से हटाकर संविधान में अन्यत्र कहीं रखता है।

(ग) कार्यकारिणी की संसदीय व्यवस्था के स्थान पर अध्यक्षात्मक व्यवस्था रखता है।

(घ) सर्वोच्च न्यायालय के भार को कम करने हेतु एक संघीय अपीलीय न्यायालय स्थापित करता है।

उत्तर : (ख)

व्याख्या—कोई भी संविधान संशोधन कानून सर्वोच्च न्यायालय द्वारा असंवैधानिक घोषित किया जा सकता है, यदि वह विधि के समक्ष समानता अधिकार भाग-3 से हटाकर संविधान दूसरी जगह रखा जाता है, क्योंकि भाग-3 का अनुच्छेद-13(2) यह उल्लेख करता है कि राज्य ऐसा कोई कानून नहीं बनाएगा, जिससे इस भाग में दिए गए अधिकारों को छीनता हो या कम करता हो और कभी ऐसा करता है तो वह असंवैधानिक होगा।

28. निम्नलिखित कथनों पर विचार कीजिए—IAS (2010) भारत का उच्चतम न्यायालय भारत के राष्ट्रपति को विधि अथवा तथ्यों के विषयों पर सलाह देता है।

(क) स्वप्रेरण पर (व्यापक लोकहित के किसी विषय में)।

(ख) यदि वह ऐसी कोई सलाह माँगता है।

(ग) केवल यदि विषय नागरिकों के मूल अधिकारों से संबंधित है।

उपर्युक्त कथनों में से कौन सही है—

(क) केवल 1 (ख) केवल 2

(ग) केवल 3 (घ) 1 और 2

उत्तर : (ख)

व्याख्या—संविधान के अनुच्छेद-143 के अनुसार भारत का उच्चतम न्यायालय भारत के राष्ट्रपति को विधि अथवा तथ्य के व्यापक महत्त्व के विषयों पर सलाह दे सकता है, यदि वह ऐसी कोई सलाह माँगता हो।

□□□